经济研究所专家学者文库

构建中国式现代化指标体系研究

郭春丽　吴萨　等　◎著

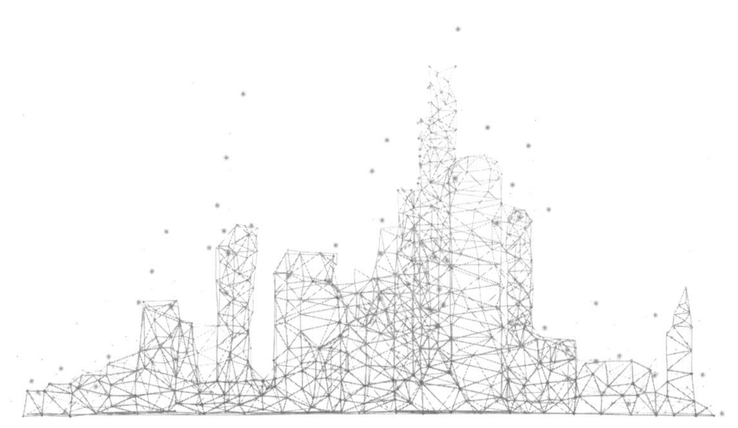

经济科学出版社
Economic Science Press
·北京·

图书在版编目（CIP）数据

构建中国式现代化指标体系研究 / 郭春丽等著 .
北京：经济科学出版社，2025. 9. -- （经济研究所专家学者文库）. -- ISBN 978 -7 -5218 -7287 -3

Ⅰ. D61

中国国家版本馆 CIP 数据核字第 2025714AK5 号

责任编辑：宋艳波　黎子民
责任校对：杨　海
责任印制：邱　天

构建中国式现代化指标体系研究
GOUJIAN ZHONGGUOSHI XIANDAIHUA ZHIBIAO TIXI YANJIU
郭春丽　吴　萨　等著
经济科学出版社出版、发行　新华书店经销
社址：北京市海淀区阜成路甲 28 号　邮编：100142
编辑部电话：010 - 88191469　发行部电话：010 - 88191522
网址：www. esp. com. cn
电子邮箱：esp@ esp. com. cn
天猫网店：经济科学出版社旗舰店
网址：http：//jjkxcbs. tmall. com
固安华明印业有限公司印装
710 × 1000　16 开　16. 5 印张　253000 字
2025 年 9 月第 1 版　2025 年 9 月第 1 次印刷
ISBN 978 - 7 - 5218 - 7287 - 3　定价：86. 00 元
（图书出现印装问题，本社负责调换。电话：010 - 88191545）

总 序

国家发展和改革委员会经济研究所成立于1975年9月，是国家发展和改革委员会直属、宏观经济研究院管理的综合性研究机构，为正局级事业法人。经济研究所前身是邓小平同志1973年复出后进行全面整顿背景下成立的两个重要研究机构之一——国务院工资理论小组，是新中国成立的第一个国家级综合性经济研究所，伴随改革开放伟大历史进程不断发展壮大。

建所50年来，经济研究所紧紧围绕服务国家宏观经济决策和发展改革委中心工作，紧扣我国改革开放的时代脉搏，始终走在经济理论与政策研究的前列，是我国宏观经济形势分析的发源地、宏观经济政策研究的主力军、中长期发展战略研究的排头兵。目前研究涵盖发展战略与规划、宏观经济形势分析预测、财政政策与财税体制、货币政策与金融体制、收入分配与消费、资本市场与信用环境、企业改革发展、经济安全等领域。

建所50年来，经济研究所的一批批专家学者怀揣着报效祖国的理想，将个人发展融入强国建设、民族复兴的伟大事业中，为国家发展和社会进步奉献了青春，在不同历史时期都作出了贡献。著名经济学家于光远、薛暮桥、柳随年、桂世镛、王积业、周才裕、王永治、刘福垣、陈东琪、刘树杰、宋立、孙学工、郭春丽等先后担任所长。老一代著名经济学家许涤新、刘国光、董辅礽、孙尚清、罗元铮、徐禾、赵履宽、黄振奇等曾在经济研究所工作。专家们以

“学术报国”的奉献精神和科学严谨的治学态度，创造和见证了经济研究所辉煌历史，形成了不为名利、不随波逐流、矢志不渝“为祖国奉献、为国家服务”的光荣传统。

建所50年来，经济研究所产生了一批有决策支撑力、社会影响力的研究成果。第一任所长于光远带领大家与其他部门共同完成了按劳分配、计划与市场关系等重大理论问题研究，并组织领导了全国性的大讨论，为改革开放初期“拨乱反正”提供了重要理论支撑。第二任所长薛暮桥等完成的《中国社会主义经济问题》、第三任所长柳随年主持编写的新中国第一部经济发展史《中国社会主义经济简史》，在国内外引起了重大反响。中青年研究人员王建等提出的“国际大循环”战略思想，为我国实行对外开放提供了重要理论支持。第五任所长王积业提出的“国家调控市场 市场引导企业”理论，为党的十三大报告所采纳。第六任所长周才裕关于产业结构调整的深入研究为我国产业政策出台发挥了积极作用。第七任所长王永治主持完成的社会主义市场经济基本内涵和主要特征研究，第八任所长刘福垣提出的“以人为本、以中为重、全方位开放”的发展方略，第九任所长陈东琪等提出的财政货币“双稳健”宏观调控政策建议，第十任所长刘树杰、副所长宋立共同主持完成的面向2020年我国经济发展战略，第十一任所长宋立主持完成的“十三五”时期我国发展环境、发展趋势和战略思路，第十二任所长孙学工带领完成的供给侧结构性改革重大政策，第十三任所长郭春丽主持完成的全面建设社会主义现代化国家的目标愿景和战略思路研究，资深研究员常修泽提出的“广义产权论”和“人本经济学研究”，在不同时期为党和国家起草重要报告、作出重大决策提供了理论参考，为我国发展改革作出了重要贡献，并产生了良好的社会影响。

建所50年来，针对各个时期的热点、难点和重点问题，经济研究所完成的近400项研究成果获得党中央、国务院领导和部委领导重视，获国家级科技进步奖2项、部委级科技进步和优秀研究成果奖60余项，获孙冶方经济科学奖2项、薛暮桥价格研究奖8项，获第23届国际管理学界最高奖——国际管理科学弗朗兹·爱德曼奖1项。

近年来，经济研究所传承和发扬光荣传统，充分利用建所历史长、学科门类全、人才队伍强、科研氛围好、社会影响大的优势，持续深入开展重大理论和实践应用研究，在理论探讨、政策研究、宣传阐释等方面取得了丰硕成果。在建所50周年之际，我们集中出版一批学术研究成果，这既是对薪火相传学术历程的记录，也是对守正创新科研精神的传承，更是对与时俱进、再创辉煌的希冀。

本次出版的《经济研究所专家学者文库》系列丛书，共有五本。《全面建设社会主义现代化新阶段我国发展环境、发展趋势和战略思路研究》是国家社科基金重大项目研究成果，系统回答了未来30年外部环境、内部条件和经济社会发展趋势、目标愿景、战略任务等重大问题。《构建中国式现代化指标体系研究》是宏观经济研究院重点课题研究成果，深入研究了中国式现代化的理论基础、科学内涵、本质特征、评价指标体系。《中国经济：学术前沿问题研究》是近十年来经济研究所科研人员在重要核心期刊发表的论文合集，围绕发展战略、宏观经济、财税金融、改革创新等领域进行了学术探讨。《中国经济行稳致远的优势和潜力研究》收录了经济研究所科研人员近年来在“三报一刊”等刊物上发表的理论文章，回答了中国经济为什么能、为什么好。《中国经济：宏观经济治理与发展战略研究》是2024年青年研究人员完成的优秀研究成果合集，对一些重大理论和实践问题进行了初步探索。

新时代新征程上，作为国家高端智库，经济研究所责任更加重大、使命更加光荣。经济研究所将始终牢牢把握坚持和完善中国特色社会主义制度的大方向，把基础理论研究和政策应用研究结合起来，全面提升科研创新力、决策支撑力和社会影响力，更好服务支撑国家宏观决策和发展改革委中心工作，为强国建设、民族复兴作出新的更大贡献。

序

实现现代化是世界历史发展的趋势，是人类文明的重要象征，也是近代以来中华民族的梦想。新中国成立后，特别是改革开放以来，中国共产党领导中国人民在实践中逐渐探索出一条中国式现代化道路。习近平总书记指出，中国式现代化，深深植根于中华优秀传统文化，体现科学社会主义的先进本质，借鉴吸收一切人类优秀文明成果，代表人类文明进步的发展方向，展现了不同于西方现代化模式的新图景，是一种全新的人类文明形态①。党的二十大报告提出，从现在起，中国共产党的中心任务就是团结带领全国各族人民全面建成社会主义现代化强国、实现第二个百年奋斗目标，以中国式现代化全面推进中华民族伟大复兴。习近平总书记在学习贯彻党的二十大精神研讨班开班式上的重要讲话指出，概括提出并深入阐述中国式现代化理论，是党的二十大的一个重大理论创新，是科学社会主义的最新重大成果②。基于中国式现代化的理论分析、内涵界定和本质要求，从全面性、系统性及可操作性出发，系统构建符合中国式现代化基本特征和本质要求的指标体系，对现代化发展水平进行系统阐释和客观衡量，具有重大的理论和实践意义。

本书是在国家发展和改革委员会宏观经济研究院 2023 年度重点课题“构建中国式现代化指标体系研究”成果基础上修改完善而

①② 《以中国式现代化全面推进强国建设、民族复兴伟业》，《求是》2025 年第 1 期。

成。全书结合党的二十大精神，结合“十四五”规划纲要和研究编制“十五五”规划的需要，对中国式现代化理论基础、科学内涵、本质特征、评价指标体系进行深入研究，在吸取世界先进经验、国内外相关研究成果的基础上，构建符合中国国情的评价指标体系。

本书研究提出，从历史逻辑、理论逻辑和现实逻辑看，中国式现代化以统筹推进“五位一体”总体布局为统领，以体现现代化的广泛性、人民性、全面性、共生性、开放性为突出特征，以人口规模巨大、全体人民共同富裕、物质文明和精神文明相协调、人与自然和谐共生、走和平发展道路为中国特色，以“富强民主文明和谐美丽的社会主义现代化强国”为愿景目标，以坚持中国共产党领导、坚持中国特色社会主义、实现高质量发展、发展全过程人民民主、丰富人民精神世界、实现全体人民共同富裕、促进人与自然和谐共生、推动构建人类命运共同体、创造人类文明新形态为本质要求，这不仅丰富了世界现代化理论，而且以理论和实践创新为世界现代化提供了新范式新路标。鉴于“五位一体”总体布局体现世界现代化共同特征和发展趋势、反映中国式现代化的内在逻辑和建设主体、支撑中国式现代化彰显中国特色、体现新发展理念和高质量发展的内在要求，本书建议在坚持科学性与实用性相结合、普遍性与特色性相结合、现实性与前瞻性相结合、过程性与结果性相结合原则基础上，构建包括经济现代化、政治现代化、文化现代化、社会现代化、生态现代化五个板块，由45个指标构成的中国式现代化指标体系。综合考虑未来一个时期国际政治经济变化态势、我国经济社会发展趋势和党的二十大关于中国式现代化的战略部署，设定评价指标在2030年、2035年的目标值，同时建议辩证分析、综合施策，推动在顺利完成各项指标各领域目标基础上实现2035年总体目标。

本书研究中，经济研究所的多位同事给予了大力支持，宏观经济研究院学术委员会的多位领导和专家在课题开题、中期检查和终期评审时提出了许多富有启示性的意见和建议。在此，向各位领导和专家表示由衷的感谢！

囿于我们研究水平有限，加之时间紧迫，错误和疏漏在所难免，欢迎各界人士批评指正！

目录
CONTENTS

总论篇

第一章　构建中国式现代化指标体系研究

内容提要：从历史逻辑、理论逻辑和现实逻辑看，中国式现代化以统筹推进“五位一体”总体布局为统领，以体现现代化的广泛性、人民性、全面性、共生性、开放性为突出特征，以人口规模巨大、全体人民共同富裕、“两个文明”相协调、人与自然和谐共生、走和平发展道路为中国特色，以“富强民主文明和谐美丽的社会主义现代化强国”为愿景目标，以坚持中国共产党领导、坚持中国特色社会主义、实现高质量发展、发展全过程人民民主、丰富人民精神世界、实现全体人民共同富裕、促进人与自然和谐共生、推动构建人类命运共同体、创造人类文明新形态为本质要求，这不仅丰富了世界现代化理论，而且以理论和实践创新为世界现代化提供了新范式新路标。鉴于“五位一体”总体布局体现世界现代化共同特征和发展趋势、反映中国式现代化的内在逻辑和建设主体、支撑中国式现代化彰显五大中国特色、体现新发展理念和高质量发展的内在要求，建议在坚持科学性与实用性相结合、普遍性与特色性相结合、现实性和前瞻性相结合、过程性与结果性相结合原则基础上，构建包括经济现代化、政治现代化、文化现代化、社会现代化、生态现代化五个板块，由45个指标构成的中国式现代化指标体系。综合考虑未来一个时期国际政治经济变化态势、我国经济社会发展趋势和党的二十大关于中国式现代化的战略部署，采用对标国际、趋势外推、定量分析等方法，设定评价指标2030年、2035年的目标值。综合采用多种方法评估表明，相对于2035年，当前中国式现代化总体完成度符合预期，经济现代化、政治现代化、文化现代化、社会现代化、生态现代化进展顺利。综合考虑未来一个时期推进中国式现代化面临的机遇与挑战、优势条件与不利因素，要辩证分析、综合施策，推动中国式现代化在完成各项指标、各领域目标基础上顺利实现2035年总体目标。

一、中国式现代化的理论分析、科学内涵和本质要求

党的十八大以来，以习近平同志为核心的党中央，在敏锐洞悉世界现代化发展趋势和全面深刻总结我国现代化建设伟大实践经验基础上，结合中国特色社会主义新时代现代化建设的现实需要，进行了全方位、多领域、多层面的理论创新，党的二十大报告对中国式现代化的科学内涵、本质要求等作出了深刻阐释，概括形成了内涵博大精深的中国式现代化理论，为强国建设、民族复兴指明了一条康庄大道。从历史逻辑、理论逻辑、现实逻辑看，中国式现代化代表世界现代化发展方向，具有深厚的理论基础和现实依据。

（一）从历史逻辑看，中国式现代化以理论和实践创新为世界现代化提供新范式新路标

现代化指工业革命以来人类社会所发生的全方位深刻变化。这种变化既包括从农业经济向工业经济、农业社会向工业社会的转变，也包括从工业经济向知识经济、工业社会向知识社会的转变。现代化的本质是用现代先进生产方式和思想文化改造传统生产方式和思想文化，不仅包含经济变革，而且包含在经济变革基础上发生的社会变革、政治变革、文化变革以及人的发展等，是传统社会向现代社会多层面、全方位的转变，是社会文明价值体系重塑和社会系统结构功能关系重构。人类社会的技术进步决定了现代化是不断开拓创新、不断向前运动的动态历史过程，现代化的内涵和标志、标准随着时代发展和社会进步而发生变化。现代化大致起步于18世纪，扩散于19世纪，流行于20世纪和21世纪。作为世界性的客观现象，绝大多数国家自觉或不自觉地步入现代化行列，直接或间接地把实现现代化作为目标，形成了资本主义现代化和社会主义现代化两种道路。

资本主义现代化是以资本主义制度为基础，资本力量主导、社会两极分化、物质主义膨胀、对外扩张掠夺的现代化。资本主义现代化实践中，出现

了以英法美为代表的原发型现代化、以德日为代表的继发型现代化、以新加坡等为代表的后发型现代化，以及以北欧国家为代表兼具继发型和后发型特征的混合型现代化等模式。作为其经验总结和理论升华，相应形成了一套西方现代化理论体系，主要包括以帕森斯、列维、穆尔为代表的结构—功能主义学派，以罗斯托为代表的过程学派，以英克尔斯为代表的行为学派，以亨廷顿为代表的实证学派，以布莱克为代表的综合学派和以托夫勒为代表的未来学派。这六个学派的关注重点、理论观点、研究方法虽然各具特色，但它们对现代化基本内涵的认识一致。即在**经济层面**集中表现为工业化城市化，以私有制为基础、以极少数垄断资本集团为中心、以近现代工业为代表、以城市为中心的社会化大生产方式取代以传统农业为代表、广泛存在于农村的孤立分散的小生产方式；在**社会层面**以市民社会、“公民社会”取代传统的宗法社会、臣民社会；在**政治层面**以资本主义宪政和代议制民主政治取代封建君主专制和贵族政治；在**文化层面**以科学理性和个性解放取代神学蒙昧和禁欲主义；在**价值观层面**倡导以个人主义、人权至上为核心的自由平等博爱等所谓“普世价值”；在**国家与世界关系**上实行殖民主义、帝国主义、霸权主义方式，尤其是早期资本主义现代化建立在对外殖民掠夺、对内残酷剥削人民的原始积累基础上①。

社会主义现代化发轫于苏联，正在中国展开波澜壮阔的伟大实践。俄国十月革命胜利后建立起世界上第一个社会主义国家，开启了以“苏联模式”为代表的社会主义现代化道路，但主要局限于经济技术层面，优先发展重工业和国防科技工业的片面工业化、现代化，并随着苏联解体而半途而废。实现中华民族伟大复兴是近代以来中国人民的共同梦想，无数仁人志士为此苦苦求索、进行各种尝试，但大都以失败告终。探索中国现代化道路的重任，历史性地落在了中国共产党身上。新中国成立初期，以毛泽东为核心的党中央在借鉴苏联经济体制和发展战略的同时，开启了独立自主探索现代化道路的历程，1964 年提出了实现工业、农业、国防、科技“四个现代化”宏伟目标。改革开放后，以邓小平同志为核心的党中央提出了“中国式的现代化”，

① 引自 2020 年 8 月白和金研究员在经济所党课上的发言《十八大以来创新理论体系及中国特色社会主义现代化理论》。

并深入思考了中国式现代化的社会主义本质属性和实现路径，确立了我国现代化建设“三步走”的发展战略目标。以江泽民同志为核心的第三代中央领导集体提出的“三个代表”重要思想、以胡锦涛同志为总书记的党中央提出的科学发展观以及把中国特色社会主义事业全面推向二十一世纪的“新三步走”战略安排，为我国现代化提供了准确把握历史方位和时代脉搏的新坐标。党的十八大以来，以习近平同志为核心的党中央立足中华民族伟大复兴战略全局和世界百年未有之大变局，不断实现理论和实践上的创新突破，成功推进和拓展了中国式现代化。

与西方和苏联推进的现代化相比，中国式现代化具有巨大的实践创新性和理论超越性。**从根本特征看**，中国式现代化是坚持中国共产党领导、以马克思主义为指导、以社会主义制度为基础的社会主义国家的现代化。**从建设内容看**，中国式现代化是体现“五位一体”总体布局和“四个全面”战略布局，坚持物质文明精神文明共同发展、经济社会协调发展、人与自然和谐共生的全面发展型现代化。**从实现路径看**，中国式现代化是顺应当代世界先进生产力和先进文化发展趋势，以新发展理念为指导原则、“四化”同步为实施路径，具有鲜明时代特征的立体型现代化；是以构建新发展格局为依托，既注重深度挖掘国内市场潜力又注重深度参与国际分工，在推动国内国际循环畅通中综合国力大幅增强的新型后发国家的现代化。**从价值追求看**，中国式现代化是坚持以人民为中心的发展思想，以全体人民共同富裕为价值目标，既造福中国人民也造福世界各国人民，具有高度人民性和广泛包容性的系统性现代化。**从国际关系看**，中国式现代化是坚持人类命运共同体理念，走独立自主、和平发展、合作共赢之路，既不依附任何外国，也永不称霸、不搞对外扩张的新兴大国新型现代化。中国式现代化是马克思主义中国化时代化的新篇章，是当代马克思主义、21 世纪马克思主义的最新理论成果，是对世界现代化理论的全面超越和创新发展。

人类社会发展进程曲折起伏，各国探索现代化道路的历程充满艰辛。中国遵循现代化发展的一般规律，同时又充分体现本国文化传统、基本国情、制度属性和发展实际，成功走出中国式现代化道路。这条道路基于本国国情又借鉴各国经验，既传承历史文化又融合现代文明，既造福中国人民又促进世界共同发展，既是我们强国建设、民族复兴的康庄大道，也是中国谋求人类进步、世界大同的必由之路。中国式现代化开辟了现代化发展新道路，创造了人类文明新形态，以其成功实践和基于实践基础上的理论创新，为世界上那些既希望加快发展又希望保持自身独立性的国家和民族提供了全新选择，为发展中国家基于自身国情自主探索各具特色的现代化道路提供了新范式新路标。

（二）从理论逻辑看，中国式现代化具有丰富的科学内涵

中国式现代化是现代化的新形态新道路，既遵循现代化一般规律、具有各国现代化的共同特征，又符合本国实际、有基于国情的鲜明特色。可从共同特征、中国特色和目标愿景三个方面深刻理解、准确把握中国式现代化的科学内涵和精髓要义。

1. 中国式现代化体现了世界现代化的一般规律和共同特征

现代化是以思想进步为先导、现代技术为动力、生产力变革为基础的经济社会系统性变革。在科技革命和生产力变革推动下，各国现代化普遍具有科技高度进步、生产力高度发达、产业体系高级化、人口高度城镇化、政治民主法治化、思维观念现代化、生活品质化、环境美好化等共同特征。深度参与全球分工是现代化在世界范围内发展和传播的重要途径，20 世纪 80 年代以来，随着全球化迅猛发展，信息技术革命突飞猛进，信息技术、低碳技术等新兴技术成为现代化的重要动力，知识经济、绿色经济等新的经济形态成为现代化发展新趋势，公平发展、和谐发展等理念成为现代化的新取向，现代化内涵更加丰富，呈现出信息化、生态化、人本化的新特征。未来一个时期，新一轮科技产业革命将在各国激烈的竞争中孕育产生，信息化、数字化、智能化、低碳化转型将重构各国的要素禀赋和比较优势，对生产方式、社会结构、民主形式、文化形态、人与自然关系产生新的深远影响。

现代化被认为有经济现代化、政治现代化、社会现代化、文化现代化、生态现代化、人的现代化等六大要素。经济现代化指农业经济向工业经济、服务经济和知识经济的转变，突出表现为工业化城市化、劳动生产率和国民收入持续增长、科技水平以及国际经济地位不断提高等。政治现代化指公民

享有政治权利、政治生活民主化、法治化和程序化，突出表现为建立科学的决策体系、高效率的行政机构、多层次的公众参与和有效的民主监督。社会现代化包括健全的社会保障体系、稳定的社会环境、健康的社会心理、完善的社会管理等方面，社会全面进步，全体人民生活达到较高水平。文化现代化指形成符合现代文明的思想观念和价值观体系，在尊重、继承和创新传统文化基础上建立起现代文化体系。生态现代化围绕实现可持续发展，倡导生产绿色化、生活低碳化、生态优质化、资源节约化，人与自然和谐相处。人的现代化包括人的素质全面提高，广大人民享有经济、政治、文化、社会等方面的权益，实现人的全面解放、促进人的全面发展。

我国现代化经历了由注重经济领域到全面推进各个领域发展的转变，这既符合世界各国现代化的普遍规律，更与我国现代化从一开始就具有赶超性有关。1964 年我国提出的工业、农业、国防、科学技术的现代化（“四个现代化”），本质上是围绕生产力变革推进的经济领域现代化。改革开放后，在确立“以经济建设为中心”的基本路线时，邓小平及时提出了物质文明和精神文明必须“两手抓，两手都要硬”，党的十二大报告将“两个文明一起抓”上升为国家战略。党的十六大将发展社会主义民主政治、建设社会主义政治文明作为建设中国特色社会主义的重要战略任务，并将经济建设、政治建设、文化建设与物质文明、政治文明、精神文明相联系，使社会主义现代化“三位一体”总体布局更加明晰。2007 年，党的十七大提出建设社会主义市场经济、社会主义民主政治、社会主义先进文化、社会主义和谐社会，社会主义现代化建设总体布局由“三位一体”拓展为经济建设、政治建设、文化建设、社会建设“四位一体”。党的十八大将生态文明建设纳入中国特色社会主义事业的总体布局，社会主义现代化建设总体布局拓展为经济建设、政治建设、文化建设、社会建设、生态文明建设“五位一体”，并强调促进现代化建设各方面相协调，特别是经济建设要促进工业化、信息化、城镇化、农业现代化同步发展。从物质文明、精神文明“两个文明”，到经济建设、政治建设、文化建设“三位一体”，经济建设、政治建设、文化建设、社会建设“四位一体”，再到经济建设、政治建设、文化建设、社会建设、生态文明建设“五位一体”，既是我国顺应世界现代化发展趋势而推进的重大理论和实践创新，也体现了后发国家推动新型工业化、信息化、城镇化、农业现代化叠加发展、现代化“并联式”推进的道路，体现了发展理念和发展方式的深刻转变，体现了对世界现代化发展规律和共同特征的遵循和创新应用。

现代化是反映文明发展和文明转型的过程，代表文明进步。党的十九大报告提出到21世纪中叶“我国物质文明、政治文明、精神文明、社会文明、生态文明将全面提升”。以“五位一体”总体布局为统领的中国式现代化建设具有内在逻辑统一性，经济建设、政治建设、文化建设、社会建设、生态文明建设之间互为依托、相互促进，最终统一于包括物质文明、政治文明、精神文明、社会文明、生态文明在内的五大文明中。经济建设是根本，物质文明是走中国式现代化道路的物质基础。政治建设是保障，政治文明是走中国式现代化道路的政治保障。文化建设是灵魂，精神文明是走中国式现代化道路的精神支柱。社会建设是条件，社会文明是走中国式现代化道路的社会基础。生态文明建设是基础，生态文明是走中国式现代化道路的环境条件。五大建设共同锚定“富强民主文明和谐美丽的社会主义现代化强国”，推动人类文明出现新形态。中国式现代化从聚焦经济建设到“五大建设”同步发展，从聚焦物质文明到推动“五大文明”协调发展，助推形成经济高质量发展、全过程人民民主、文化自信自强、共同富裕、人与自然和谐共生的文明发展格局，在创造现代化新道路和人类文明新形态中行稳致远。

2. 中国式现代化具有鲜明的中国特色

每个国家走向现代化，既要遵循现代化一般规律，更要符合本国实际，具有本国特色。党的二十大报告明确概括了中国式现代化是人口规模巨大的现代化、全体人民共同富裕的现代化、物质文明和精神文明相协调的现代化、人与自然和谐共生的现代化、走和平发展道路的现代化这5个方面的中国特色，深刻揭示了中国式现代化的科学内涵，进一步彰显了中国特色社会主义的强大生命力和巨大优越性。

人口规模巨大，体现了中国式现代化的广泛性。人口规模巨大是我国的基本国情，是中国式现代化的显著特征。据国际货币基金组织统计，2022年全球共有41个已经实现了现代化的发达经济体，总人口10.8亿、占全球人口比例达13.6%。这些经济体人口超过5000万人的国家只有7个，人口超过一亿人的仅有美国和日本，而中国式现代化是人类历史上第一次人口总量超10亿的大国现代化①。比现在所有发达国家人口总和还要多的中国人民过上现代化生活，将彻底改写现代化的世界版图。我们党带领全体人民建设现代化国家，确保现代化道路上一个也不掉队，确保14亿人共享现代化建设成果，既体现了现代化建设的广泛性，也体现了文明覆盖范围的广泛性。人口规模巨大的基本国情，既注定中国式现代化的艰巨性和复杂性前所未有，发展途径和推进方式必然有自身特色，也可以为现代化建设提供强大人力资源优势和超大规模市场优势。**推进人口规模巨大的现代化**，要锚定人民群众对美好生活的向往，充分挖掘人力资源潜能，深入挖掘超大规模市场潜力，为现代化建设提供强大的人力资源保障和内需支撑。同时，要积极回应人民群众在就业、分配、教育、医疗、住房、养老、托幼等方面的诉求和多层次需要。通过积极创造人人享有公平机会、人人价值充分体现、人人分享发展成果的环境，凝聚起14亿人投身现代化建设的磅礴伟力，在人人都能共享现代化建设福祉和荣光中创造人类文明新形态。

全体人民共同富裕，体现了中国式现代化的人民性。全体人民共同富裕的现代化，是中国式现代化的本质特征，也是区别于西方现代化的显著标志。实现全体人民共同富裕是贯彻落实以人民为中心的发展思想的必然要求，也昭示着人类文明新形态的崇高价值追求。美国式的资本主义现代化，是贫富差距不断扩大，资本无序扩张不断侵蚀人民财富的过程。根据美联储的官方数据，仅从1990年到2022年，美国最富有的1%人口占有的净资产份额从23.5%大幅提升至30.8%，而底层的50%人口的净资产份额从3.6%下降到了2.5%，绝大多数人没有享受到现代化红利②。中国式现代化坚持以人民为中心的发展思想，坚持人民主体地位，强调人民是现代化建设的主体和文明的创造者，坚持发展为了人民、发展依靠人民、发展成果由人民共享，坚决防止两极分化。**推进全体人民共同富裕的现代化**，要始终把满足人民对美好生活的向往作为奋斗目标，既要通过全国人民共同奋斗把“蛋糕”做大做

① 资料来源：国际货币基金组织。

② 资料来源：美联储。

好，又要通过合理的制度安排把“蛋糕”切好分好，自觉主动解决地区差距、城乡差距、收入分配差距，在全民共享、全面共享、共建共享、渐进共享中推动全体人民共同富裕取得更为明显的实质性进展。

物质文明和精神文明相协调，体现了中国式现代化的协调性。既要物质富足也要精神富有，是中国式现代化的崇高追求，彰显了中国人民自信自强开创人类文明新形态的历史自觉。中国式现代化深深植根于中华优秀传统文化，坚持物质文明和精神文明两手抓、两手硬，既为创造经济快速发展和社会长期稳定“两大奇迹”提供了坚实支撑，也在全体人民拥有团结奋斗的思想基础、开拓进取的主动精神、健康向上的价值追求中开拓了文明发展新境界。**推进物质文明和精神文明相协调的现代化**，要将物的全面丰富和人的全面发展统一到现代化建设实践中，更好满足人民日益增长的精神文化需求，建设具有强大凝聚力和引领力的社会主义意识形态，发展社会主义先进文化，推动形成适应新时代要求的思想观念、精神风貌、文明风尚、行为规范，不断丰富人民精神世界，提高全社会文明程度，推动人的全面发展，提升中华文化影响力。

人与自然和谐共生，体现了中国式现代化的共生性。尊重自然、顺应自然、保护自然，促进人与自然和谐共生，是中国式现代化的鲜明特点。党的十八大以来，在习近平生态文明思想指引下，我们坚决抛弃轻视自然、支配自然、破坏自然的现代化模式，坚定不移走生态优先、绿色发展之路，把“美丽中国”纳入社会主义现代化强国目标，把“生态文明建设”纳入“五位一体”总体布局，把“人与自然和谐共生”纳入新时代坚持和发展中国特色社会主义基本方略，走出了一条生产发展、生活富裕、生态良好的文明发展道路。**推进人与自然和谐共生的现代化**，要牢固树立和践行绿水青山就是金山银山的理念，坚持山水林田湖草沙一体化保护和系统治理，推进生态优先、节约集约、绿色低碳发展，提升生态系统多样性、稳定性、持续性，积极稳妥推进碳达峰碳中和，以高品质的生态环境支撑高质量发展。

走和平发展道路，体现了中国式现代化的开放性。坚持和平发展，是中国式现代化的突出特征。我们党始终坚定地站在历史正确、文明进步的一边，以胸怀天下的宏阔视野将中国发展与世界和平统一起来，走出了一条通过合作共赢实现共同发展、和平发展的现代化道路。在坚定维护世界和平与发展中谋求自身发展，又以自身发展更好维护世界和平与发展，为解决全人类面临的共同挑战提供中国智慧、中国方案、中国力量。**推进走和平发展道路的现代化**，要始终高举和平、发展、合作、共赢旗帜，奉行互利共赢的开放战略，弘扬全人类共同价值，推动构建人类命运共同体，通过激发内生动力与和平利用外部资源相结合的方式来实现国家发展，不断以中国新发展为世界提供新机遇。

3. 中国式现代化具有美好的形象标准和目标愿景

“建成富强、民主、文明、和谐、美丽的社会主义现代化强国”，是中国式现代化鲜明的形象标准和美好的目标愿景，应从时代特征、国际视野和中国特色等维度来把握中国式现代化形象目标的深刻内涵。

与“世”俱进，动态把握“富强”。“富强”是中国式现代化的应有之义，是物质文明建设的集中体现和社会主义现代化的物质基础。“富强”体现在富足与强盛相统一、民富与国强相统一、硬实力强与软实力强相统一、强国强军和强民相统一。未来 30 年，坚定不移走更高质量、更有效率、更加公平、更可持续、更为安全的发展之路。**到 21 世纪中叶**，我国将拥有高度的物质文明，经济实力、科技实力和社会生产力大幅跃升，国内生产总值达到 60 万亿美元，人均国内生产总值超过 4 万美元、接近发达国家平均水平，工业化城镇化水平高、创新能力强，成为经济强国、制造强国、服务强国、创新强国①。国际影响力大，在国际政治、国际安全、全球经济治理中拥有更多制度性话语权。居民人均可支配收入达到新高度，家家仓廪实衣食足，全体人民过上更加幸福安康的生活。

立足国情，求是把握“民主”。“民主”是中国式现代化的本质要求，是政治文明建设的核心目标和社会主义现代化的生命力之源。“民主”的实质是人民当家作主，通过社会主义民主政治制度化、法治化建设，保证人民广泛参加国家治理和社会治理，保证形成既充满活力又健康有序的政党关系、民族关系、宗教关系、阶层关系和海内外同胞关系等。未来 30 年，坚定不移

① 资料来源：课题组测算。

走中国特色社会主义政治发展道路，坚持党的领导、人民当家作主、依法治国有机统一，坚持人民主体地位，充分体现人民意志、保障人民权益、激发人民创造活力。**到21世纪中叶**，将拥有高度的政治文明，法治国家、法治政府、法治社会全面建成，中国特色社会主义民主政治制度成熟定型，更加广泛、更加充分、更加健全、更加有效的全过程人民民主得以实现，人民在依法管理国家和社会事务中的主人翁地位充分体现，人民当家作主真正实现。

传承创新，溯源把握"文明"。"文明"是中国式现代化的显著标志，是精神文明建设的目标和社会主义现代化的价值取向。未来30年，坚持中国特色社会主义文化发展道路，增强文化自信，围绕举旗帜、聚民心、育新人、兴文化、展形象建设社会主义文化强国，发展面向现代化、面向世界、面向未来的，民族的科学的大众的社会主义文化，促进传统文化与现代文化在传承创新中共生，东方文化与西方文化在交流中互鉴共存，激发全民族文化创新创造活力。**到21世纪中叶**，马克思主义中国化与传统文化现代化深度融合，全党全军全国各族人民团结奋斗的共同思想基础更加牢固，社会主义文化强国和文明大国形象得以确立，国家文化软实力和中华文化影响力显著提升，中华民族伟大复兴的精神力量更加强大。

公正包容，人本把握"和谐"。"和谐"是中国式现代化的内在要求，是社会文明建设的理想目标和中国式现代化的本质属性。未来30年，坚持以人民为中心的发展思想，坚持在发展中保障和改善民生，不断提高人民生活水平、维护社会公平正义、实现人民对美好生活的向往。**到21世纪中叶**，橄榄型社会结构形成，收入分配公平合理，全体人民获得更优质的教育、更稳定的工作、更满意的收入、更可靠的社会保障、更高水平的医疗卫生服务、更舒适的居住条件和更优美的生活环境，多元共治、和谐善治、文明法治的现代社会治理格局得以形成，全社会充满活力而又和谐有序。

天人共生，永续把握"美丽"。"美丽"是中国式现代化的内在要求，是生态文明建设的标志成果。未来30年，深入践行"绿水青山就是金山银山"的理念，统筹产业结构调整、污染治理、生态保护、应对气候变化，协同推进降碳、减污、扩绿、增长，推动经济社会发展全面绿色转型，持续推进美丽中国建设。**到21世纪中叶**，节约资源和保护环境的空间格局、产业结构、生产方式、生活方式全面形成，碳中和基本实现，人民群众对生产生活环境满意度大幅提升，成为人与自然和谐共生的国际典范，美丽中国建设目标全面实现。

（三）从现实逻辑看，中国式现代化应把握好九方面的本质要求

改革开放40多年，我国创造了经济快速发展和社会长期稳定“两大奇迹”，中国式现代化具备了更为坚实的物质基础。同时要看到，世界百年未有之大变局加速演进，世界进入新的动荡变革期，我国面临的发展机遇和风险调整都是前所未有的，改革发展稳定面临一些深层次矛盾躲不开、绕不过，未来一个时期要经受风高浪急甚至惊涛骇浪的重大考验。党的二十大从坚持中国共产党领导、坚持中国特色社会主义、实现高质量发展、发展全过程人民民主、丰富人民精神世界、实现全体人民共同富裕、促进人与自然和谐共生、推动构建人类命运共同体、创造人类文明新形态九个方面对中国式现代化提出了内在逻辑关系严密的本质要求，这既是对我国社会主义现代化建设长期探索实践的科学总结，也是我们党的现代化理论系统集成的重大创新，还是新时代推进中国式现代化必须牢牢把握的重大问题。

坚持中国共产党领导和坚持中国特色社会主义是从性质层面对中国式现代化的领导力量和方向道路作出的本质规定。坚持中国共产党领导是对中国式现代化领导力量的本质规定，习近平总书记明确指出，“中国特色社会主义最本质的特征是中国共产党领导，中国特色社会主义制度的最大优势是中国共产党领导”①。党处在总揽全局、协调各方的领导地位，是政治稳定、经济发展、民族团结、社会稳定的根本力量，是中国特色社会主义事业的领导核心，也是现代化建设的政治保证。中国式现代化是中国共产党领导下探索出来的道路，党的领导直接关系到中国式现代化的根本方向、前途命运、最终成败，面对复杂严峻的国际政治经济环境和改革发展稳定的深层次矛盾，必须坚持中国共产党领导，才能确保中国式现代化沿着正确的方向行稳致远。中国特色社会主义是中国式现代化的鲜明特色，坚持中国特色社会主义是中

① 2016年7月1日习近平总书记在庆祝中国共产党成立95周年大会上的讲话。

国式现代化本质要求的重要内容和根本要求。中国式现代化走的是中国特色社会主义道路，这是由中国国情决定的，是历史和人民的选择，前进路上必须坚守这一根本方向和道路，才能得以不断深化和拓展。

实现高质量发展、发展全过程人民民主、丰富人民精神世界、实现全体人民共同富裕、促进人与自然和谐共生，是从目标层面对“五位一体”协调推进中国式现代化作出的本质规定。实现高质量发展是从着力解决经济社会发展积累的矛盾出发对中国式现代化经济建设的本质要求。发展全过程人民民主是从形成最广泛、最真实、最管用的社会主义民主出发对中国式现代化政治建设的本质要求。丰富人民精神世界是从满足人民日益增长的精神文化需求出发对中国式现代化文化建设的本质要求。实现全体人民共同富裕是针对城乡差距、区域差距、收入差距大而对中国式现代化社会建设的本质要求。促进人与自然和谐共生是着眼于可持续发展的需要对中国式现代化生态文明建设的本质要求。这五条要求彰显了以系统观念统筹发展全局、以问题导向破除发展难题、以开拓创新谋划发展布局的内在逻辑，有力提升了中国式现代化的人民导向性、全面系统性和战略前瞻性。

推动构建人类命运共同体、创造人类文明新形态，是从世界意义方面对中国式现代化作出的本质规定。推动构建人类命运共同体是中国式现代化对外交往的本质要求，也是走和平发展道路的中国式现代化的本质要求。当前人类社会面临的挑战前所未有，推动构建人类命运共同体是我国提出的解决世界性问题的中国方案，体现了中国坚持维护世界和平、促进共同发展的宗旨和意志，表明了我国坚定维护国际关系基本准则，维护国际公平正义，坚持相互尊重、合作共赢原则，共同走对话而不对抗、结伴而不结盟的国际交往新路。现代化本身就是人类文明，创造人类文明新形态是中国式现代化所要达到的文明境界，是对中国式现代化对人类文明贡献的本质要求。中国式现代化以“五位一体”总体布局推动“五个文明”协调发展，不仅表明新时代中国共产党对社会主义现代化文明建设规律的深化认识，还拓展了发展中国家走向现代化的目标追求，必将在引领现代化发展潮流中创造人类文明新形态，书写人类文明新篇章。

二、评价测度中国式现代化的基本框架、基本原则和指标体系

构建中国式现代化指标体系，必须以习近平新时代中国特色社会主义思想为指导，充分反映和体现中国式现代化的基本理论、科学内涵和本质要求。

（一）以“五位一体”总体布局为基本框架

以经济建设、政治建设、文化建设、社会建设、生态文明建设“五位一体”总体布局为统领推进的中国式现代化，既体现了世界现代化一般规律和共同特征，也反映了我国现代化建设的内在逻辑，并与中国式现代化的五个鲜明特色高度契合，与新发展理念和高质量发展有机统一，应作为构建中国式现代化指标体系的基本框架。

“五位一体”总体布局体现了世界现代化规律特征和发展趋势。世界现代化潮流在经历了片面追求工业化、片面追求经济增长而出现贫富差距扩大、社会冲突加剧、政局动荡不安、生态环境恶化等问题后，推动经济、政治、文化、社会、生态等全领域系统性变革成为很多国家的普遍选择。20 世纪 80 年代信息技术革命以来，信息化、网络化和智能化为现代化注入新动力，而全球化时代各国深度参与全球分工则成为现代化在世界范围内深入发展的重要途径，绿色低碳时代经济社会绿色转型成为重要趋势。我国“五位一体”现代化建设，顺应了现代化在不断更迭的现代技术驱动下引发生产力革命和经济社会系统性变革这一客观规律，通过统筹推进经济建设、政治建设、文化建设、社会建设、生态文明建设，推动国家全面发展和社会全面进步。我国还顺应信息化、全球化、绿色化发展方向，推进新型工业化、信息化、城镇化、农业现代化叠加发展，全面推动经济社会绿色转型。只有坚持“五位一体”总体布局，推动当代中国全面、协调、可持续发展，全方位、多领域、高标准促进现代化多重矛盾集中化解、多重目标协调发展，才能建成富强民主文明和谐美丽的社会主义现代化强国。

“五位一体”总体布局反映了中国式现代化的内在逻辑和建设主体。以“五位一体”总体布局推进中国式现代化，是深入探索和开拓创新的结果，事实已经并将继续证明这是推动我国现代化建设从胜利走向胜利的重要经验

和法宝。作为后发现代化国家，我国的现代化既是工业化、信息化、城镇化、农业现代化叠加发展的“并联式”过程，也是多维文明协调发展的“并联式”过程，这也就从逻辑上内在要求统筹推进经济建设、政治建设、文化建设、社会建设、生态文明建设的“五位一体”总体布局。“五位一体”总体布局从经济、政治、文化、社会、生态文明建设五个方面全面概括了中国式现代化的主要内容和目标要求，涵盖了现代化建设的方方面面，是落实实现高质量发展、发展全过程人民民主、丰富人民精神世界、实现全体人民共同富裕、促进人与自然和谐共生等本质要求的重要依托，是建成富强民主文明和谐美丽的社会主义现代化强国的主体。推进中国式现代化过程中，在聚焦经济建设这个中心任务的同时，注重“五位一体”各部分之间的功能联动、同频共振，可以支撑我国现代化不断从胜利走向胜利。

“五位一体”总体布局可以为彰显中国式现代化的五个鲜明特色提供有力支撑。经济领域，顺应新科技革命和产业变革趋势，聚焦制约经济社会持续稳定健康发展的突出矛盾和问题，着力增强经济发展平衡性、协调性、可持续性，推动高质量发展，为实现人口规模巨大的现代化奠定坚实的物质基础。政治领域，坚定不移走中国特色社会主义政治发展道路，坚持党的领导、人民当家作主、依法治国有机统一，发展全过程人民民主，充分体现人民意志、保障人民权益、激发人民创造活力，为走和平发展道路的现代化营造安定团结的政治局面。文化领域，坚持中国特色社会主义文化发展道路，推进文化自信自强，提高全社会文明程度，丰富人民精神世界，为实现物质文明和精神文明协调发展的现代化注入强大动力。社会领域，实施就业优先战略，促进高质量充分就业，完善按劳分配为主体、多种分配方式并存、初次分配、再分配、第三次分配协调配套的分配制度，健全均衡可及的基本公共服务体系，为实现全体人民共同富裕的现代化培育肥沃土壤。生态领域，统筹产业结构调整、污染治理、生态保护、应对气候变化，协同推进降碳、减污、扩绿、增长，推进生态优先、节约集约、绿色低碳发展，为实现人与自然和谐发展的现代化积蓄强大动力。

“五位一体”总体布局可以体现新发展理念和高质量发展的内在要求。党的十八届五中全会明确的创新、协调、绿色、开放、共享的新发展理念，回答了关于发展的目的、动力、方式、路径等一系列理论和实践问题，阐明了我们党关于发展的政治立场、价值导向、发展模式、发展道路等重大政治问题。高质量发展是体现新发展理念的发展，是创新成为第一动力、协调成为内生特点、绿色成为普遍形态、开放成为必由之路、共享成为根本目的的发展。新发展理念和高质量发展是实现“五位一体”总体布局的内在要求，也是超越西方发展模式的中国道路的独特理念。以“五位一体”总体布局为统领推进中国式现代化，必须完整、准确、全面贯彻新发展理念。经济领域，解决技术创新水平不高和发展动力不足问题，实现高水平科技自立自强，提高产业链供应链安全可靠水平，开辟发展新领域新赛道，塑造发展新动能新优势，必须依靠创新发展；解决城乡发展差距大、地区之间发展不平衡问题，确保城乡同步、各个地区同步实现现代化，必须落实协调发展理念；解决发展内外联动问题，在风高浪急的国际环境中开拓合作共赢新局面，必须落实开放发展理念。政治领域，发展全过程人民民主，必须结合国情创新民主权利行使机制。社会领域，妥善解决财富分配不公、收入差距过大、公共服务不完善等问题，解决社会公平正义问题，持续改善人民生活品质，确保 14 亿人共享现代化建设成果，必须落实共享发展理念。文化领域，增强人民精神力量，促进物质文明和精神文明相协调，必须落实协调发展理念。生态领域，妥善处理发展和保护的关系，解决可持续发展问题，促进人与自然和谐共生，必须落实绿色发展理念。

（二）构建指标的主要原则

一是坚持科学性与实用性相结合。科学性既要求指标体系符合客观规律、坚持实事求是，也要求指标体系完整、准确、全面地体现中国式现代化的要求，还要求指标之间的逻辑关系、赋值都符合学理意义。实用性既指构建的指标体系对中国式现代化有引领作用，体现问题导向和目标导向，也指评价指标可获得、可评估，有可直接采用的统计数据，或通过抽样调查、问卷调查等调查方式可获取可信度较高的数据。

二是坚持普遍性与特色性相结合。遵循世界现代化的共同规律，选取体现五个维度现代化建设进展和成效的国际公认指标，指标体系的设计要符合国际惯例，目标值设定要与现代化发展程度相适应，便于国际比较。同时，要体现中国式现代化的特色，选取反映中国式现代化是人口规模巨大、全体人民共同富裕、物质文明和精神文明相协调、人与自然和谐共生、走和平发展道路的现代化的指标，更好引领中国式现代化成功实践。

三是坚持现实性与前瞻性相结合。中国式现代化要结合我国现代化建设基础条件、存在的矛盾问题等现实情况，选取体现问题导向的指标，在密切跟踪和有效引导下推动现代化行稳致远。同时，要结合党的十九大、党的二十大关于分两步推进现代化的战略部署和未来面临的内外部环境、机遇挑战，选取体现目标导向的指标，在前瞻谋划、提前设计中推动现代化行稳致远。

四是坚持过程性与结果性相结合。中国式现代化要围绕建成"富强民主文明和谐美丽"的现代化强国，统筹推进经济建设、政治建设、文化建设、社会建设和生态文明建设，选择反映五个领域建设成效的结果性指标。中国式现代化的首要任务是高质量发展，推进中国式现代化必须要完整、准确、全面贯彻新发展理念，因此需要选用反映落实新发展理念、推动高质量发展，相对于现代化建设成效而言的过程性指标。

（三）指标体系的构成

按照以"五位一体"总体布局为统领推进中国式现代化的思路，以经济现代化、政治现代化、文化现代化、社会现代化、生态现代化为基本框架构建指标体系，将反映现代化共同特征和体现中国式现代化五个鲜明特色的指标嵌入其中。

1. 经济现代化

按照现代化一般规律和我国现代化战略部署，经济现代化要围绕建设现代化经济体系，结合立足新发展阶段、贯彻新发展理念、构建新发展格局，推动高质量发展（"三新一高"）的要求，以高质量发展为主题，完整、准确、全面贯彻新发展理念，体现中国式现代化的本质要求和中国特色，本书从经济实力、发展质效、创新能力、结构优化、开放合作、安全保障六方面评价。

经济实力既需要体现经济体量大，也需要体现经济发展水平高。这里同时采用体现经济规模的“GDP”和体现经济发展水平的“人均 GDP”来衡量。

发展质效高体现在投入产出效率高、经济增长依靠技术创新驱动而非要素投入驱动等。结合当前我国要素使用效率不高、经济增长很大程度上还在依靠要素投入驱动等影响经济质量和效率提高的突出问题，选取“全员劳动生产率”“全要素生产率对经济增长贡献率”，分别从微观、宏观层面来反映经济发展质效。

创新能力同时从创新投入和创新产出两方面衡量。选取国际通用可比的“研究与试验发展经费与 GDP 之比”反映创新投入，选取反映专利资源技术含量和市场价值的“每万人口高价值发明专利拥有量”衡量创新产出质量，引导实现高水平科技自立自强。

结构优化用工业化、城市化和内需发展水平评价。我国工业化已经进入建立现代化产业体系的阶段，从更好引领大国实体经济发展、新兴产业发展和农业现代化出发，采用“制造业增加值占 GDP 比重”“服务业增加值占 GDP 比重”“数字经济核心产业增加值占 GDP 比重”来衡量工业化水平，采用“农作物耕种收综合机械化率”反映农业现代化水平，采用“常住人口城镇化率”来反映城市化水平，以上指标结合起来还可以反映新型工业化、信息化、城镇化、农业现代化同步发展水平。内需尤其是消费需求在国民经济中的比重是衡量经济发展阶段跃升和经济发展内生性稳定性的重要指标，选取“消费率”反映需求结构优化程度。

开放合作既体现为融入国际经济的程度，也体现在国际经济中的主导权和影响力，还体现在对世界和平发展的贡献上。采用“货物和服务贸易额占全球比重”“实际使用外资规模占全球跨国直接投资总额的比重”评价开放合作，表示一国对外贸易、吸引外资在全球经贸投资和经济循环中的地位。

结合当前安全领域面临的形势和问题，用关键产品/商品的自我保障能力来衡量安全保障能力。粮食安全、能源安全是经济安全运行的重要支撑，也是当前影响我国经济安全的关键领域，这里选取“粮食综合生产能力”“能源综合生产能力”分别衡量。

2. 政治现代化

政治现代化必须坚定不移走中国特色社会主义政治发展道路，必须坚持党的领导、人民当家作主、依法治国有机统一。党的集中统一领导需要基层党组织发挥好政治功能和组织功能，按照党的领导制度体系“纵向要到底、横向要到边”的要求，采用“基层党组织覆盖率”来衡量。人民当家作主集中体现在全过程人民民主中，人民依法实行民主选举、民主协商、民主决策、民主管理、民主监督，这五个环节集中反映了全过程人民民主的具体形式，采用“县、乡人大代表占全国五级人大代表总数比例”衡量民主权利，采用“基层民主参选率”衡量民主选举，采用“各级政协非中共党员的委员占比”衡量民主协商。依法治国要坚持法治国家、法治政府、法治社会一体建设，采用“每万人口拥有律师数量”这一相对综合体现全社会法治建设水平的指标来衡量。

3. 文化现代化

文化现代化包括文明素质、文化事业、文化产业和文化影响力等维度，分别采用“公民具备科学素质比例”“每万人口拥有公共文化设施建筑面积”“文化及相关产业增加值占国内生产总值比重”“文化产品和服务出口占出口总额比重”来评价。

4. 社会现代化

社会现代化应体现我国人口规模巨大的国情和人口发展新形势，体现共享发展理念和全体人民共同富裕的本质要求，可以从人口高质量发展、人民高品质生活、社会和谐稳定三个方面评价。按照人口高质量发展的目标要求，着眼人口全生命周期的发展需要，瞄准当前生育—养育—教育—就业—医疗—养老—住房—扶弱等方面的痛点难点问题，采用“3 岁以下婴幼儿人均托位数”“每千人口拥有执业（助理）医师数”“养老机构护理型床位占比”来评价保障人口高质量发展的条件；同时坚持目标导向，对标发达国家和我国经济社会发展需要，采用“劳动年龄人口平均受教育年限”“人均预期寿命”衡量人口高质量发展成效。人民高品质生活重点体现在物质富足、精神富有，分别选取“居民人均可支配收入”“教育文化娱乐支出占消费支出比重”进行评价。社会和谐稳定重点体现在收入分配合理、社会治理有效和公共安全治理有序，选取“中等收入群体比重”评价收入分配结构，选取“矛盾纠纷基层一线化解率”评价社会治理成效，选取“亿元 GDP 安全生产事故死亡人数”评价公共安全治理成效。

5. 生态现代化

结合生态文明建设的主要内容及党的二十大报告对未来生态文明建设的战略部署，从发展方式绿色转型、环境污染防治、生态系统保护和推进碳达峰碳中和四个维度评价生态现代化。发展方式绿色转型的关键是节约集约利用资源，土地、水资源是重要的生产投入要素和生活支撑条件，其消耗强度可以集中反映发展方式转型成效，因此选取“每立方米水资源产生的GDP”“单位地区生产总值建设用地使用面积”指标进行评价。碧水、蓝天、净水行动既是全面建成小康社会阶段污染治理的重大举措，也是实现人与自然和谐共生的中国式现代化的关键之举，研究选取“地表水达到或好于Ⅲ类水体比例”“地级及以上城市细颗粒物（PM2.5）平均浓度”“污染地块安全利用率”指标评价空气、水、土壤治理成效。生态系统保护是涉及山水林田湖草沙治理的系统工程，森林覆盖率是山、水、林、田、湖、草、沙等生态要素治理的关键，陆地海洋保护区可以加强对陆地和海洋生物多样性的保护，选取“森林覆盖率”“陆地海洋保护区面积占比”指标评价生态系统保护状况。推进碳达峰碳中和的核心是减少碳排放，关键在于科学合理使用能源，因此选取“单位GDP二氧化碳排放量”“单位GDP能耗”“非化石能源占一次能源消费总量比重”引导和推动碳达峰碳中和。

6. 指标体系总体框架

按照以上思路，构建涵盖经济、政治、文化、社会、生态五大领域，体现世界现代化一般规律和中国特色、共45个指标构成的指标体系。其中经济领域16个指标，政治领域5个，文化领域4个，社会领域10个，生态领域10个；体现现代化共同特征的指标共34个，绝大多数国际可比；反映中国式现代化特色的指标共28个，包括反映中国式现代化五个鲜明特色的指标和反映世界现代化共同特征但结合我国具体情况选用的特色指标（见表1－1）。由于中国式现代化的五个鲜明特色与经济、政治、文化、社会、生态文明建设存在一定交集（如文化建设与物质文明和精神文明相协调的现代化、生态文明建设和人与自然和谐共生的现代化等），部分指标既反映现代化共同特征，也体现中国式现代化的鲜明特色。

表 1-1 中国式现代化评价指标

序号	领域	维度	指标	反映现代化共同特征的指标	反映中国式现代化特色的指标
1	经济现代化	经济实力	GDP（万亿元，2020 年不变价）	✓	
2			人均 GDP（万美元，2020 年不变价美元）	✓	
3		发展质效	全员劳动生产率（万元/人，2020 年不变价）	✓	
4			全要素生产率对经济增长贡献率（%）	✓	
5		创新能力	研究与试验发展经费与 GDP 之比（%）	✓	
6			每万人口高价值发明专利拥有量（件）	✓	
7		结构优化	制造业增加值占 GDP 比重（%）	✓	
8			服务业增加值占 GDP 比重（%）	✓	
9			农作物耕种收综合机械化率（%）	✓	
10			数字经济核心产业增加值占 GDP 比重（%）	✓	
11			常住人口城镇化率（%）	✓	
12			消费率（%）	✓	
13		开放合作	货物和服务贸易额占全球比重（%）	✓	
14			实际使用外资规模占全球跨国直接投资总额的比重（%）	✓	
15		安全保障	粮食综合生产能力（亿吨）		✓
16			能源综合生产能力（亿吨标准煤）		✓
17	政治现代化	党的领导	基层党组织覆盖率（%）		✓
18		全过程人民民主	县、乡人大代表占全国五级人大代表总数比例（%）		✓
19			基层民主参选率（%）		✓
20			各级政协非中共党员的委员占比（%）		✓
21		依法治国	每万人口拥有律师数量（人）	✓	
22	文化现代化	文化素质	公民具备科学素质比例（%）	✓	✓
23		文化事业	每万人口拥有公共文化设施建筑面积（平方米）	✓	✓
24		文化产业	文化及相关产业增加值占国内生产总值比重（%）	✓	✓
25		文化影响力	文化产品和服务出口占出口总额比重（%）	✓	✓

续表

序号	领域	维度	指标	反映现代化共同特征的指标	反映中国式现代化特色的指标
26	社会现代化	人口高质量发展	3 岁以下婴幼儿人均托位数（个）		✓
27			每千人口拥有执业（助理）医师数（人）		✓
28			养老机构护理型床位占比（%）		✓
29			劳动年龄人口平均受教育年限（年）	✓	✓
30			人口平均预期寿命（岁）	✓	
31		人民高品质生活	居民人均可支配收入（万元）	✓	✓
32			教育文化娱乐支出占消费支出比重（%）	✓	
33			中等收入群体比重（%）	✓	✓
34			矛盾纠纷基层一线化解率（%）		✓
35			亿元 GDP 安全生产事故死亡人数（人/亿元）		✓
36	生态现代化	发展方式绿色转型	每立方米水资源产生的 GDP（美元/立方米）	✓	✓
37			单位地区生产总值建设用地使用面积（平方公里/亿元）	✓	✓
38		环境污染防治	地表水达到或好于Ⅲ类水体比例（%）	✓	✓
39			地级及以上城市细颗粒物（PM2.5）平均浓度（微克/立方米）	✓	✓
40			污染地块安全利用率（%）	✓	✓
41		生态系统保护	森林覆盖率（%）	✓	✓
42			陆地海洋保护区面积占比（%）	✓	✓
43		碳达峰碳中和	单位 GDP 二氧化碳排放量（吨/万元）	✓	✓
44			单位 GDP 能耗（吨标准煤/万元）	✓	✓
45			非化石能源占一次能源消费总量比重（%）	✓	✓

资料来源：课题组设计。

三、中国式现代化评价指标目标值的设定

综合考虑未来一个时期国际政治经济变化态势、我国经济社会发展趋势和党的二十大关于中国式现代化的战略部署，采用对标国际、趋势外推、定量分析等多种方法，设定各指标 2030 年、2035 年的目标值。

（一）关于经济现代化指标的赋值

党的二十大报告明确了2035年基本实现社会主义现代化是我国发展的总体目标，并提出了经济实力、科技实力、综合国力大幅跃升的目标要求，经济实力、发展质效、创新能力、结构优化、开放程度、安全保障等方面的指标都需要达到相应目标。

1. 关于经济实力指标的赋值

党的十二大报告提出，到2035年经济实力大幅跃升，人均国内生产总值达到中等发达国家水平。这是设定GDP、人均GDP目标值的重要基准。我们依据长期增长速度向长周期均值收敛的规律，预测国际货币基金组织划分的39个发达经济体2035年人均GDP最小值为2.31万美元（见表1-2）；依据世界银行调整高收入国家门槛标准的历史规律和2035年前全球经济增长趋势，预测2035年高收入国家门槛阈值将调整到1.75万美元，对以上两种测算结果采用均值法综合考虑，到2035年中等发达国家人均GDP应该达到2.03万美元以上（2020年不变价美元，下同），比2020年翻一番。为了测算2035年我国GDP、人均GDP可能达到的水平，我们采用生产函数法、产业合成法等方法，分乐观、基准、悲观三种情景，分时段预测未来一个时期我国经济增长趋势（见表1-3），结果表明到2035年GDP、人均GDP将分别达到197万亿元人民币以上（2020年不变价，下同）、2万美元以上。综合考虑中国式现代化建设需要和经济增长趋势，将2030年GDP、人均GDP目标值分别设定为170万亿元以上、1.7万美元以上，2035年的目标值分别设定为210万亿元以上、2.1万美元以上。

表1-2　　中等发达国家人均GDP预测　单位：万美元，2020年不变价

指标	2025年	2030年	2035年
39个发达经济体人均GDP最小值	2.14	2.23	2.31
高收入国家人均GDP门槛	1.44	1.59	1.75
均值	1.79	1.91	2.03

资料来源：课题组测算。

表 1-3　2035 年前我国潜在经济增长速度、GDP、人均 GDP 的分段预测

指标	情景	2025 年	2030 年	2035 年
潜在经济增长速度（%）	乐观情景	5.7	5.0	4.5
	基准情景	5.2	4.5	4.0
	悲观情景	4.7	4.0	3.5
GDP（万亿元人民币，2020 年不变价）	乐观情景	138	179	226
	基准情景	136	172	211
	悲观情景	133	165	197
人均 GDP（万美元，2020 年不变价美元）	乐观情景	1.40	1.81	2.29
	基准情景	1.38	1.74	2.14
	悲观情景	1.35	1.66	2.00

资料来源：课题组测算。

2. 关于发展质效指标的赋值

提高全员劳动生产率是推动经济高质量发展的关键。我国全员劳动生产率从 2015 年的 8.9 万元/人提高到 2022 年的 15.3 万元/人，增长速度从 2015～2019 年年均 6.5%降至 2020～2022 年年均 5.1%，呈放缓之势。对中高收入国家全员劳动生产率变化趋势的研究表明，受技术进步速度放缓、资源要素重配效应下降等的影响，人均 GDP 达到 1 万美元之后全员劳动生产率增速出现回落。随着我国经济发展水平进一步提高，人力资本素质改善、技术进步、工器具和装备改进、劳动用工制度改革创新等将带动全员劳动生产率增长放缓后持续提高。结合采用生产函数模型对 GDP 的测算和对全社会从业人数的预测，将 2030 年、2035 年全员劳动生产率目标值分别设定为 22 万元/人、28 万元/人。

提高全要素生产率是党的十九大和党的二十大作出的重要部署。测算表明，21 世纪以来，我国全要素生产率增长率有所下降，从 2000 年的 2.4%提高到 2005 年的 3%后降至 2022 年的 1.1%；全要素生产率对经济增长的贡献率总体呈波动上升态势，2019 年达到 26.2%，新冠疫情发生后出现较大幅度波动。从国际规律看，随着要素再配置接近尾声和技术创新步伐减缓，全要素生产率增速一般在人均 GDP 水平达到 1 万美元后逐步放缓，而后是否再次提高取决于是否出现大的技术突破，但全要素生产率对经济增长贡献率总体

呈现逐步提高态势。未来一个时期，虽然经济结构变化引致要素重配所带来的效率改善效应衰减，但创新水平持续提高、人力资本加快积累、改革红利持续释放等因素将推动全要素生产率持续提升，预计到 2030 年、2035 年对经济增长的贡献率分别可达到 38%、40%。

3. 关于创新能力指标的赋值

党的二十大报告对 2035 年创新领域提出的目标是“实现高水平科技自立自强，进入创新型国家前列”。这对创新投入和创新产出都提出了目标要求。

创新投入端，研发投入强度需要保持合理水平。21 世纪以来，我国研发投入快速增长，研发投入强度提高到 2022 年的 2.55%，不仅高于所有发展中经济体，也高于欧盟 28 国平均水平，仅比 OECD 国家和高收入国家平均水平分别低 0.3 个和 0.5 个百分点左右。在经济总量排名靠前的经济体中，仅低于德国 3.13%（2021 年）、美国 3.46%（2021 年）、日本 3.30%（2021 年）。从创新大国发展历程看，研发投入强度与经济发展水平高度正相关，当人均 GDP 达到 2 万 ~3 万美元时，研发强度一般达到 2% 左右。我国研发强度超过大多数可比国家的水平，创新投入增速将向更低水平收敛，对标进入创新型国家前列的需要，设定 2030 年、2035 年研发强度目标分别为 2.7%、2.8%。

从产出端看，高价值发明专利需要保持合理水平。国家知识产权局的数据显示，“十三五”时期我国每万人口高价值发明专利拥有量分别为 3.0 件、3.8 件、4.5 件、5.4 件、6.3 件，2021 年达到 7.5 件①。尽管由于统计口径导致该指标在国际上并不可比，但观察分析“每万人口 PCT 专利授权量”，我国 2021 年为 4.14 件，高于英国的 1.21 件和德国的 3.53 件，低于日本的 11.30 件和美国的 4.50 件。从发达国家创新历程看，高价值发明专利拥有量随人均 GDP 提高而增加，但增加速度会在人均 GDP 达到 3 万 ~4 万美元时大幅下降。锚定进入创新型国家前列的战略需要，结合国家知识产权局发布的

① 统计方法是为将符合高价值专利的五类专利数量进行加总，即战略性新兴产业的有效发明专利、在海外有同族专利权的有效发明专利、维持年限超过 10 年的有效发明专利、实现较高质押融资金额的有效发明专利、获得国家科学技术奖或中国专利奖的有效发明专利。

2021 年我国每万人口高价值发明专利拥有量达到 7.5 件的统计数据，并参照人均 PCT 专利授权量趋势外推，将每万人口高价值发明专利拥有量 2030 年、2035 年目标值分别设定为 14 件、15.5 件。

4. 关于结构优化指标的赋值

我国工业化已经进入中后期，城镇化进入后半段。党的二十大报告提出到 2035 年“基本实现新型工业化、信息化、城镇化、农业现代化”，并对建设制造强国、质量强国、航天强国、交通强国、网络强国、数字中国和推进以人为核心的新型城镇化提出了明确要求。

大力发展实体经济和建设制造强国，对制造业保持合理占比提出了目标要求。随着工业化逐步进入后期，制造业增加值占比从 2012 年的 31.53% 降至 2020 年的低值 26.29%，在一系列振兴实体经济尤其是大力发展制造业政策支持下，2021 年升至 27.7%。跨国数据分析表明，制造业增加值占 GDP 比重随经济发展水平提高而呈倒“U”型曲线关系，拐点发生在人均 GDP 约 14000 美元。人均 GDP 处于 14000 ~ 45000 美元时，多数国家制造业增加值占 GDP 比重处于 15% ~ 25% 之间。国际金融危机以来，主要发达国家和制造业强国大都在推动制造业回归，美国制造业占比已开始止跌回升，未来制造业增加值占比可能还将提高。从建设制造强国和保障大国经济安全稳定运行的需要出发，将 2030 年、2035 年制造业增加值占 GDP 比重目标值均设定为 30% 左右。

建成现代化经济体系尤其是构建优质高效的服务业新体系对服务业占比提出了目标要求。进入工业化后期和后工业化时代，服务业增加值占 GDP 比重持续提高是客观趋势。2013 年，我国服务业增加值占 GDP 比重首次超过第二产业，近年来保持上升态势并于 2019 年达到 54% 以上，2020 ~ 2022 年因新冠疫情原因出现短暂下滑，但仍维持在 52% 以上。我国服务业增加值占比低于美国（80% 左右）、日本（70% 左右）、德国（62% 左右）、英国（75%）等主要发达国家。综合考虑发达经济体服务业占比提高经验规律及我国大力推动新型工业化和实现制造强国目标，服务业增加值占 GDP 比重目标值不宜设定过高，2030 年、2035 年分别设定为 60% 左右、62% 左右。

网络强国、数字中国对数字经济规模和比重提出了目标要求。2020 年我国数字经济核心产业增加值占 GDP 比重达到 7.8%。从各种口径看，我国数字经济占 GDP 的比重仅为美国的 2/3，与主要发达经济体仍有显著差距①。锚定网络强国、数字中国建设需要，对标主要发达经济体，并按照 ICT 制造、ICT 服务、数字化效率提升的份额权重和代表性细分行业的增速估算，将 2030 年、2035 年数字经济核心产业增加值占 GDP 比重分别设定为 12%、13%。

农业现代化对农业机械化率提出了目标要求。得益于加大农业技术改造投入，我国农作物耕种收综合机械化率从 2012 年的 57.2% 提高到 2021 年的 72%。发达国家农业机械化水平普遍在 90% 以上，美国、日本和韩国农业机械化率更是高达 99% 以上，相比之下，我国农业机械化程度仍然较低。结合《国务院关于加快推进农业机械化和农机装备产业转型升级的指导意见》，2025 年农作物耕种收综合机械化率有望达到 75%。综合考虑发达国家规律并结合近年来我国农作物耕种收综合机械化率变化趋势，将其 2030 年、2035 年目标值分别设定为 80%、85% 左右。

推进以人为核心的新型城镇化，对常住人口城镇化率提出目标要求。随着新型城镇化深入推进，我国常住人口城镇化率从 2012 年 53.1% 升至 2022 年 65.2%，年均提高 1.2 个百分点。从国际规律看，城镇化一般分为起步期、加速期和成熟期三个阶段，总体呈现缓慢—加速—缓慢的诺瑟姆“S”形曲线。起步期城镇化率一般小于 30%，提高速度慢；加速期城镇化率一般在 30% ~70%，提高速度较快；成熟期城镇化率一般大于 70%，提高速度放缓。未来一个时期，我国常住人口城镇化率仍将持续提高，但提升速度将不断放缓。结合城镇化规律和我国新型城镇化发展趋势，将 2030 年、2035 年常住人口城镇化率目标分别设定为 70%、73%。

坚定不移实施扩大内需战略，增强国内大循环内生动力和可靠性对消费

① 按美国国家经济分析局的统计口径估算，我国与美国数字经济占 GDP 的比重分别为 7% 和 9% 左右，数字经济规模相差不到 1 万亿美元。按我国国家统计局的统计口径试算，我国与美国数字经济占 GDP 的比重分别为 15% 和 25% 左右，数字经济规模大约相差 3 万亿美元。按我国信通院的测算，2020 年我国数字经济占 GDP 的比重接近 40%，而德国、英国、美国数字经济占 GDP 比重超过 60%，其中中美数字经济规模大约相差 8 万亿美元。

率提出了目标要求。我国消费率总体呈上升趋势，2019 年达到 55.8%，受疫情影响 2021 年已降至 54.5%，远低于美国 82.6%、英国 82.8%、德国 70.0%、日本 75.3% 的水平，与世界平均水平也有较大差距。展望未来，随着我国经济发展水平不断提高，消费率将持续提高，但上升速度放缓。综合考虑，将 2030 年、2035 年消费率目标值分别设定为 62%、65% 左右。

5. 关于开放合作指标的赋值

我国坚持对外开放的基本国策，随着经济实力不断增强，对全球要素的吸引力和在国际经贸合作中的竞争力影响力都将不断提升，人民币将更多地被国际市场所接受，吸引外商直接投资、国际贸易占全球份额和人民币国际支付份额都将不断提高。

加快建设贸易强国要求货物和服务贸易额占全球比重达到较高水平。21 世纪尤其是党的十八大以来，随着我国经济实力不断增强，对外贸易占全球比重从 2001 年 3.8% 大幅提升至 2022 年 11.2%。从历史规律看，第二次世界大战后，德国和日本对外贸易占世界比重分别从 1948 年 1.8% 和 0.8% 迅速提升到 2020 年 11.0% 和 7.4%，成为世界贸易大国，但到 2022 年分别下降至 6.4% 和 3.1%。美国对外贸易占比则从 1948 年 17.2% 一路下滑至 2022 年 10.9%。未来一个时期，我国经济体量占全球份额将进一步提升，预计 2030 年、2035 年分别提高到 21.5%、22.5% 左右，但国际形势复杂严峻、全球化遭遇逆流，我国贸易份额提升幅度将小于经济份额占全球比重的增加幅度，综合考虑，将 2030 年、2035 年货物和服务贸易额占全球比重的目标值分别设定为 13.5%、14%。

实际使用外资规模占全球跨国直接投资总额的比重提高，既是推进中国式现代化的需要，也是推进中国式现代化的结果。21 世纪尤其是党的十八大以来，我国成为国际资本的重要流入国，吸引外商直接投资总额占全球比重 2019 年达到 9.54%，2020 年达到历史高峰 15.51%，2021 年回落至 11.44%。2021 年美国 FDI 占全球比重为 23.22%，与其经济占全球比重相匹配。尽管受美国和西方对我高科技投资限制打压、地缘冲突导致国际投资意识形态增强等因素影响，我国实际使用 FDI 占全球比重没有与经济占全球份额同步提高，但随着构建新发展格局成效不断显现，国内市场需求潜力不断释放和国际影响力不断提升，我国吸引外商直接投资还将不断增加，综合考虑，将实际使用外资规模占全球跨国直接投资总额的比重 2030 年、2035 年目标值分别设定为 13%、14% 左右。

6. 关于安全保障指标的赋值

党的二十大报告提出，到 2035 年“国家安全体系和能力全面加强，基本实现国防和军队现代化”，并对统筹发展和安全作出了重要部署，这对粮食、能源资源等重点领域安全提出了目标要求。

能源综合生产能力需要保持在合理水平。我国能源综合生产能力从 2012 年 35.1 亿吨标准煤增至 2022 年 46.6 亿吨标准煤，但与 2022 年 54.1 亿吨标准煤的能源消费总量仍有较大差距。为了满足经济社会发展对能源的需求，美国、德国等国家能源综合生产能力均呈现稳定提高态势。综合考虑国际能源供需格局变化背景下我国对外部能源的利用能力、原油、非常规油气资源、可再生能源资源开发利用能力及经济社会发展对能源的需求，建议将 2030 年、2035 年我国能源综合生产能力目标分别设定为 50 亿吨标准煤以上、55 亿吨标准煤以上。

粮食综合生产能力需要保持在合理水平。我国粮食产量从 2012 年 6.1 亿吨增加到了 2022 年 6.9 亿吨，但与同期 7.4 亿吨以上的粮食消费量相比仍存差距。国际上，随着经济社会发展带来的需求增加和农业科技进步，美国、德国、加拿大等发达国家的粮食综合生产能力呈现先增后稳的态势，特别是受制于耕地面积不断减少，粮食综合生产能力增长到一定水平后趋稳。世界银行等机构的研究表明，我国粮食消费量将在 2030 年左右达到峰值 7.5 亿吨左右，此后随着人口总量减少、食物更加多元等，将稳定在 7 亿吨左右。综合考虑稳定粮食播种面积、提升农业科技水平等带来粮食综合生产能力稳中有升和国民经济发展对粮食的需求，将 2030 年、2035 年粮食综合生产能力目标均设定为 7 亿吨以上。

（二）关于政治现代化指标的赋值

党的二十大报告提出，到 2035 年“基本实现国家治理体系和治理能力现代化，全过程人民民主制度更加健全，基本建成法治国家、法治政府、法治社会”。政治现代化指标的目标值应围绕全面加强党的领导、全过程人民民主和法治中国来设定。

全面加强党的领导对基层党组织覆盖率提出目标要求。根据中国共产党党内 2022 年统计公报，城市街道、乡镇、社区（居委会）、行政村党组织覆盖率均超过 99.9%，机关、事业单位、企业和社会组织党组织基本实现应建尽建。按照党组织的建设要求，新成立的企事业单位也将应建尽建党的基层组织，将 2030 年、2035 年我国基层党组织覆盖率均提高到 100%。

全过程人民民主对县、乡人大代表占全国五级人大代表总数比例、基层民主参选率、各级政协非中共党员的委员占比提出目标要求。2020 年底，全国共有人大代表 262 万名，县乡两级人大代表约占我国五级人大代表总数的 95%。建议 2030 年、2035 年县、乡人大代表占全国五级人大代表总数比例均保持在 95% 左右。基层民主选举主要指乡级人大代表选举、村（居）委会选举、职工代表大会选举，改革开放以来，已经进行了 12 次乡级人大代表选举、11 次县级人大代表选举，选民参选率都在 90% 左右，村委会选举和职工代表大会选举也都在 90% 以上，建议基层民主参选率 2030 年提高到 90% 以上，2035 年保持这一水平。《中国共产党统一战线工作条例》第四十四条规定，党外代表人士在各级政协中应当占有较大比例，换届时委员不少于 60%，常委不少于 65%；在各级政协领导班子中副主席不少于 50%（不包括民族自治地方）。随着协商民主制度不断完善，非中共党员的委员参政议政意愿和能力都将提高，建议将各级政协非中共党员的委员占比到 2030 年、2035 年的目标值均设定为不低于 60%。

依法治国对每万人拥有律师数提出目标要求。我国每万人拥有律师数从 2012 年 1.6 人提高到 2021 年 4.1 人。多数发达国家每万人律师人数均在 10 人以上，上海、北京、深圳每万人律师数量均已经超过 10 人。结合我国律师队伍发展趋势、人口总量变化及经济社会发展对律师服务的需求，对标发达国家，将 2030 年、2035 年每万人拥有律师数量目标值分别设定为 6 人以上和 8 人以上。

（三）关于文化现代化指标的赋值

党的二十大报告提出，到 2035 年“建成教育强国、科技强国、人才强国、文化强国、体育强国、健康中国，国家文化软实力显著增强”。文化现代化指标的目标值应围绕科技强国、文化强国和显著增强国家文化软实力来设定。

科技强国对公民具备科学素质比例提出目标要求。我国公民具备科学素质比例从2005年的1.6%提高到2015年的6.2%、2020年的10.6%。依据《全民科学素质行动规划纲要（2021～2035年）》关于2025年、2035年公民具备科学素质比例分别达到15%、25%的目标，同时考虑到增长速度相对稳定，建议将2030年公民具备科学素质比例设定为20%。

文化强国建设需要提高基本公共文化服务水平，并对每万人口拥有公共文化设施建筑面积提出目标要求。2019年、2020年、2021年、2022年全国每万人口拥有公共文化设施建筑面积分别为444.1平方米、457.8平方米、487.6平方米、523.9平方米。对不同国家代表性城市每十万人口拥有的各类文化设施数量比较显示，上海每十万人图书馆数量约为纽约的40%、东京的25%，每十万人美术馆和博物馆数量不到东京的40%。适应现代化建设需要，我国仍需持续提高公共文化服务硬件设施规模和建筑面积。根据2019～2022年增长情况，将2030年、2035年目标值均设定为600平方米。

文化强国建设需要繁荣发展文化产业，并对文化及相关产业增加值占国内生产总值比重提出目标要求。2018年以来我国文化及相关产业增加值占国内生产总值比重稳定在4.50%左右，2021年达到4.56%。随着文化强国建设深入推进，我国文化产业还将获得长足发展，未来应成为占比5%以上的支柱性产业。依据近年来文化产业增长趋势，将2030年、2035年目标值分别设定为4.8%、5.0%。

文化强国建设需要提高文化影响力，并对文化产品和服务出口占出口总额比重提出目标要求。2020年、2021年文化产品和服务出口占出口总额比重分别为3.4%、3.8%。运用短期目标简单外推、长期目标以发展阶段类比等方法，将2030年、2035年文化产品和服务出口占出口总额比重目标值分别设定为4.5%、5%。

（四）关于社会现代化指标的赋值

党的二十大报告提出，到2035年，人民生活更加幸福美好，居民人均可支配收入再上新台阶，中等收入群体比重明显提高，基本公共服务实现均等化，农村基本具备现代生活条件，社会保持长期稳定，人的全面发展、全体人民共同富裕取得更为明显的实质性进展。这对人口高质量发展、人民高品质生活、社会和谐稳定方面的指标提出了目标要求。

1. 对人口高质量发展指标的赋值

基本公共服务实现均等化对3岁以下婴幼儿人均托位数提出目标要求。2017~2022年，我国3岁以下婴幼儿入托率自4.1%提高至5.5%，远低于1980年城乡婴幼儿入托率28.2%、1995年30%左右的水平。婴幼儿托位数与人口增长、女性劳动参与率、托位供给等息息相关，OECD国家2020年3岁以下婴幼儿入托率平均值为24%，其中有8个国家超过45%，韩国入托率更是高达63%。考虑到未来我国人口增速下降甚至负增长、女性受教育水平和劳动参与率提升，该指标将不断提升。参考现阶段中等发达国家托幼水平，到2030年和2035年，我国托育率分别有望达到20%和25%。参考当前我国5.5%的托育率对应3岁以下婴幼儿人均托位数为0.088个，将2030年、2035年3岁以下婴幼儿人均托位数目标分别设定为0.32个、0.45个。

健康中国对每千人口拥有执业（助理）医师数提出目标要求。“十三五”时期，每千人口拥有执业（助理）医师数从2.21人增至2.90人。国际规律和我国实际均表明，随着人均GDP水平提高，每千人口执业医师数不断增加。综合考虑医学高校招生规模等因素，同时参考发达国家执业医师配备情况，将2030年、2035年目标值分别设定为4人、4.5人左右。

老龄人口养老对养老机构护理型床位占比提出目标要求。“十三五”末期，我国各类养老机构床位数821万张，养老机构护理型床位占比不足50%，无法满足4000多万失能、半失能老人的需求。“十四五”规划和《国家积极应对人口老龄化中长期规划》提出，2025年养老机构护理型床位占比提高到55%，2035年达到80%的目标。参考发达国家养老服务经验以及我国经济发展趋势，设定2030年、2035年养老机构护理型床位数占比分别为69%、80%。

人才强国和高质量发展对劳动年龄人口平均受教育年限提出目标要求。21世纪以来，我国劳动年龄人口平均受教育年限快速提高，从2000年7.8

年提高到2021年10.9年，当前相当于美国20世纪60年代的水平，略高于日本、韩国等亚洲发达经济体20世纪80年代中期水平。发达国家人均GDP达到1.5万美元左右时，劳动年龄人口平均受教育年限大都在11年以上。综合考虑我国教育发展趋势及人才强国建设需要，将2030年、2035年劳动年龄人口平均受教育年限目标分别设定为11.6年、12年。

健康中国对人均预期寿命提出目标要求。我国人均预期寿命从2000年71.4岁增加至2020年77.93岁。尽管人均预期寿命一般随经济发展水平提高而增加，但国际经验表明，当人均预期寿命达到一定水平（超过80岁），在没有重大生命科学技术进步情况下，将进入稳定增长阶段。我国人均预期寿命变化符合一般规律，并将随着基本医疗卫生制度完善而继续提高。参考发达国家经验，将2030年、2035年人口预期寿命目标分别设定为79岁、82岁。

2. 对人民高品质生活指标的赋值

居民人均可支配收入再上新台阶给居民人均可支配收入提出了明确的目标要求。我国居民人均可支配收入从2013年18310元提高到2022年36883元，保持了较高增速。参考人均可支配收入随人均GDP提高而增加的国际规律，并综合考虑党的二十大报告提出到2035年居民人均可支配收入再上新台阶、居民收入增长和经济增长基本同步等要求和我国居民可支配收入增长趋势，将2030年、2035年人均可支配收入目标分别设定为6.5万元、8万元。

人民生活更加幸福美好对教育文化娱乐支出占消费支出比例提出目标要求。我国教育文化娱乐支出占消费支出比例从2013年10.6%提高至2019年11.7%。发达国家的经验表明，教育文化娱乐类消费支出占总消费支出比例随发展水平提高而提高，其中人均GDP在5000～15000美元之间大都保持9%左右的较快增速。参考发达国家经验，综合考虑我国居民收入、教育文化娱乐消费增长趋势，将2030年教育文化娱乐类消费支出占比目标设定为13%左右，到2035年进一步提高至15%左右。

3. 对社会和谐稳定指标的赋值

全体人民共同富裕取得更为明显的实质性进展对中等收入群体占比提出目标要求。中等收入群体占比提高是形成“橄榄型”社会结构的基础。按照当前国家统计局年收入 10 万～50 万元的口径推算，2002 年我国中等收入群体人数只有 735.8 万人，占总人口的比例不足 1%。到 2022 年，中等收入群体规模超过 4 亿人，占总人口的 30%左右。英国、德国、法国、荷兰、日本和韩国中等收入群体占比均在 70%以上，意大利、西班牙以及东欧一些转型国家中等收入群体占比也基本在 50%以上。这充分说明我国中等收入群体占比还有较大提升空间。未来一个时期，大学生、新型农民和进城务工人员将步入中等收入群体行列，综合考虑中等收入群体来源变化和现代化建设要求，预计每年提高 1 个百分点，将 2030 年、2035 年中等收入群体占比目标值分别设定为 45%、50%。

基层治理有效和社会稳定对矛盾纠纷基层一线化解率提出目标要求。从地方实践看，各地基层一线化解率能达到 90%左右。随着社会治理水平提升，未来基层一线化解率还将提高。可将 2030 年、2035 年基层一线化解率目标分别设定为 95%以上、99%以上。

安全发展要求将亿元 GDP 安全生产事故死亡人数控制在一定范围。2022 年我国亿元 GDP 安全生产事故死亡人数为 0.0263，尽管较前几年明显下降，但仍高于发达国家。从公布的数据看，亿元 GDP 安全生产事故死亡人数与经济发展水平负相关，经济发展水平越高，亿元 GDP 安全生产事故死亡人数越少。2021 年，北京市该指标为 0.0117，云南、甘肃则为 0.057，全国为 0.0263。参考发达地区发展情况以及未来我国发展趋势，将 2030 年、2035 年 GDP 安全生产事故死亡人数目标均设定为 0.01 以内。

（五）关于生态现代化指标的赋值

党的二十大报告提出，到 2035 年，广泛形成绿色生产生活方式，碳排放达峰后稳中有降，生态环境根本好转，美丽中国目标基本实现。这对生态现代化指标提出了新目标新要求。

发展方式绿色转型对每立方米水资源产生的 GDP 和单位地区生产总值建设用地使用面积提出目标要求。每立方米水资源产生的 GDP 从 2012 年 14.9 美元/立方米提高到 2021 年 25.2 美元/立方米，目前中等发达国家平均水平为 40～50 美元/立方米，我国处在这类国家 20 世纪 90 年代的水平，但呈收敛趋势。参照中等发达国家水生产率，并结合我国水生产率提高趋势以及节水技术推广应用等，将2030年、2035年每立方米水资源产生的GDP目标分别设定为30美元、40美元左右。随着节约集约利用土地资源措施不断完善，单位地区生产总值建设用地使用面积从2016年0.52平方公里/亿元降低到2022年0.35平方公里/亿元，欧美等发达国家为0.1～0.125平方公里/亿元，我国地均产出仅相当于欧美等发达国家的1/5～1/4。参考发达国家，并综合考虑我国土地利用效率变化趋势、产业结构变化趋势和土地节约集约利用制度不断完善，将2030年、2035年单位地区生产总值建设用地使用面积目标分别设定为0.24平方公里/亿元、0.16平方公里/亿元。

生态环境根本好转对地表水达到或好于Ⅲ类水体比例、地级及以上城市细颗粒物（PM2.5）平均浓度、污染地块安全利用率提出目标要求。2013年到2022年间我国PM2.5平均浓度下降了57%，2022年全国地级及以上城市PM2.5平均浓度为29微克/立方米，达到世界卫生组织确定的发展中国家35微克/立方米的过渡标准，距离清洁空气10微克/立方米标准尚有差距。随着深入实施蓝天保卫战，空气质量将进一步改善，同时参考欧盟2020年达到18微克/立方米的水平，将2030年、2035年地级及以上城市PM2.5平均浓度控制在25微克/立方米、20微克/立方米以下。在3641个国家地表水考核断面中，2015年地表水达到或好于Ⅲ类水体比例为66%，2021年为84.9%，2022年为87.9%，呈现上升态势。由于各个国家水质差别很大，中等发达国家针对特定水体污染治理的地表水达到或好于Ⅲ类水体比例在85%左右。结合《水污染防治行动计划》（以下简称“水十条”）确定的目标、近年来水质改善进度、下一步边际改善难度加大以及污水治理技术进步，将地表水达到或好于Ⅲ类水体比例2030年、2035年目标值均设定在90%以上。我国污染地块安全利用率从2012年85%提高到2021年90%。国际上通过治理污染土壤来提升安全利用率都经历了漫长过程。参照一般规律、我国污染地块治理及治土技术进步趋势，将污染地块安全利用率2030年、2035年目标值分别设定为95%、98%。

美丽中国建设对森林覆盖率、陆地海洋保护区面积占比提出更高要求。我国统筹推进山水林田湖草沙系统治理，科学开展大规模国土绿化行动，森林覆盖率从 2012 年 21.7% 提高到 2021 年 24.02%。大部分国家在迈向发达阶段中，森林覆盖率持续增加，进入发达阶段之后稳定在 30% 左右。参考发达国家数据，并结合近年来我国森林覆盖率提高趋势和国土特点，将 2030 年、2035 年森林覆盖率目标设定为 26.3%、30%。2016 年我国陆地海洋保护区面积占比从 2016 年 15.94% 下降到 2022 年 14.75%，海洋保护区面积仅占管辖海域面积 4.1%，距离《生物多样性公约》"保护全球 10% 的海岸与海洋面积"的目标仍存在一定差距。OECD 国家 2016 年陆地海洋保护区面积占比为 17.96%，2020 年为 20.3%，高收入国家 2016 年陆地海洋保护区面积占比为 18.22%，2020 年为 19.79%。我国已经将生物多样性保护上升为国家战略，着眼于基本实现现代化，对标发达国家水平，2035 年陆地海洋保护区面积占比目标可设置为 18% 以上。

实现"双碳"目标对单位 GDP 能耗、非化石能源占一次能源消费总量比重、单位 GDP 二氧化碳排放量提出目标要求。我国单位 GDP 二氧化碳排放量从 2012 年 1.667 吨/万元下降到 2021 年 1.09 吨/万元，经济增长正在加速与二氧化碳排放脱钩。国际上，以 OECD 为代表的发达国家碳排放强度从 1990 年 0.41 千克/2010 年美元 GDP 下降为 2020 年为 0.21 千克/2010 年美元 GDP，呈现持续下降趋势。根据国务院《2030 年前碳达峰行动方案》确定的 2030 年单位 GDP 二氧化碳排放比 2005 年下降 65% 以上的目标，将 2030 年、2035 年目标值分别设定为 1 吨/万元、0.9 吨/万元。单位 GDP 能耗从 2012 年 0.748 吨标准煤/万元下降到 2021 年 0.54 吨标准煤/万元，大约是 OECD 国家的一半水平，与 OECD 国家单位 GDP 能耗差距加速缩小。根据国务院《2030 年前碳达峰行动方案》，2025 年单位 GDP 能耗比 2020 年下降 13.5%，达到 0.42 吨标准煤/万元，按照这个趋势，将 2030 年、2035 年目标值分别设定为 0.36 吨标准煤/万元、0.3 吨标准煤/万元。非化石能源占一次能源消费总量比重从 2012 年 12% 提高到 2021 年 16.5%。各国能源供给存在很大差异，但提高非化石能源消费占一次能源消费总量比重已经成为全球趋势。根据国务院《2030 年前碳达峰行动方案》，到 2025 年非化石能源消费比重达到 20% 左右，到 2030 年非化石能源消费比重达到 25% 左右，照此趋势，将 2035 年目标值设定为 30% 左右。

综上所述，中国式现代化评价指标赋值见表 1－4。

表 1－4　　中国式现代化评价指标赋值

序号	领域	维度	指标	2021 年	2030 年	2035 年
1	经济现代化	经济实力	GDP（万亿元，2020 年不变价）	109.2	170	210
2			人均 GDP（万美元，2020 年不变价美元）	1.1	1.7	2.1
3		发展质效	全员劳动生产率（万元/人，2020 年不变价）	12.8	22	28
4			全要素生产率对经济增长贡献率（%）	15.6	38	40
5		创新能力	研究与试验发展经费与 GDP 之比（%）	2.44	2.7	2.8
6			每万人口高价值发明专利拥有量（件）	7.5	14	15.5
7		结构优化	制造业增加值占 GDP 比重（%）	27.55	30	30
8			服务业增加值占 GDP 比重（%）	53.5	60	62
9			农作物耕种收综合机械化率（%）	72.03	80	85
10			数字经济核心产业增加值占 GDP 比重（%）	7.8	12	13
11			常住人口城镇化率（%）	64.72	70	73
12			消费率（%）	54.5	62	65
13		开放合作	货物和服务贸易额占全球比重（%）	12.1	13.5	14
14			实际使用外资规模占全球跨国直接投资总额的比重（%）	11.44	13	14
15		安全保障	粮食综合生产能力（亿吨）	6.8	7	7
16			能源综合生产能力（亿吨标准煤）	42.7	50	55
17	政治现代化	党的领导	基层党组织覆盖率（%）	99.9	100	100
18		全过程人民民主	县、乡人大代表占全国五级人大代表总数比例（%）	95（2020）	95	95
19			基层民主参选率（%）	90	>90	>90
20			各级政协非中共党员的委员占比（%）	60.2	≥60	≥60
21		依法治国	每万人口拥有律师数量（人）	4.1	6	8
22	文化现代化	文化素质	公民具备科学素质比例（%）	11.5	20	25
23		文化事业	万人口拥有公共文化设施建筑面积（平方米）	87.6	600	600
24		文化产业	文化及相关产业增加值占国内生产总值比重（%）	4.43	4.8	5.0
25		文化影响力	文化产品和服务出口占出口总额比重（%）	3.8	4.5	5

续表

序号	领域	维度	指标	2021 年	2030 年	2035 年
26	社会现代化	人口高质量发展	3 岁以下婴幼儿人均托位数（个）	0.088	0.32	0.45
27			每千人口拥有执业（助理）医师数（人）	3.04	4	4.5
28			养老机构护理型床位占比（%）	50	69	80
29			劳动年龄人口平均受教育年限（年）	10.9	11.6	12
30			人口平均预期寿命（岁）	78.2	79	82
31		人民高品质生活	居民人均可支配收入（万元）	3.5	6.5	8
32			教育文化娱乐支出占消费支出比重（%）	10.9	13	15
33			中等收入群体比重（%）	30	45	50
34			矛盾纠纷基层一线化解率（%）	90	95	99
35			亿元 GDP 安全生产事故死亡人数（人/亿元）	0.023	<0.01	<0.01
36	生态现代化	发展方式绿色转型	每立方米水资源产生的 GDP（美元/立方米）	25.23	30	40
37			单位地区生产总值建设用地使用面积（平方公里/亿元）	0.344	0.24	0.16
38		环境污染防治	地表水达到或好于Ⅲ类水体比例（%）	84.9	>90	>90
39			地级及以上城市细颗粒物（PM2.5）平均浓度（微克/立方米）	30	25	20
40			污染地块安全利用率（%）	90	95	98
41		生态系统保护	森林覆盖率（%）	24.02	26.3	30
42			陆地海洋保护区面积占比（%）	14.75	16	18
43		碳达峰碳中和	单位 GDP 二氧化碳排放量（吨/万元）	1.09	1	0.9
44			单位 GDP 能耗（吨标准煤/万元）	0.54	0.36	0.3
45			非化石能源占一次能源消费总量比重（%）	16.5	25	30

资料来源：课题组测算。

四、完善中国式现代化指标测度评价的相关建议

着眼于充分发挥指标对中国式现代化的引领作用，一方面加快完善统计指标体系和统计方法，另一方面针对短板弱项超前谋划、采取措施，推动中国式现代化在顺利完成各项目标的基础上实现 2035 年的总体目标。

（一）优化指标统计监测

完善经济现代化统计指标。一是尽快统一全要素生产率的计算方法，

按年度测算发布全要素生产率对经济增长贡献率数据，更好反映科技创新和效率提升对经济增长的贡献。二是统计发布“三方同族专利占全球比重”，替换“每万人口高价值发明专利拥有量”，以便更好地与其他国家进行比较。

完善政治现代化统计指标。按年度或届次定期集中发布基层党组织覆盖率、县、乡人大代表占全国五级人大代表总数比例、基层民主参选率各级政协非中共党员的委员占比等指标，引导国际社会更好了解我国政治现代化进展。

完善社会现代化统计指标。一是确定“中等收入群体占比”的分地区相对标准，建议国家统计局将基于各地居民收入中位数的相对区间作为标准，由各地中等收入群体规模加总为全国规模，克服全国统一标准掩盖各地收入水平差距大的不足。二是适应我国居民接受教育方式多元化趋势，调整“劳动年龄人口平均受教育年限”统计口径，将线上学习培训、非学历教育培训时长纳入其中。

强化生态现代化指标的监测。顺应绿色低碳发展趋势，完善绿色低碳产业增加值、生态系统生产总值（GEP）等监测指标，强化对实现“双碳”目标的支撑。绿色低碳产业增加值比重可参照深圳等地的做法，界定绿色低碳产业内涵，统计发布绿色低碳产业增加值或规模指标。生态系统生产总值可在试点示范基础上统计公布，更好反映生态系统为经济社会可持续发展提供的最终产品和服务价值，更好评价环境生产力价值。

建立健全现代化指标统计、测评和发布制度。统计部门进一步完善评价测度指标体系统计基础，作为各项测评指标原始数据信息采集和加工处理工作主体。国家信息中心牵头联合工信部、商务部、农业农村部、交通运输部、民政部等部门作为监测相关领域和指标的责任主体，定期编制相关指标进展报告，国家发展改革委作为现代化测评指标公开发布机构，定期发布现代化总体进展情况。

（二）辩证施策推动各个领域的现代化

辩证施策推动经济现代化。一是提升自主创新能力。建立完善竞争性支持和稳定支持相结合的基础研究投入机制，加大财政投入、激励企业投入、鼓励社会力量多元化投入，对战略导向的体系化基础研究、前沿导向的探索性基础研究、市场导向的应用性基础研究实施差异化评价制度，加快提高基础研究水平；将高价值专利申请纳入部分国有企事业单位创新考核，支持企业更大力度开展海外专利布局，推动产生更多的高价值专利；持续实施核心技术和关键零部件攻关行动，稳步突破一批“卡脖子”技术。二是努力提高全员劳动生产率、全要素生产率。持续提高人力资本素质，加大新型基础设施、战略性新兴产业等领域投资，筑牢全员劳动生产率提高的技术装备基础；加快形成一批“硬科技”“新硬件”型技术创新成果，立足丰富应用场景和庞大市场需求加速重大新兴技术产业化进程，推动以破除国企垄断、健全产权制度、促进要素市场化、完善政府管理等为主要内容的新一轮改革开放，不断提高科技进步和制度创新对经济增长的贡献率。三是加快推动人民币国际化。加快金融基础设施建设，完善升级人民币跨境支付系统（CIPS），利用市场规模优势提升大宗商品交易中人民币的定价能力，推动与俄罗斯、中东、南非等的大宗商品交易中的人民币结算比例，推进货币互换协议在大宗商品交易中应用。

推动政治现代化。加快转变政府职能，优化政府职责体系和组织结构，推进机构、职能、权限、程序、责任法定化，提高政府公信力。深化行政执法体制改革，加大关系群众切身利益的重点领域执法力度，完善行政执法程序，健全行政裁量基准。强化行政执法监督机制和能力建设，严格落实行政执法责任制和责任追究制度。提升行政复议工作效能，归并整合升级“12348”公共法律服务热线与“12345”政务服务热线，不断提升人民群众对法治政府建设的满意度。全面推进国家各方面工作法治化。稳步提高基层党组织覆盖率、基层人大代表占比、基层民主参选率。

推动文化现代化。依托新时代文明实践中心、“学习强国”学习平台等线下线上平台开展高质量科普，加大中西部地区和农村地区科技场馆建设力度，加大对农村居民、老年人口等科学素质薄弱群体的教育、传播和普及力度，大力提高公民科学素质。多措并举推动文化产业发展，包括：实施文化遗产“双创”（创造性转化、创新性发展）工程，推动物质文化遗产与非物质文化遗产活化利用；有针对性地解决文化产业发展面临的融资、知识产权保护等难题，支持文化企业做大做强做优；推动文化和旅游深度融合、文化产业与制造、数字等产业跨界融合，激发文化产业发展潜力和活力。

推动社会现代化。进一步推广工资集体协商、劳动关系三方协商等制度，健全工资决定、正常增长和支付保障机制，多渠道提高居民财产性收入，完善个人所得税综合征收制度，努力提高居民人均可支配收入。建立健全先富带后富的区域协调协同发展机制，完善城乡一体化体制机制，加快完善初次分配、再分配、三次分配协调配套的制度安排，夯实缩小地区差距、城乡差距、收入差距的制度基础，引导基尼系数稳步下降。通过加快完善收入分配制度，畅通纵向流动通道，减轻负担、稳定预期，推动新型农民、新落户农民工进入中等收入群体行列。多措并举加快补齐养老育幼短板：调动各方力量和积极性，引导多元主体发展多样化的托育和养老服务，着力增加价格可承受、质量有保障、服务更可及的普惠型托育机构和养老服务供给；深化托育和养老机构领域“放管服”改革，切实解决“用地难、用工难、融资难、营利难”等问题。守牢安全生产底线，提高防灾减灾救灾和重大突发公共事件处置能力。

推动生态现代化。不断挖掘土地后备资源，优化土地利用结构，鼓励市场主体通过建设用地整理等方式促进城镇低效用地再开发，鼓励采用长期租赁、先租后让、弹性年期供应等方式供应产业用地，支持不同产业用地类型合理转换，探索增加混合产业用地供给，不断提高土地资源利用效率。完善能源消费双控制度，严格控制能耗强度，合理控制能源消费总量，建立健全用能预算、合同能源管理等制度，加强钢铁、建筑、化工、交通等重点行业能耗控制和管理，推动能源资源高效配置利用。实施电气化行动，在重点工业园区、城乡供暖、交通等领域开展电能替代示范，无法电气化的领域通过绿色氢能、生物质能、氨能等新型燃料替代，推动能源消费转型。

（执笔：郭春丽）

主要参考文献

1.《习近平著作选读》（第一卷），人民出版社 2023 年版。

2.《习近平著作选读》（第二卷），人民出版社 2023 年版。

3. 曲青山：《深刻理解中国式现代化五个方面的中国特色》，《求是》2023 年第 16 期。

4. 肖磊、唐晓勇、胡俊超：《中国式经济现代化：发展规律、实践路径与世界意义》，《当代经济研究》2023 年第 7 期。

5. 王燕梅：《以域观范式理解中国经济现代化道路》，《改革》2023 年第 6 期。

6. 刘伟：《中国式现代化的本质特征与内在逻辑》，《中国人民大学学报》2023 年第 1 期。

7. 王一鸣：《以中国式现代化全面推进中华民族伟大复兴——中国式现代化的探索历程、中国特色和目标任务》，《中国领导科学》2023 年第 1 期。

8. 本书编写组：《党的二十大报告辅导读本》，人民出版社 2022 年版。

9. 韩保江、李志斌：《中国式现代化：特征、挑战与路径》，《管理世界》2022 年第 11 期。

10. 刘伟、刘守英：《坚持以高质量发展为主题　推进中国式现代化历史进程》，《前线》2022 年第 11 期。

11. 中国式现代化研究课题组：《中国式现代化的理论认识、经济前景与战略任务》，《经济研究》2022 年第 8 期。

12. 胡鞍钢：《中国式经济现代化的重大进展（2012～2021）》，《南京工业大学学报（社会科学版）》2022 年第 6 期。

13. 任保平、张倩：《构建科学合理的中国式现代化的评价指标体系》，《学术界》2022 年第 6 期。

14. 洪银兴：《论中国式现代化的经济学维度》，《管理世界》2022 年第 4 期。

15. 刘朝阳、李永娣、崔岚、曹雷、张小科：《基本实现社会主义现代化指标体系构建及评价研究》，《统计理论与实践》2021 年第 6 期。

16. 郭春丽等：《小康之后的中国——如何理解和把握第二个百年目标》，人民出版社 2018 年版。

17. 罗荣渠：《现代化新论——世界与中国的现代化进程》，商务印书馆 2004 年版。

专题篇

第二章　中国式现代化的理论分析、科学内涵和本质要求

内容提要：中国式现代化丰富发展了世界现代化理论，为世界现代化实践提供了新范式新路标。中国式现代化以统筹推进“五位一体”总体布局、协调发展“五大文明”为统领，以人口规模巨大、全体人民共同富裕、“两个文明”相协调、人与自然和谐共生、走和平发展道路为中国特色，以“富强民主文明和谐美丽的社会主义现代化强国”为愿景目标，具有丰富的理论根基和科学内涵。坚持中国共产党领导、坚持中国特色社会主义从性质层面对中国式现代化的领导力量和方向道路作出了本质规定，实现高质量发展、发展全过程人民民主、丰富人民精神世界、实现全体人民共同富裕、促进人与自然和谐共生从目标层面对“五位一体”协调推进中国式现代化作出了本质要求，推动构建人类命运共同体、创造人类文明新形态从世界意义方面对中国式现代化作出了本质要求，推动中国式现代化行稳致远，应把握好这九方面的本质要求，在实践中遵循落实。

党的十八大以来，以习近平同志为核心的党中央，在敏锐洞悉世界现代化发展趋势和全面深刻总结我国现代化建设伟大实践经验基础上，结合中国特色社会主义新时代现代化建设的现实需要，进行了全方位、多领域、多层面理论创新，党的二十大报告深刻阐释了中国式现代化的科学内涵、本质要求等，概括形成了内涵博大精深的中国式现代化理论，为强国建设、民族复兴指明了一条康庄大道。从历史逻辑、理论逻辑、现实逻辑看，中国式现代

化代表世界现代化发展方向，具有深厚的理论基础和现实依据。

一、从历史逻辑看，中国式现代化为世界现代化提供了新范式新路标

现代化指工业革命以来人类社会所发生的全方位深刻变化，这种变化既包括从农业经济向工业经济、从农业社会向工业社会的转变，也包括从工业经济向知识经济、从工业社会向知识社会的转变，前一种转变主要特点为工业化、城市化、民主化、理性化、社会福利和重视经济增长等，后一种转变主要特点为知识化、信息化、智能化、绿色化、创新驱动和提高生活质量等。现代化的本质是用现代先进生产方式和思想文化改造传统生产方式和思想文化，不仅包含经济变革，而且包含在经济变革基础上发生的社会变革、政治变革、文化变革以及人的发展等，是传统社会向现代社会多层面、全方位的转变，是社会文明价值体系的重塑和社会系统结构功能关系的重构。人类社会的技术进步决定了现代化是不断开拓创新、不断向前运动的动态历史过程，现代化的内涵和标志、标准随着时代发展和社会进步而发生变化。作为世界性的客观现象，现代化大致起步于18世纪，扩散于19世纪，流行于20和21世纪。作为全球性发展趋势，绝大多数国家自觉或不自觉地步入现代化行列，直接或间接地把实现现代化作为发展目标，形成了资本主义现代化和社会主义现代化两种道路。

资本主义现代化是以资本主义制度为基础，资本力量主导、社会两极分化、物质主义膨胀、对外扩张掠夺的现代化。资本主义现代化实践中，出现以了英法美为代表的原发型现代化、以德日为代表的继发型现代化、以新加坡等为代表的后发型现代化，以及以北欧国家为代表兼具继发型和后发型特征的混合型现代化等四种模式。作为其经验总结和理论升华，相应形成了一套西方现代化理论体系，主要包括以帕森斯、列维、穆尔为代表的结构——功能主义学派、以罗斯托为代表的过程学派、以英克尔斯为代表的行为学派、以亨廷顿为代表的实证学派、以布莱克为代表的综合学派和以托夫勒为代表的未来学派。这六个学派的关注重点、理论观点、研究方法各具特色，但对现代化基本内涵的认识一致。即在经济层面集中表现为工业化城市化，以私

有制为基础、以极少数垄断资本集团为中心，以近现代工业为代表、城市为中心的社会化大生产方式取代以传统农业为代表、广泛存在于农村的孤立分散的小生产方式；在社会层面以市民社会、“公民社会”取代传统的宗法社会、臣民社会；在政治层面以资本主义宪政和代议制民主政治取代封建君主专制和贵族政治；在文化层面以科学理性和个性解放取代神学蒙昧和禁欲主义；在价值观层面倡导以个人主义、人权至上为核心的自由平等博爱等所谓“普世价值”；在国家与世界关系上实行殖民主义、帝国主义、霸权主义方式，尤其是早期资本主义现代化建立在对外殖民掠夺、对内残酷剥削人民的原始积累基础上①。

社会主义现代化发轫于苏联，正在中国展开波澜壮阔的伟大实践。俄国十月革命胜利后建立起世界上第一个社会主义国家，开启了以“苏联模式”为代表的社会主义现代化道路，但主要局限于经济技术层面，是优先发展重工业和国防科技工业的片面工业化、现代化，并随着苏联解体而半途而废。实现中华民族伟大复兴是近代以来中国人民的共同梦想，无数仁人志士为此苦苦求索、进行各种尝试，但都以失败告终。探索中国现代化道路的重任，历史地落在了中国共产党身上。新中国成立初期，以毛泽东为核心的党中央在借鉴苏联经济体制和发展战略的同时，开启了独立自主探索现代化道路的历程，1964 年提出了实现工业、农业、国防、科学技术“四个现代化”宏伟目标。改革开放后，以邓小平同志为核心的党中央提出了“中国式的现代化”，并对我国现代化的社会主义本质属性和实现路径进行了深入思考，确立了现代化建设“三步走”的发展战略目标。以江泽民同志为核心的党中央把实现现代化建设的第三步战略目标进一步分成两个阶段，开启了把中国特色社会主义事业全面推向二十一世纪的“新三步走”奋斗历程。党的十六大之后，以胡锦涛同志为总书记的党中央全面推进小康社会建设，鼓励有条件的地区率先基本实现现代化。党的十八大以来，以习近平同志为核心的党中央立足中华民族伟大复兴战略全局和世界百年未有之大变局，不断实现理论和实践上的创新突破，成功推进和拓展了中国式现代化。党的十九大对现代

---

①　引自 2020 年 8 月白和金研究员在经济所党课上的发言《十八大以来创新理论体系及中国特色社会主义现代化理论》。

化作出从二〇二〇年到21世纪中叶分两个阶段安排的战略部署，将“三步走”战略确定的21世纪中叶基本实现现代化战略目标提前到2035年，提出到21世纪中叶要把我国建成富强民主文明和谐美丽的社会主义现代化强国。党的二十大概括提出并深入阐述中国式现代化理论，提出新时代新征程中国共产党以中国式现代化全面推进中华民族伟大复兴的中心任务，现代化建设处在新的历史方位上、迈上了新征程。

中国式现代化是在成功实践和基于实践基础上的理论创新而产生的，具有丰富的理论根基。在以毛泽东为核心的党中央探索适合国情的中国式社会主义工业化、现代化理论基础上，改革开放后，邓小平对“什么是社会主义、怎样建设社会主义”这个根本问题进行了深入思考，提出的社会主义本质论、社会主义初级阶段论、社会主义市场经济论和“三步走”的现代化战略思想，为构建中国特色社会主义现代化理论体系确立了坚固的理论支柱。“三个代表”重要思想、科学发展观以及把中国特色社会主义事业全面推向二十一世纪的“新三步走”战略思想，为构建中国特色社会主义现代化理论体系提供了新的理论源泉。党的十八大以来，以习近平同志为核心的党中央立足中华民族伟大复兴战略全局和世界百年未有之大变局，基于不断推进实践创新和实践创新基础上的理论创新，逐步形成了逻辑严密清晰、内涵博大精深、层次分明有机联系的创新理论体系，构建了全面、系统、完整的中国特色社会主义现代化理论体系。

与西方和苏联推进的现代化相比，中国式现代化具有巨大的实践创新性和理论超越性。**从根本特征看**，中国式现代化是坚持中国共产党领导、以马克思主义为指导、以社会主义制度为基础的社会主义国家的现代化。**从建设内容看**，中国式现代化是体现“五位一体”总体布局和“四个全面”战略布局，坚持物质文明精神文明共同发展、经济社会协调发展、人与自然和谐共生的全面发展型现代化。**从实现路径看**，中国式现代化是顺应当代世界先进生产力和先进文化发展趋势，以新发展理念为指导原则、“四化”同步为实施路径，具有鲜明时代特征的立体型现代化；是以构建新发展格局为依托，既注重深度挖掘国内市场潜力、又注重深度参与国际分工，在推动国内国际循环畅通中综合国力大幅增强的新型后发国家的现代化。**从价值追求看**，中国式现代化是坚持以人民为中心的发展思想，以全体人民共同富裕为价值目标，既造福中国人民也造福世界各国人民，具有高度人民性和广泛包容性的系统性现代化。**从国际关系看**，中国式现代化是坚持人类命运共同体理念，走独立自主、和平发展、合作共赢之路，既不依附任何外国，也永不称霸、不搞对外扩张的新兴大国新型现代化。中国式现代化是马克思主义中国化时代化的新篇章，是当代马克思主义、21 世纪马克思主义的最新理论成果，是对世界现代化理论的全面超越和创新发展。

一个国家选择什么样的现代化道路，是由其历史传统、社会制度、发展条件、外部环境等诸多因素决定的。国情不同，现代化途径也会不同。中国遵循现代化发展的一般规律，同时又充分体现本国文化传统、基本国情、制度属性和发展实际，成功走出中国式现代化道路。这条道路基于自身国情、又借鉴各国经验，既传承历史文化又融合现代文明，既造福中国人民又促进世界共同发展，既是我们强国建设、民族复兴的康庄大道，也是中国谋求人类进步、世界大同的必由之路。中国式现代化开辟了现代化发展新道路，创造了人类文明新形态，以其成功实践和基于实践基础上的理论创新，为世界上那些既希望加快发展又希望保持自身独立性的国家和民族提供了全新选择，为发展中国家基于自身国情自主探索各具特色的现代化之路提供了新范式新经验新路标。

二、从理论逻辑看，中国式现代化具有丰富的科学内涵

中国式现代化是开辟了现代化建设新道路、创造了人类文明新形态，既有各国现代化的共同特征，更有基于自己国情的鲜明特色。从学理上，可从共同特征、中国特色和目标愿景三个方面深刻理解、准确把握中国式现代化科学内涵和精髓要义。

（一）中国式现代化具有世界现代化的一般规律和共同特征

现代化是以思想进步为先导、现代技术为动力、生产力变革为基础的经济社会系统性变革。在科技革命和生产力变革推动下，各国现代化普遍具有科技高度进步、生产力高度发达、产业体系高级化、人口高度城镇化、政治

民主法治化、思维观念现代化、生活品质化、环境美好化等共同特征。深度参与全球分工是现代化在世界范围内发展和传播的重要途径，20 世纪 80 年代以来，随着全球化迅猛发展，信息技术革命突飞猛进，信息技术、低碳技术等新兴技术成为现代化的重要动力，知识经济、绿色经济等新的经济形态成为现代化发展趋势，公平发展、和谐发展等理念成为现代化的价值取向，现代化内涵更加丰富，呈现出信息化、生态化、人本化的新特征。未来一个时期，新一轮科技和产业革命将在各国激烈的竞争中孕育产生，信息化、数字化、智能化、低碳化转型将重构各国的要素禀赋和比较优势，对生产方式、社会结构、民主形式、文化形态、人与自然关系产生新的深远影响。

现代化被认为有经济现代化、政治现代化、社会现代化、文化现代化、生态现代化、人的现代化等六大要素。经济现代化指农业经济向工业经济、服务经济和知识经济的转变，突出表现为工业化城市化、劳动生产率和国民收入持续增长、科技水平以及国际经济地位不断提高等。政治现代化指公民享有政治权利、政治生活民主化、法治化和程序化，突出表现为建立科学的决策体系、高效率的行政机构、多层次的公众参与和有效的民主监督。社会现代化包括健全的社会保障体系、稳定的社会环境、健康的社会心理、完善的社会管理等，社会全面进步，全体人民生活达到较高水平。文化现代化指形成符合现代文明的思想观念和价值观体系，在尊重、继承和创新传统文化基础上建立起现代文化体系。生态现代化围绕实现可持续发展，倡导生产绿色化、生活低碳化、生态优质化、资源节约化，人与自然和谐相处。人的现代化包括人的素质全面提高，广大人民享有经济、政治、文化、社会等方面的权益，实现人的全面解放、促进人的全面发展。

我国现代化经历了由注重经济领域到全面推进各个领域发展的转变，这既与世界各国现代化的普遍规律一样，更与我国现代化从一开始就具有赶超性有关。1964 年我国提出的工业、农业、国防、科学技术的现代化（“四个现代化”）本质上是围绕生产力变革推进的经济领域现代化建设。改革开放后，在确立“以经济建设为中心”的基本路线时，邓小平同志及时提出了物质文明与精神文明必须“两手抓，两手都要硬”，党的十二大报告因此将

“两个文明一起抓”上升为国家战略。党的十六大将发展社会主义民主政治、建设社会主义政治文明作为建设中国特色社会主义的重要战略任务，并将经济建设、政治建设、文化建设与物质文明、政治文明、精神文明相联系，使社会主义现代化“三位一体”总体布局更加明晰。2007 年，党的十七大提出建设社会主义市场经济、社会主义民主政治、社会主义先进文化、社会主义和谐社会，社会主义现代化建设总体布局由“三位一体”拓展为经济建设、政治建设、文化建设、社会建设“四位一体”。党的十八大将生态文明建设纳入中国特色社会主义事业的总体布局中，社会主义现代化建设总体布局由“四位一体”拓展为经济建设、政治建设、文化建设、社会建设、生态文明建设“五位一体”，并强调要促进现代化建设各方面相协调，特别是经济建设要促进工业化、信息化、城镇化、农业现代化同步发展。从物质文明、精神文明“两个文明”，到经济建设、政治建设、文化建设“三位一体”，经济建设、政治建设、文化建设、社会建设“四位一体”，再到经济建设、政治建设、文化建设、社会建设、生态文明建设“五位一体”，既是我国顺应现代化发展趋势规律而推进的重大理论和实践创新，也体现了后发国家在推动新型工业化、信息化、城镇化、农业现代化叠加发展、推动现代化“并联式”发展的道路，背后体现了发展理念和发展方式的深刻转变，体现了对世界现代化发展规律和共同特征的创新应用。

现代化反映文明发展和文明转型的过程，代表文明进步。党的十九大报告提出到 21 世纪中叶“我国物质文明、政治文明、精神文明、社会文明、生态文明将全面提升”。以“五位一体”总体布局为统领的中国式现代化建设具有内在逻辑统一性，经济建设、政治建设、文化建设、社会建设、生态文明建设之间互为依托、相互促进，最终统一于包括物质文明、政治文明、精神文明、社会文明、生态文明在内的五大文明中。经济建设是根本，物质文明是走中国式现代化道路的物质基础。政治建设是保障，政治文明是走中国式现代化道路的政治保障。文化建设是灵魂，精神文明是走中国式现代化道路的精神支柱。社会建设是条件，社会文明是走中国式现代化道路的社会基础。生态文明建设是基础，生态文明是走中国式现代化道路的环境支撑。“五大建设”共同锚定富强民主文明和谐美丽的社会主义现代化强国，推动人类文明出现新形态。中国式现代化从聚焦经济建设到“五大建设”同步发展，从聚焦物质文明到推动“五大文明”协调发展，助推形成经济高质量发展、全过程人民民主、文化自信自强、共同富裕、人与自然和谐共生的文明发展格局，在创造现代化新道路和人类文明新形态中必将行稳致远。

（二）中国式现代化具有鲜明的中国特色

一个国家走向现代化，既要遵循现代化一般规律，更要符合本国实际，具有本国特色。党的二十大报告明确概括了中国式现代化是人口规模巨大的现代化、全体人民共同富裕的现代化、物质文明和精神文明相协调的现代化、人与自然和谐共生的现代化、走和平发展道路的现代化这 5 个方面的中国特色，深刻揭示了中国式现代化的科学内涵，进一步彰显了中国特色社会主义的强大生命力和巨大优越性。

1. 人口规模巨大，体现了中国式现代化的广泛性

人口规模巨大是我国的基本国情，是中国式现代化的显著特征。据国际货币基金组织统计，2022 年全球共有 41 个已经实现了现代化的发达经济体，总人口 10.8 亿、占全球人口比例 13.6%。这些经济体基本上都是小国或城市型经济体，人口超过 5000 万人的国家只有 7 个，人口超过 1 亿人的仅有美国和日本，而中国式现代化是人类历史上第一次人口总量超 10 亿大国的现代化。作为世界上最大的发展中国家，比现在所有发达国家人口总和还要多的中国人民过上现代化生活，将彻底改写现代化的世界版图，在中华民族发展史上、人类发展史上都具有极其重大而深远的意义。按照人均 GDP 对全球人口分布的变化看，全球人口分布呈现明显的“L”型，生活在发达国家的约 20% 人口在“L”的左端，而 2020 年我国人均 GDP 超过 1 万美元、开始进入到全球人口分布“L”型的左侧后（见图 2－1、图 2－2、图 2－3、图 2－4），全球人口分布的“L”形状由陡峭变得扁平，贫富分化程度得到了明显缓解，未来中国 14 亿人进入现代化行列，将进一步改善全球贫富分化格局。我们党带领全体人民建设现代化国家，确保现代化建设道路上一个也不掉队，确保 14 亿人共享现代化建设成果，既体现了现代化建设的整体性和广泛性，也体现了文明覆盖范围的整体性和广泛性。人口规模巨大的基本国情，既注定中国式现代化的艰巨性和复杂性前所未有，发展途径和推进方式必然有自身特色，也为现代化建设提供了强大人力资源优势和强力内需潜力支撑。

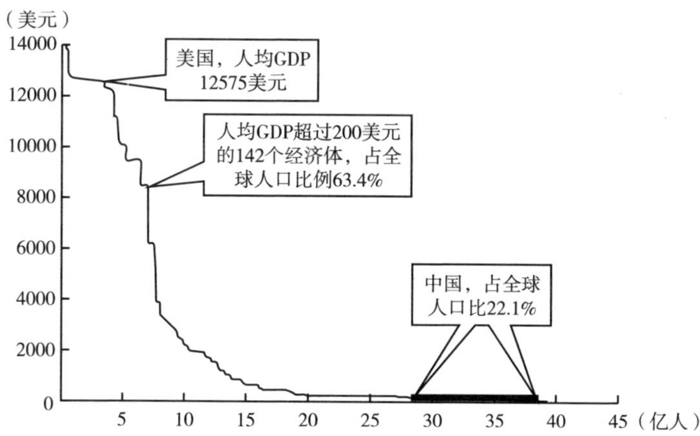

图2－1　1980年按照各国人均GDP计算的人口分布

注：1980年苏联及独联体国家的人均GDP数据难以获得，未在图中显示，这些国家人口约占全球10%，且人均GDP均高于当时的中国，并不影响结论。

资料来源：WDI数据库。

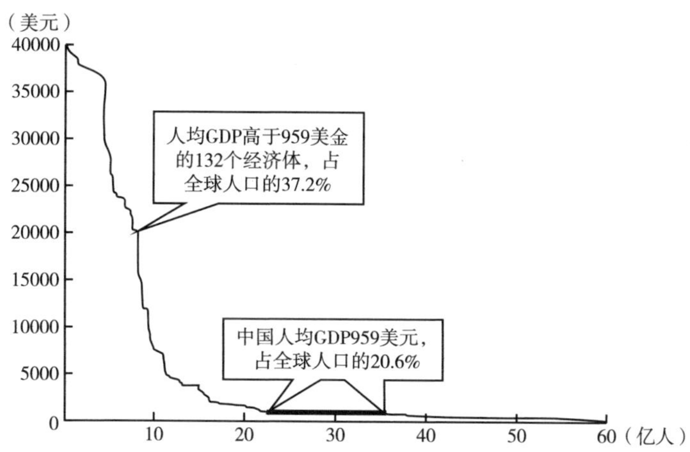

图2－2　2000年按照各国人均GDP计算的人口分布

资料来源：WDI数据库。

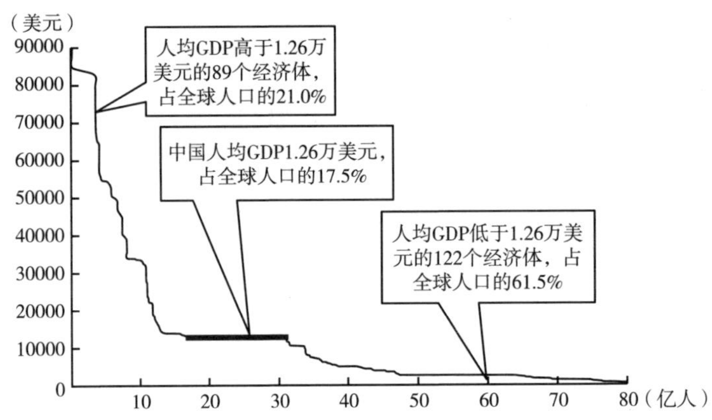

图 2－3　2010 年按照各国人均 GDP 计算的人口分布

资料来源：WDI 数据库。

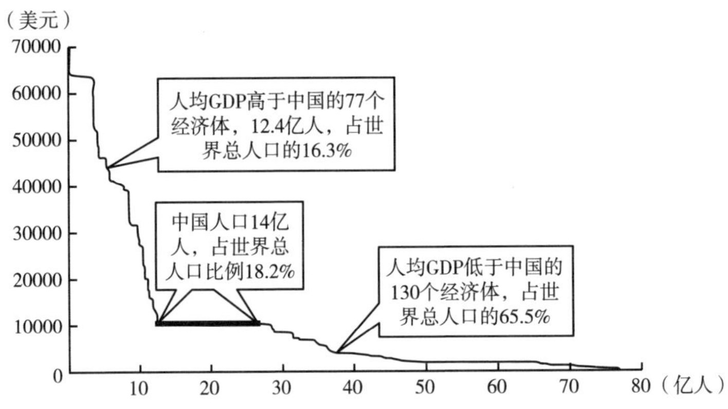

图 2－4　2023 年按照各国人均 GDP 计算的人口分布

资料来源：WDI 数据库。

实现人口规模巨大的中国式现代化，要充分挖掘人力资源潜能，加快推进人的全面发展，使占世界近 1/5 的人口不断释放出巨大的人口红利，将为我国加快迈入现代化强国提供强有力的人力资源保障，同时深入挖掘超大规模经济体的市场潜力，为中国式现代化提供强大的内需支撑。通过积极创造人人享有公平机会、人人价值充分体现、人人分享发展成果的环境，凝聚起 14 亿人投身现代化建设事业的磅礴伟力，在人人都能共享现代化建设福祉和荣光中创造人类文明新形态。

2. 全体人民共同富裕，体现了中国式现代化的人民性

全体人民共同富裕的现代化，是中国式现代化的本质特征，也是区别于西方现代化的显著标志。促进全体人民共同富裕，是广大人民群众的共同期盼，是落实以人民为中心的发展思想的必然要求，也昭示着人类文明新形态的崇高价值追求。美国式的资本主义现代化，是贫富差距不断扩大，资本无序扩张不断侵蚀人民财富的过程，根据美联储的官方数据，仅从 1990 年到 2022 年，美国最富有的 1% 人口占有的净资产份额从 23.5% 大幅提升至 30.8%，而底层的50% 人口的净资产份额从 3.6% 下降到了 2.5%，绝大多数人没有享受到现代化红利。我国的现代化建设，人民是广泛参与者和现代化的动力来源，归根结底是让发展成果更多更公平惠及全体人民，决不在富人和穷人之间出现不可逾越的鸿沟。

实现全体人民共同富裕的中国式现代化，要坚持以人民为中心，始终把满足人民对美好生活的向往作为发展的出发点和落脚点，在实现现代化中自觉主动解决地区差距、城乡差距、收入分配差距，在带领全国人民共同奋斗中把“蛋糕”做大做好，并以合理的制度安排把“蛋糕”切好分好，推动社会全面进步和人的全面发展，促进社会公平正义，在全民共享、全面共享、共建共享、渐进共享中推动全体人民共同富裕取得更为明显的实质性进展。

3. 物质文明和精神文明相协调，体现中国式现代化的协调性

既要物质富足，也要精神富有，是中国式现代化的崇高追求，彰显了中国人民自信自强开创人类文明新形态的历史自觉。我国以辩证、全面、平衡思维正确处理物质文明和精神文明的关系，按照“两手都要抓、两手都要硬”的思路推动各项工作，既为我国创造经济快速发展和社会长期稳定“两大奇迹”提供了坚实支撑，也丰富发展了世界现代化理论，开拓了文明新维度新内涵新境界。中国式现代化深深植根于中华优秀传统文化，借鉴吸收一切人类优秀文明成果，代表人类文明进步方向，注重精神文明引领物质文明、物质文明支撑精神文明的协同并进、比翼齐飞，注重在推动社会生产力大发展的同时提供强大的价值引导力、文化凝聚力、精神推动力。

实现物质文明和精神文明相协调的中国式现代化，要围绕人民对美好生活的向往，不断提高社会文明程度、人民思想道德素质和科学文化素质，推动形成适应新时代要求的思想观念、精神风貌、文明风尚、行为规范，不断丰富人民精神文化生活，增强人民精神力量，提升中华文化影响力和中华民族凝聚力。

4. 人与自然和谐共生，体现了中国式现代化的共生性

尊重自然、顺应自然、保护自然，促进人与自然和谐共生，是中国式现代化的鲜明特点。党的十八大以来，在习近平生态文明思想指引下，我们坚决抛弃轻视自然、支配自然、破坏自然的现代化模式，绝不走西方现代化的老路，而是坚定不移走生态优先、绿色发展之路，把“美丽中国”纳入社会主义现代化强国目标，把“生态文明建设”纳入“五位一体”总体布局，把“人与自然和谐共生”纳入新时代坚持和发展中国特色社会主义基本方略，创造了举世瞩目的生态奇迹和绿色发展奇迹，走出了一条生产发展、生活富裕、生态良好的文明发展道路。

实现人与自然和谐共生的中国式现代化，要牢固树立和践行绿水青山就是金山银山的理念，坚持山水林田湖草沙一体化保护和系统治理，推进生态优先、节约集约、绿色低碳发展，加快发展方式绿色转型，提升生态系统多样性、稳定性、持续性，积极稳妥推进碳达峰碳中和，以高品质的生态环境支撑高质量发展。

5. 走和平发展道路，体现了中国式现代化的开放性

坚持和平发展，是中国式现代化的突出特征。中国共产党是为中国人民谋幸福、为中华民族谋复兴的党，也是为人类谋进步、为世界谋大同的党。和平发展、开放包容、相互尊重、平等相待是我们党根据时代发展和我国根本利益作出的战略抉择，是社会主义现代化的本质要求，也是中国式现代化新道路倡导的文明准则。我们党始终坚定地站在历史正确、文明进步的一边，高举和平、发展、合作、共赢旗帜，以胸怀天下的大国情怀将本国发展与世界和平统一起来，走出了一条通过合作共赢实现共同发展、和平发展的现代化道路。在坚定维护世界和平与发展中谋求自身发展，又以自身发展更好维护世界和平与发展，为解决全人类面临的共同难题积极提供中国智慧、中国方案、中国力量。

推进走和平发展道路的中国式现代化，要始终高举和平、发展、合作、共赢旗帜，奉行互利共赢的开放战略，弘扬全人类共同价值，推动构建人类命运共同体，通过激发内生动力与和平利用外部资源相结合的方式来实现国家发展，不断以中国新发展为世界提供新机遇。

（三）中国式现代化具有美好的形象标准和目标愿景

与中国式现代化经历“两个文明”建设到“三位一体”“四位一体”“五位一体”重大转变相对应，对现代化建设目标愿景的认识也经历了党的十三大提出建设“富强民主文明的社会主义现代化国家”，到党的十八大提出“在新中国成立一百年时建成富强民主文明和谐的社会主义现代化国家”，党的十九大提出“在新中国成立一百年时建成富强民主文明和谐美丽的社会主义现代化强国”的重大转变。这一转变既明晰了五大建设目标，也体现了五个文明协调发展、全面提升的价值取向。应从时代特征、国际视野和中国特色等维度来把握中国式现代化形象目标的深刻内涵。

1. 与“世”俱进，动态把握“富强”

“富强”是中国式现代化的应有之义，是物质文明建设的集中体现和社会主义现代化的物质基础。“富强”通过富足与强盛的统一，民富与国强的统一，硬实力强与软实力强的统一，强国、强军、强民的统一来体现。未来30年，走更高质量、更有效率、更加公平、更可持续、更为安全的发展之路。到21世纪中叶，我国将拥有高度的物质文明，经济实力、科技实力和社会生产力大幅跃升，核心竞争力名列世界前茅，成为综合国力和国际影响力领先的国家。

一是经济发展水平高。到2035年国内生产总值、人均国内生产总值均比2020年翻一番，国内生产总值达到30万亿美元，人均国内生产总值超过2万美元、达到中等发达国家水平。到2050年，国内生产总值、人均国内生产总值在2035年基础上再翻一番，国内生产总值达到60万亿美元、是美国的1.5倍，人均国内生产总值超过4万美元、接近发达国家平均水平，成为经济大国和经济强国。

二是工业化城镇化水平高。在产业高端化、城乡一体化等方面可与发达国家并跑甚至部分领域领跑。产业发展跃上中高端继而高端化，实现产业基础高级化、产业链现代化，到 2035 年、2050 年服务业增加值占比分别达到 62%、70%，进入世界制造业和服务业强国行列。城乡二元结构基本消除，城乡发展水平趋同，2035 年、2050 年城镇化率分别达到 73%、75%左右。

三是创新能力强。坚持创新在现代化建设全局中的核心地位，加快推动以科技创新为核心的理论创新、制度创新、文化创新等在内的全面创新，创新逐步成为经济发展的第一强劲动力。到 2035 年，跻身创新型国家前列。到 2050 年，国家创新能力达到世界领先水平，研究与试验发展（R&D）经费支出占国内生产总值比重达到 3.5% 以上，科技进步对经济增长的贡献率提高到 75% 以上，成为世界科技创新强国。

四是综合国力和国际影响力强。主要体现在国防军队力量、国际话语权、制度影响力等方面实现跃升。全面推进军事理论现代化、军队组织形态现代化、军事人员现代化、武器装备现代化，建成同我国国际地位相称、同国家安全和发展利益相适应的巩固国防和强大军队。在国际政治、国际安全、全球经济治理中拥有更多制度性话语权，“人类命运共同体”价值理念成为引导国际社会的主基调，在全球公共物品提供和国际秩序维护中发挥重大作用，负责任大国形象更加稳固。中华民族由站起来到富起来、强起来和中国人民从贫穷走向共同富裕的社会主义现代化建设模式和经验广受赞誉，中国特色社会主义制度影响力空前提高。

五是人民生活富。居民收入增长和经济发展同步，居民收入水平大幅提高，到 2050 年，居民人均可支配收入超过 15 万元人民币、折合 2.2 万美元。家家仓廪实衣食足，全体人民过上更加幸福安康的生活。

2. 立足国情，求是把握“民主”

“民主”是中国式现代化的本质要求，是政治文明建设的核心目标和社会主义现代化的生命力之源。“民主”的实质是人民当家作主，通过社会主义民主政治制度化、法治化建设，保证人民广泛参加国家治理和社会治理，保证形成既充满活力又健康有序的政党关系、民族关系、宗教关系、阶层关系、海内外同胞关系等。未来 30 年，必须坚定不移走中国特色社会主义政治发展道路，坚持党的领导、人民当家作主、依法治国有机统一，坚持人民主体地位，充分体现人民意志、保障人民权益、激发人民创造活力。

到21世纪中叶，将拥有高度的政治文明，法治国家、法治政府、法治社会全面建成，中国特色社会主义民主政治制度成熟定型，人民代表大会制度、中国共产党领导的多党合作和政治协商制度、民族区域自治制度和基层群众自治制度更加完善。**实现更加广泛、更加充分、更加健全、更加有效的全过程人民民主**，公民的政治参与能力大幅提高，在国家政治生活、经济生活、文化生活和社会生活等方面的知情权、参与权、表达权和监督权充分保障，有序政治参与的领域进一步拓宽、渠道更加多样、方式更加便捷，在依法管理国家和社会事务中的主人翁地位充分体现，真正实现人民当家作主。**民主制度体系更加健全**，党的民主集中制与党内选举制度进一步完善，党委领导成员产生的方式和程序更加科学、合理、规范；人民代表大会制度更加完善，基层代表占比进一步上升；更多党外精英人士、公民团体和广大人民群众参与公共决策、执行与监督，协商民主更加程序化、制度化和法治化；政府内部决策权、执行权、监督权相互制约又相互协调的权力结构和运行机制形成。

3. 传承创新，溯源把握“文明”

“文明”是中国式现代化的显著标志，是精神文明建设的目标和社会主义现代化的价值取向。未来30年，坚持中国特色社会主义文化发展道路，增强文化自信，围绕举旗帜、聚民心、育新人、兴文化、展形象建设社会主义文化强国，发展面向现代化、面向世界、面向未来的，民族的科学的大众的社会主义文化，在促进传统文化与现代文化在传承创新中共生，东方文化与西方文化在交流中互鉴共存，进一步提升中华文明的品质和影响力、感召力、吸引力。到21世纪中叶，马克思主义中国化与传统文化现代化深度融合，精神文明高度发达，人民精神文化生活日益丰富、人人知礼节明荣辱，社会主义核心价值体系成为全社会自觉行动，全党全国各族人民团结奋斗的共同思想基础更加牢固。城乡之间、地区之间基本公共文化服务均等发展，经营性文化产业优化发展，人民基本文化权益更好保障、文化生活更加丰富多彩，建成社会主义文化强国。教育达到高收入国家平均水平，全体人民思想道德素质和科学文化素质全面提高，建成教育强国、人才强国。国家文化软实力显著增强，引领世界文化潮流和先进文明的能力明显提高，社会主义文化强国和文明大国形象得以确立，国家文化软实力和中华文化影响力显著提升，中华民族伟大复兴的精神力量更加强大。

4. 公正包容，人本把握“和谐”

“和谐”是中国式现代化的内在要求，是社会文明建设的理想目标和社会主义现代化的本质属性。和谐本质上要实现好、维护好、发展好最广大人民根本利益，加强民主法治建设，推动公平正义、诚信友爱、充满活力，实现社会安定有序。未来30年，继续坚持以人民为中心的发展思想，坚持人民主体地位，坚持共同富裕方向，坚持在发展中保障和改善民生，构建合理有序的社会结构、完善公共服务、健全社会治理，保障人民享有平等参与发展的权利，不断提高人民生活水平、维护社会公平正义，不断实现人民对美好生活的向往。

到21世纪中叶，将拥有高度的社会文明，社会结构合理有序，中等收入群体占全部人口的70%左右，橄榄型社会结构形成。收入分配公平合理，按要素贡献的初次分配和体现社会兜底功能的再分配机制更加成熟、体现社会公益的第三次分配不断发展，居民收入差距大幅缩小，基尼系数降至0.35以下，全体人民共同富裕基本实现。基本公共服务更加健全，幼有善育、学有优教、劳有厚得、病有良医、老有颐养、住有宜居、弱有众扶保障体系基本完善，全体人民获得更优质的教育、更稳定的工作、更满意的收入、更可靠的社会保障、更高水平的医疗卫生服务、更舒适的居住条件和更优美的生活环境。人人有责、人人尽责、人人享有的社会治理共同体基本建成，人民获得感、幸福感、安全感更加充实、更有保障、更可持续，实现人的现代化。

5. 天人共生，永续把握“美丽”

“美丽”是中国式现代化的必然要求，是生态文明建设的标志成果和社会主义现代化的价值标准。未来30年，深入践行“绿水青山就是金山银山”的理念，统筹产业结构调整、污染治理、生态保护、应对气候变化，协同推进降碳、减污、扩绿、增长，把碳达峰碳中和纳入经济社会发展和生态文明建设整体布局，推动经济社会发展全面绿色转型，持续推进美丽中国建设。

到21世纪中叶，形成节约资源和保护环境的空间格局、产业结构、生产方式、生活方式，主体功能区布局和生态安全屏障全面构筑，绿色低碳循环发展的经济体系高度发达，经济绿色发展程度达到世界领先水平，能源资源开发利用效率、能源和水资源消耗、建设用地、碳排放总量、主要污染物排放总量等各项指标水平居于世界前列，基本实现碳中和，人民群众对生产生活环境满意度大幅提升，美丽中国建设目标全面实现。

三、从现实逻辑看，中国式现代化应把握好九个本质要求

改革开放40多年，我国创造了经济快速发展和社会长期稳定两大奇迹，中国式现代化具备了更为坚实的物质基础。同时要看到，世界百年未有之大变局加速演进，世界进入新的动荡变革期，我国面临的发展机遇和风险挑战都是前所未有的，改革发展稳定面临不少深层次矛盾躲不开、绕不过，未来一个时期我们要经受风高浪急甚至惊涛骇浪的重大考验。党的十二大从坚持中国共产党领导、坚持中国特色社会主义、实现高质量发展、发展全过程人民民主、丰富人民精神世界、实现全体人民共同富裕、促进人与自然和谐共生、推动构建人类命运共同体、创造人类文明新形态等九个方面对中国式现代化提出了内在逻辑关系严密的本质要求，这既是对社会主义现代化建设长期探索和实践的科学总结，也是我们党的现代化理论系统集成的重大创新，还是新时代推进中国式现代化必须牢牢把握的重大问题。

坚持中国共产党领导和坚持中国特色社会主义是从性质层面对中国式现代化的领导力量和方向道路作出的本质规定。坚持中国共产党领导是对中国式现代化领导力量的本质要求，习近平总书记明确指出，“中国特色社会主义最本质的特征是中国共产党领导，中国特色社会主义制度的最大优势是中国共产党领导”①。党处在总揽全局、协调各方的领导地位，是政治稳定、经济发展、民族团结、社会稳定的根本力量，是中国特色社会主义事业的领导核心，也是现代化建设的政治保证。中国式现代化是中国共产党领导下探索出来的道路，党的领导直接关系中国式现代化的根本方向、前途命运、最终成败，面对复杂严峻的国际政治经济环境和改革发展稳定的深层次矛盾，必

---

① 《高举中国特色社会主义伟大旗帜 为全面建设社会主义现代化国家而团结奋斗——在中国共产党第二十次全国代表大会上的报告》，《人民日报》2022年10月26日。

须坚持中国共产党领导，才能确保中国式现代化沿着正确的方向行稳致远。中国特色社会主义是中国式现代化的鲜明特色和本质规定性，坚持中国特色社会主义是中国式现代化本质要求的重要内容和根本要求。中国式现代化走的是中国特色社会主义道路，这是由中国国情决定的，是历史和人民的选择，前进路上必须坚守这一根本方向和道路，中国式现代化才得以不断深化和拓展。

实现高质量发展、发展全过程人民民主、丰富人民精神世界、实现全体人民共同富裕、促进人与自然和谐共生，是从目标层面对“五位一体”协调推进中国式现代化作出的本质规定。实现高质量发展是从着力解决经济社会发展积累的矛盾出发对中国式现代化经济建设的本质要求。发展全过程人民民主是从形成最广泛、最真实、最管用的社会主义民主出发对中国式现代化政治建设的本质要求。丰富人民精神世界是从满足人民日益增长的精神文化需求出发对中国式现代化文化建设的本质要求。实现全体人民共同富裕是针对城乡差距、区域差距、收入差距大而对中国式现代化社会建设的本质要求。促进人与自然和谐共生是着眼于可持续发展的需要对中国式现代化生态文明建设的本质要求。这五条要求彰显了以系统观念统筹发展全局、以问题导向破除发展难题、以开拓创新谋划发展布局的内在逻辑，有力提升了中国式现代化的人民导向性、全面系统性和战略前瞻性。

推动构建人类命运共同体、创造人类文明新形态，是从世界意义方面对中国式现代化作出的本质规定。推动构建人类命运共同体是中国式现代化对外交往的本质要求，也是走和平发展道路的中国式现代化的本质要求。当前人类社会面临的挑战前所未有，推动构建人类命运共同体，是我国提出的解决世界性问题的中国方案，体现了中国坚持维护世界和平、促进共同发展的宗旨和意志，表明了我国坚定维护国际关系基本准则，维护国际公平正义，坚持相互尊重、合作共赢原则，共同走对话而不对抗、结伴而不结盟的国际交往新路。现代化本身就是人类文明，创造人类文明新形态是中国式现代化所要达到的文明境界，是对中国式现代化对人类文明贡献的本质要求。中国式现代化以“五位一体”总体布局推动“五个文明”协调发展，不仅表明新时代中国共产党对社会主义现代化文明建设规律的深化认识，还拓展了发展中国家走向现代化的目标内涵，必将在引领现代化发展潮流中创造人类文明新形态，书写人类文明新篇章。

（执笔：郭春丽）

主要参考文献

1.《习近平著作选读》（第一卷），人民出版社 2023 年版。

2.《习近平著作选读》（第二卷），人民出版社 2023 年版。

3. 刘伟：《中国式现代化的本质特征与内在逻辑》，《中国人民大学学报》2023 年第 1 期。

4. 中国式现代化研究课题组：《中国式现代化的理论认识、经济前景与战略任务》，《经济研究》2022 年第 8 期。

5. 本书编写组：《党的二十大报告辅导读本》，人民出版社 2022 年版。

6. 郭春丽等：《小康之后的中国——如何理解和把握第二个百年目标》，人民出版社 2018 年版。

7. 罗荣渠：《现代化新论——世界与中国的现代化进程》，商务印书馆 2004 年版。

第三章　世界现代化的普遍规律、共同特征和发展趋势*

内容提要：世界各国的现代化遵循一般规律，即不断更迭的现代技术驱动引发生产力革命和经济社会系统性变革，技术驱动是现代化的发展源泉，生产力变革是现代化的动力基础，技术和生产力变革导致的经济、社会、文化、生态等全领域系统性变革是现代化的必然结果。在现代化一般规律的影响下，各国现代化表现出科技高度进步、生产力高度发达、产业体系高级化、人口高度城镇化、政治民主法治化、人民观念现代化、生活品质化、环境美好化等共同特征。展望未来，新一轮科技革命还将对经济社会产生新的系统性变革，对生产方式、社会结构、民主形式、文化形态、人与自然关系产生新的深远影响。

自工业革命以来，由科学技术进步和生产力发展带动的现代化进程在世界范围内产生了迅猛而深刻的变革。在世界现代化的实践中，既有以美国为代表的北美模式、以英法德为代表的西欧模式、以日韩为代表的东亚模式和以瑞典芬兰为代表的北欧模式等，也有遭遇挫折的苏联模式、东欧模式，而中国式现代化为世界现代化提供了一种全新的方案。中国式现代化，是中国共产党领导的社会主义现代化，既有各国现代化的共同特征，更有基于自己国情的中国特色。现代化既是一种理论思潮，更是各国经济社会发展实践的

* 该章主体部分发表在《中国发展观察》2023 年第 Z2 期。

经验科学，世界各国的现代化具有人类经济社会发展的一般规律和共同特征。

一、世界现代化的若干规律性认识

自工业革命以来，各国现代化的历史进程均遵循若干规律，即在不断更迭的现代技术驱动下的生产力革命和经济社会的系统性变革，技术驱动是现代化的发展源泉，生产力变革是现代化的动力基础，技术和生产力变革导致的经济、社会、文化、生态等全领域系统性变革是现代化的必然结果，同时各国深度参与全球分工是现代化在世界范围内发展和传播的重要途径，妥善应对现代化过程中的内外矛盾是现代化进程得以不断延续的关键保障。

第一，现代化是科技革命主导的生产力变革过程。科技革命带来的社会生产力发展，是世界现代化进程的根本动力，区别于传统社会的小农、手工、分散的农业生产，现代生产力是建立在大工业生产基础上的、高度发达的生产力。科技革命浪潮不断更新迭代，决定了世界现代化的进程尚未结束，仍将继续发展。这些技术革命首先带动了技术发源国家的经济社会发展，并通过技术和理念的传播带动了其他国家的发展。正是由于科技革命不断更新迭代，现代化进程就不会停留于某个阶段，也就使得众多后发国家具备了学习和赶超的机会。自第一次工业革命以来，世界已经历了四次技术革命的浪潮（见表 3-1），不同的技术浪潮都推动了社会生产力和生产关系的变化，并带来了新的社会发展、文化特性和人与自然关系。以机械化、蒸汽机带动的第一次工业革命，以电气化、内燃机带动的第二次工业革命，以及以自动化、计算机带动的第三次产业革命，主线是工业化和城市化，带来的文化特性是工业文明，人与自然的关系处于人类征服和改造自然的阶段。而 20 世纪 70 年代开始的信息技术革命，带来了信息化、网络化和全球化，工业文化也逐渐与网络文化相融合，人与自然的关系转变为人与自然互利共生的状态。中国的现代化进程，既叠加了第一、第二、第三次工业革命的赶超过程，又包含了迎接信息化革命的过程。不同的生产力革命带来不同的生产组织方式变革，从农业生产到工业化、城市化再到信息化、智能化、低碳化，现代化生产方式的内涵也在不断拓展。科技革命带来的生产力变革还在继续，后工业化时代的生产组织方式仍将不断变革。传统的现代化是指农业分散生产转变为工业机械大生产的过程，在工业化的过程中人口向城市集聚，形成了城市服务经济。而随着信息技术革命和低碳能源革命的到来，数据、碳排放权等成为新的生产要素，生产组织方式还将发生数字化、低碳化转型。

表 3－1　　历次技术浪潮与现代化表现

大致时间	技术浪潮	经济特征	社会发展	文化特性	生态环境
1763～1870 年	第一次工业革命	机械化、蒸汽机	社会分化流动	工业文化	征服改造自然
1870～1945 年	第二次工业革命	电气化、内燃机	工业化、城市化、民主化	工业文化	征服改造自然
1946～1970 年	第三次产业革命	自动化、计算机	理性化、福利化、流动化	工业文化	征服改造自然
1970～2030 年	信息化革命	知识和信息革命、信息化、网络化	信息化、智能化、全球化	网络信息文化	人与自然互利共生

资料来源：课题组根据公开资料整理。

第二，现代化是人类社会系统变迁的过程。生产力、生产关系的变革决定了上层建筑的变革，工业化大生产、城市服务经济、数字经济等不同的生产结构将引发相应的社会变革。社会系统变革集中表现在政治、社会、文化、生态和人的全面发展等方面。科技革命带动经济发展水平提高的同时，生产力和人们生活水平的提高又要求相应的人类政治、社会、文化、生态等方面的进步。在现代化过程中，政治民主化水平、城市化率、教育普及率、受教育年限、医疗普及率、平均寿命、环境质量等指标都将大幅提升，标志着人类社会的发展水平不断提升。科技革命和生产方式的变革，也将导致新的社会思潮产生，这是一种心理态度、价值观和生活方式的改变过程，是人类对自己所处自然环境和社会环境的理解不断加深并实现全面理性的发展过程。现代化的过程，也是人类社会与自然环境关系调整的过程，从农业时代的适应自然、到工业时代的改造自然、再到后工业化时代的人与自然和谐共生。

第三，各国深度参与全球分工是现代化在世界范围传播和发展的必然要求。各国在科技、贸易、资本、人员等领域的对外交往，有力推动了现代科学技术和生产方式在全球的传播，推动了各国现代文明之间的交流互促，是现代化在世界范围内发展的重要途径。历史充分证明，闭关锁国、搞“小院高墙”将导致科技和产业与世界脱节，最终无法实现现代化。在世界现代化发展的不同阶段，各国参与全球分工呈现不同的特征。在全球化时代，各国根据自身比较优势条件，按照原料输出、商品输出、资本输出再到技术输出和标准输出的递进方式参与全球分工。沙特、阿联酋、卡塔尔等经济体通过能源资源的输出实现了较高的人均 GDP 水平，日本等东亚经济体则通过出口导向、参与全球贸易实现了从低收入向高收入经济体的转变，而以美欧为代表的发达经济体则通过资本输出和规则输出参与全球利益分配。

第四，妥善应对内外矛盾是现代化进程得以不断延续的关键保障。从辩证法的角度看，现代化在带来经济社会发展的同时，也会对原有的生产体系进行重构、对社会结构进行变革，而现代化在世界范围内传播，也会导致世界体系发生变革重构，在这个过程中就会出现严重的内外部矛盾。在国内，经济社会系统性变革会带来结构性失业严重、贫富差距扩大、社会冲突加剧、生态环境恶化等问题；在国际上，各国为了争夺市场和经济利益导致博弈冲突激化甚至兵戎相见。两次世界大战正是现代化国家在内外部矛盾难以调和情况下发生的世界性悲剧，一些发展中国家因社会矛盾和政局动荡导致现代化进程停滞不前的例子更是比比皆是。第二次世界大战后尤其是冷战结束以后，和平和发展成为世界潮流，以中国为代表的发展中国家和平崛起，成为世界和平发展的中流砥柱，有力支撑了世界范围内的现代化进程。

二、世界现代化的共同特征

在现代化一般规律的影响下，各国家（地区）实现较高的现代化水平后表现出一些普遍性特征，在科技革命和生产力变革推动下各国家（地区）**科技高度进步、生产力高度发达**，在经济社会系统性变革下各国家（地区）**产业体系高级化、人口高度城镇化、政治民主法治化、思维观念现代化、生活品质化、环境美好化**，整体表现出八个共同特征。

（一）各国家（地区）现代化是科技高度进步的现代化

科学技术为国家（地区）的现代化进程提供战略性、基础性、根本性支撑。现代化是由蒸汽、电力、信息、数字技术等一系列现代科学技术所引发的大变革过程。由科技进步带动的生产力发展，是世界现代化的主要标志。

研究表明，各国家（地区）研究与试验发展经费与GDP之比、每百万人中研发人员数与各国家（地区）人均GDP之间存在明显的正相关（见图3－1、图3－2），表明科技发展与生产力发展具有直接关系。在经济发展的早期，后发国家（地区）固然可以通过学习模仿发达国家（地区）的技术推动科技和经济发展，但核心技术是买不来的，而且随着与发达国家（地区）科技差距的不断缩小，学习模仿的技术进步效应不断减弱，要想实现长远的发展，各国家（地区）必须实现自主科技创新，而这并不受国家（地区）人口规模多少、经济体量大小影响。上述研究表明，即便是人口较少、经济体量较小的国家（地区），其研发强度和每百万人口中的研发人员数也是与经济发展水平呈高度相关，如2021年以色列研发强度高达5.4%（见图3－3），冰岛每百万人口中的研发人员数为6088人，而全球平均水平分别为2.63%和1592人。美欧等发达经济体的研发强度长期维持在较高水平，2021年OECD国家研发支出占GDP的比重平均为2.71%。

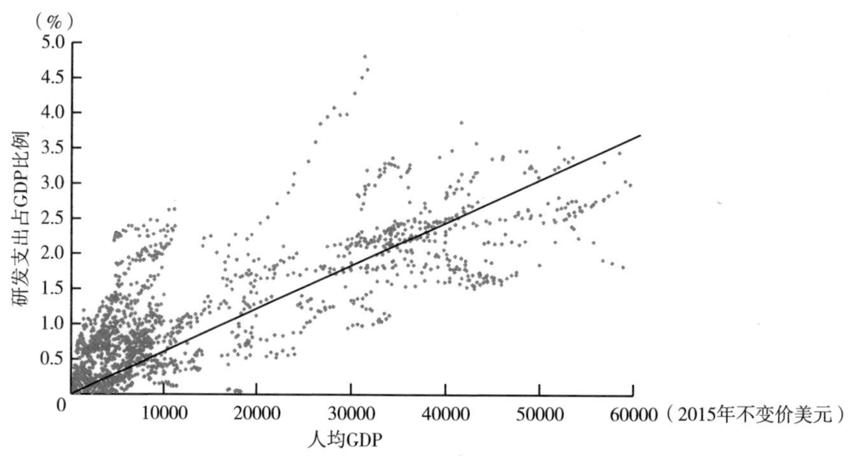

图3－1　研发强度与人均GDP的关系（1960～2020年）

注：所有国家（地区）1960～2020年数据的集合，以不变价美元计算的人均GDP可以比较各国家（地区）在相似经济发展阶段的各项指标，本章后图含义下同。

资料来源：世界银行。

在自主创新战略推动下，我国的研发强度也不断提升，从2000年的0.89%大幅提升至2023年的2.64%。研究表明，在人均GDP为2万～3万美元的发展阶段，研究与试验发展经费与GDP之比平均在1.5%～2%左右，每百万人中研发人员数在 2000～3000 人左右，在人均 GDP 达到 4 万～5 万美元阶段，研发强度在 2.5%～3% 左右的范围，每百万人中研发人员数在 4000～5000 人左右。目前中国的研发强度和每百万人中研发人员数分别为 2.55% 和 1585 人，研发强度已经超越发展水平相近阶段国家的平均水平。考虑到自主创新型国家建设的需要，我国研发强度仍需要保持在较高的水平，预计到 2035 年，我国研发强度和每百万人中研发人员数占比分别达到 2.8% 左右和 2500 人，到 2050 年分别提升至 3.2% 和 4500 人的水平。

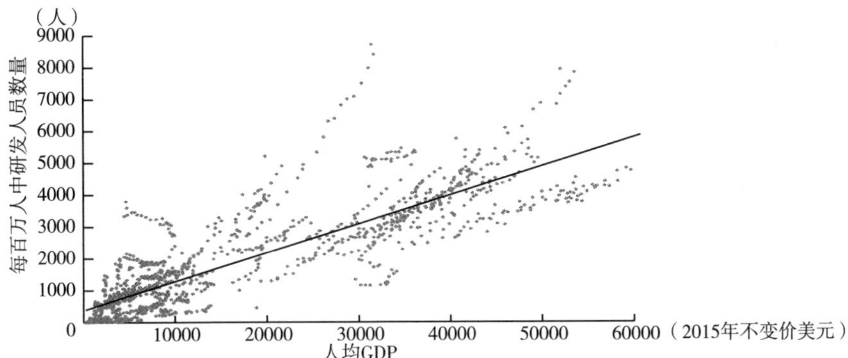

图 3－2　每百万人中研发人员数与人均 GDP 的关系（1996～2020 年）

资料来源：世界银行。

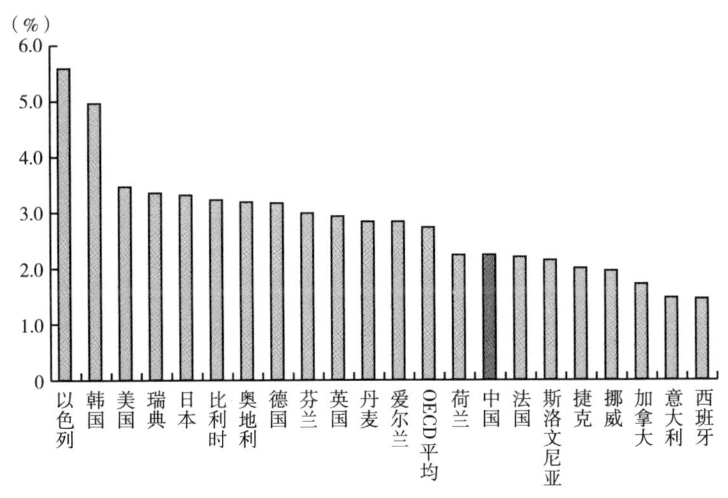

图 3－3　各国研发强度（2021 年）

资料来源：OECD。

（二）各国家（地区）现代化是生产力高度发达的现代化

在科技进步和现代产业带动下，现代化程度较高的国家（地区）以人均国内生产总值（GDP）或人均国民总收入（GNI）衡量的生产力水平较高。世界银行自 1989 年开始利用人均 GNI 划分高、中、低收入国家（地区），IMF 也根据发展水平划分发达经济体和新兴经济体（见表 3－2），需要特别指出的是，IMF 的发达经济体中并未包括人均收入较高、但资源依赖严重的国家（地区），如沙特、阿联酋等。2023 年 IMF 划分的发达经济体共 41 个，其中 1990 年前就超过高收入国家（地区）标准的经济体有 22 个，主要包括美国、西欧国家、日本等传统发达经济体；1990 年后才超过高收入国家（地区）标准的经济体有 19 个，主要包括捷克、斯洛文尼亚等东欧经济体。

表 3－2　　IMF 标准的发达经济体人均 GNI 及人口（2022 年）

传统发达经济体	人均 GNI（万美元）	人口（万人）	新兴发达经济体	人均 GNI（万美元）	人口（万人）
挪威	9.55	546	新加坡	6.72	564
卢森堡	9.12	65	中国香港	5.44	735
瑞士	8.95	877	中国澳门	4.50	70
爱尔兰	8.11	509	**韩国**	**3.60**	**5163**
美国	**7.64**	**33329**	中国台湾	3.37	2356
丹麦	7.32	590	马耳他	3.36	52
冰岛	6.82	38	斯洛文尼亚	3.06	211
瑞典	6.30	1049	塞浦路斯	3.05	125
澳大利亚	6.04	2598	爱沙尼亚	2.76	134
荷兰	5.74	1770	捷克	2.66	1053
奥地利	5.61	904	葡萄牙	2.58	1038
以色列	5.47	955	立陶宛	2.37	283
芬兰	5.44	556	斯洛伐克	2.21	543
德国	**5.34**	**8408**	希腊	2.17	1057
加拿大	5.30	3893	拉脱维亚	2.15	188

续表

传统发达经济体	人均 GNI（万美元）	人口（万人）	新兴发达经济体	人均 GNI（万美元）	人口（万人）
英国	**4.89**	**6697**	克罗地亚	1.95	385
比利时	4.87	1167			
新西兰	4.85	512			
法国	**4.59**	**6794**			
日本	**4.24**	**12512**			
意大利	**3.77**	**5886**			
西班牙	3.17	4762			

注：表中字体加粗的经济体人口超过 5000 万。
资料来源：国际货币基金组织数据库。

从历史纵向看，高收入国家（地区）和发达经济体标准不断提升，但以现价美元计价的生产力水平则存在明显的“膨胀效应”。世界银行高收入国家（地区）的门槛值从 1989 年的 6000 美元不断提高到了 2022 年的 13845 美元（见图 3-4），而同期中国的人均 GNI 也从 320 美元迅速提升至 12850 美元，中国已十分接近高收入国家（地区）门槛。需要特别指出的是，以现价美元计价的生产力和国民收入水平受到美元全球购买力的影响。2000～2010 年出现了全球性的美元通胀和以美元计价的生产力膨胀，传统发达经济体门槛值从 14000 美元飙升至 29670 美元，人均 GNI 平均值从 27500 美元飙升至 48087 美元，2021 年和 2022 年美国又出现了严重通胀、美元购买力大幅下降，传统发达经济体的门槛值从 2020 年 27130 美元提高至 2022 年 31680 美元，人均 GNI 平均值则从 51182 美元飙升至 59043 美元，分别提高 16.7% 和 15.4%。但同期世界银行的高收入国家（地区）门槛值却只出现了小幅上调，在 2000 年以前，传统发达经济体门槛与高收入国家（地区）门槛之比仅有 1.6 倍，而到 2022 年提高到了 2.3 倍，这就导致在 2000 年以前高收入国家（地区）门槛还可以基本衡量发达经济体的门槛，但在 2000 年以后已不再能很好衡量发达经济体的门槛水平了。这就意味着，中国即便在跨过高收入国家（地区）门槛后，距离发达经济体的门槛仍较远。

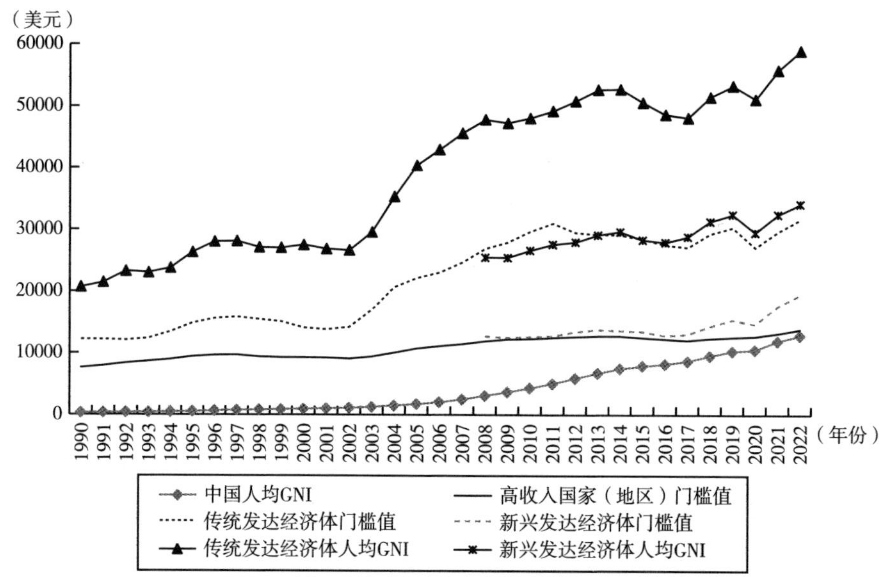

图 3-4　中国人均 GNI 以及高收入国家（地区）和发达经济体门槛

注：发达国家（地区）名单按照 IMF 标准，剔除了人口少于 10 万的经济体。由于部分经济体在 1990 年前并不是发达经济体，出于数据一致性考虑，将 1990 年前超过高收入国家（地区）门槛值的列为传统发达经济体，将 1990 年后才超过高收入国家（地区）门槛值的列为新兴发达经济体。

资料来源：世界银行。

从国际横向比较看，现代化国家（地区）的生产力也呈现高度不平衡分布。以 2015 年不变美元价格计算，2022 年高收入经济体共有 82 个，人均 GDP 广泛分布在 1.4 万 ~7 万美元的范围内（高于 7 万美元的经济体仅占全球总人口的 0.25%），占全球总人口的比重为 16.8%，呈现十分陡峭的分布。应该看到，现代化水平较高的经济体之间差异也很大，既有人均 GDP 高达 6.29 万美元、3.75 万美元、3.60 万美元的美国、欧元区和日本，也有人均 GDP 仅为 1.48 万美元的智利。相比之下，占总人口 83.2% 的其他经济体则分布在 0 ~1.4 万美元的范围，呈现扁平分布。由此可见，全球生产力分布呈现明显的“L”型（见图 3-5）。高收入国家（地区）人均 GDP 平均值为 4.37 万美元，以人口加权计算的人均 GDP 均值为 4.13 万美元。中国无论是与高收入国家（地区）的平均值、人口加权均值，还是与主要发达经济体相比，都存在极大的差距。

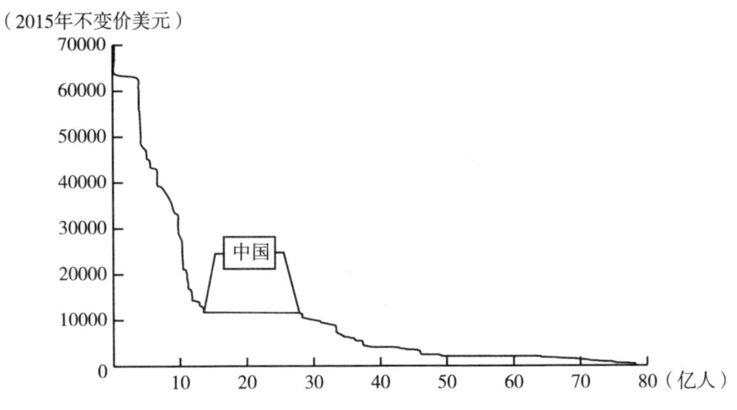

图 3-5　人均 GDP 的人口分布图（2022 年）

注：出于图表可读性考虑，将纵坐标最大值设置为 7 万美元，人均 GDP 超过 7 万美元的经济体共有 7 个，但占全球总人口的比例仅为 0.25%。

资料来源：世界银行。

综合来看，2035 年基本实现社会主义现代化要求的生产力水平应该达到发达国家（地区）门槛值，21 世纪中叶的生产力水平应该达到发达国家（地区）的平均水平。从上述分析可以看出，一方面以现价美元计算的生产力存在严重的“膨胀”情况，另一方面发达经济体群体本身也存在严重的不平衡分布，因此不能采用单一国家（地区）或者少数国家（地区）某一时期的生产力水平作为现代化的评判标准。而且世界银行的“高收入国家（地区）”标准已严重落后于发达国家（地区）的门槛和平均水平，建议采用 IMF 的发达经济体标准衡量现代化水平。按照 IMF 的发达经济体标准，门槛值在 2 万 ~3 万美元之间（传统发达经济体门槛 3 万美元，新兴发达经济体门槛 2 万美元），平均值在 4 万 ~5 万美元之间（以人口加权的平均值为 4.13 万美元）。基于此，我国 2035 年的人均 GDP 目标（以 2015 年不变价美元计算）建议设定为 2 万 ~3 万美元，2050 年目标建议设定为 4 万 ~5 万美元。

（三）各国家（地区）现代化是产业体系不断升级的现代化

科技革命和生产力发展推动了生产方式的深刻变革，人类的生产方式从农业生产迅速转向工业化、信息化。科技革命带来生产方式的变化，因此产业结构高级化的内涵也是随着现代化的进程而变化的。

在早期的工业化过程中，产业结构从传统的农业生产主导转向现代机械化大生产主导，产业结构中的第一产业占比不断下降。通过研究第一产业占比与人均 GDP 的关系可以发现，在人均 GDP 位于 5000 美元以下阶段，第一产业占比会从 40% 以上快速下降至 10% 左右（见图 3－6），在人均处于 5000～10000 美元阶段，第一产业下降速度减弱，占比从 10% 逐步下降至 5% 左右，在人均 GDP 超过 10000 美元后，第一产业占比稳中缓降。我国是农业大国，出于粮食安全考虑需要维持一定规模的农业产量，2022 年我国第一产业占比为 7.3%，预计到 2035 年第一产业占比下降至 5% 左右，到 2050 年进一步下降至 3% 的水平。

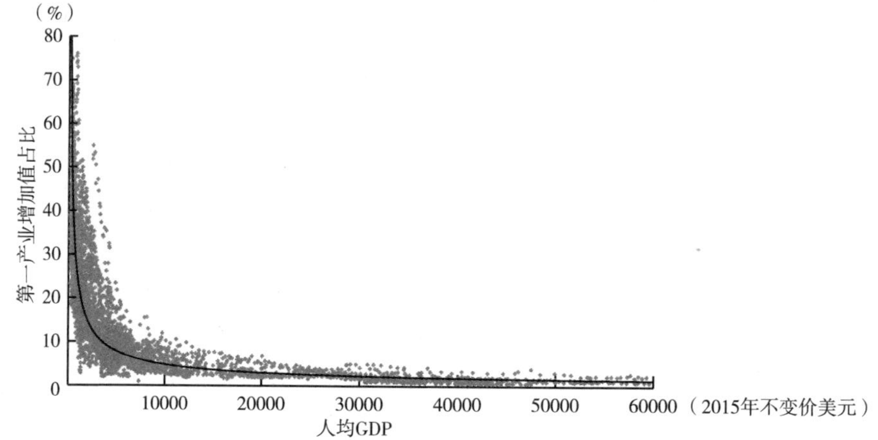

图 3－6　第一产业占比与人均 GDP 的关系（1960～2022 年）

资料来源：世界银行。

而在后工业化和城市化时代，产业结构逐渐向着高技术高附加值产业主导转型。在工业和服务业内部，中高技术制造业和中高技术服务业比重也在不断增加。发达国家的产业体系实现了从制造加工向以研发、金融、信息技术等为主的高附加值产业转型，我国产业体系现代化，也要实现从低附加值制造环节向高附加值产业环节升级。进一步研究发现，中高技术制造业增加值占全部制造业增加值比例与人均 GDP 之间也存在明显的正相关关系，在人均 GDP 处于 10000 美元之前，中高技术制造业占比普遍在 30% 以下（见图 3－7），而随着经济发展水平提升，中高技术制造业占比则会提升到 30%～60% 的水平。需要特别指出的是，随着科技革命和生产体系更新换代，中高技术产业的定义是不断更新的，前一个科技革命浪潮形成的生产体系在后一个科技革命浪潮中可能退变为低技术生产体系。

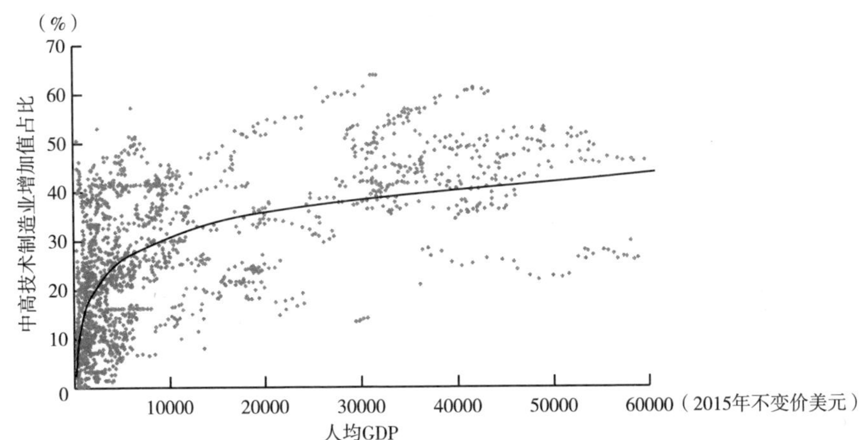

图 3－7　中高技术制造业增加值占比与人均 GDP 的关系（1990～2020 年）

注：中高技术制造业增加值占制造业增加值的比重，用于衡量制造业内部的结构优化水平。

资料来源：世界银行。

（四）各国家（地区）现代化是人口高度城镇化的现代化

伴随着世界现代化运动的不断发展，以农业为主的传统乡村型社会，向以工业和服务业等非农产业为主的现代城市型社会逐渐转变，人口向城镇不断集聚，传统乡村的生产生活方式逐步为现代城市的生产生活方式所取代，城市成为现代社会生产生活的主要场所。同时，随着超大城市的发展，世界现代化运动也出现了越来越多的城市病，部分群体生活质量出现下降，如何解决超大、特大城市的问题，是世界现代化共同面临的新课题。

从历史纵向看，各国家（地区）均经历了城镇化先快后慢的阶段。根据诺瑟姆曲线理论，城镇化进程呈现较为明显的 S 形曲线，即城镇化率在 30%～70% 为快速发展阶段，大于 70% 为理论上的稳定发展阶段。在现实中，主要发达经济体的城镇化率也基本保持这一趋势。英国是最早城镇化的国家，1800 年英国城镇化率仅为 30% 左右，到 1900 年城镇化率已达到 78%（见表 3－3），此后 100 多年间城镇化率仅从 78% 提高到了 83%。美国城镇化率从

1900 年的 39.6% 迅速提升至 1970 年的 73.6%，之后城镇化率缓慢提升至目前的 82.6%。日本城镇化率则从 1920 年的 18.0% 迅速提高至 1980 年的 76.2%，之后也保持缓慢提升的态势。我国城镇化率已超过 60%，参考历史经验，英国、美国、日本、法国、韩国在城镇化率达到 60% 后，分别维持了 38 年、25 年、18 年、17 年和 13 年较高的城镇化速度，年均变化率分别为 0.47%、0.53%、0.85%、0.74%、1.39%。达到稳定发展期后，城镇化速度均迅速下降至 0.1% 左右的水平。2022 年中国城镇化率已达到 65.22%，2022 ~ 2035 年城镇化率仍处于较快变化期，预计到 2035 年将提升至 75% 左右，到 2050 年缓慢提升至 80% 左右的水平。

表 3 - 3　　主要发达经济体城镇化率超过 60% 后的变化

经济体	城镇化率超过 60% 的年份	城镇化率达到稳定的年份	城镇化率超过 60% 到稳定的时间	60% 到稳定发展期的平均变化率	稳定后二十年间的城镇化变化率
英国	1863 年（60%）	1901 年（78%）	38 年	0.47%	几乎为零
美国	1945 年（60.3%）	1970 年（73.6%）	25 年	0.53%	0.08%
日本	1957 年（60.4%）	1975 年（75.7%）	18 年	0.85%	0.12%
法国	1958 年（60.4%）	1975 年（72.9%）	17 年	0.74%	0.10%
韩国	1982 年（60.1%）	1995 年（78.2%）	13 年	1.39%	0.17%

资料来源：F. Bedarida, A Social History of England 1851 ~ 1975（London: Maine Press Association, 1979）以及美国商务部普查局、日本统计局、联合国人口统计司数据。

从国际横向看，城镇化率在人均 GDP 达到 2 万 ~ 3 万美元后出现明显减速（见图 3 - 8）。通过研究城镇化率与人均 GDP 的关系发现，两者存在明显的阶段性变化关系，在人均 GDP 2 万美元以下时，城镇化率随着人均 GDP 的提高而快速提升，而随着人均 GDP 提升至 2 万 ~ 3 万美元时，城镇化速度开始下降。当人均 GDP 超过 3 万美元时，城镇化速度迅速下降，城镇化进入平稳期。这也进一步印证了 2022 ~ 2035 年仍将是我国城镇化较快发展的阶段，而 2035 年以后我国城镇化率将进入平稳期。

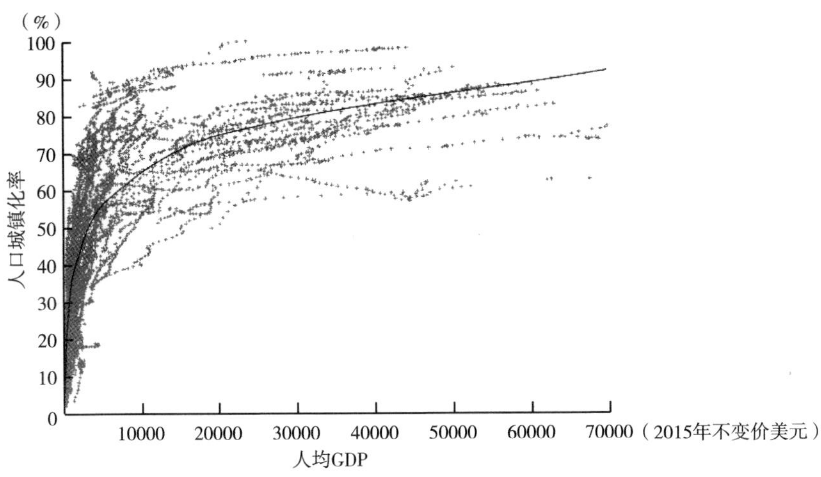

图 3-8　人口城镇化率与人均 GDP 的关系（1960~2021 年）

注：剔除了人口少于 500 万的小型经济体。

资料来源：世界银行。

（五）各国家（地区）现代化是政治民主法治化的现代化

现代社会在科学技术和经济结构上的发展进步，必然在上层建筑领域引起相应的深刻变化，民主、自由、平等和人权成为不可阻挡的世界潮流，政治民主化越来越成为人类政治文明演进的发展趋势。现代化过程中，各国家（地区）都发展出了各具特色的政治民主制度体系。随着现代化进一步发展，现代社会更加重视政治生活民主化、法治化和程序化，并且在制度文明化中不断推进。

同时，法律、法治成为现代社会制度的重要组成部分和核心内容，不仅发挥着管理人们日常生活的作用，而且人们自觉地接受法律、法治的约束，法治成为一种现代社会发展所要求的状态。一个国家或地区的现代化建设在法治轨道上进行，法治成为国家治理和社会治理的基本方式。

（六）各国家（地区）现代化是人们具备现代思维的现代化

在各国家（地区）现代化的过程中，人不但在物质财富层面得到极大提升，而且在精神层面形成了现代化的理想与进取精神、社会公德和现代人格、现代法律意识和理性精神、先进的科学文化知识和现代时空观念。现代化的人类文化，是一种以科学精神、人权思想、法律制度、公民意识、权利义务等理性要素为基础的文化生态。工业化生产方式催生了资本主义、社会主义等意识形态，城市生活中的种种问题催生了环保主义、女权主义等思潮，数字经济的发展催生了虚拟世界、拓展了人类想象力空间。更重要的是，在工业化后期，人力资本逐渐取代物质资本成为推动经济发展的重要因素，人的全面发展不再是现代化发展的结果，而是成为与现代化相互促进的内生动力。

（七）各国家（地区）现代化是生活品质明显提升的现代化

随着经济发展水平的提高，各国的人均可支配收入也大幅提高，汽车、家用电器等各类工业产品进入大众家庭，教育、医疗、文化娱乐等服务水平也大幅提升，人们的平均生活水平明显改善，是现代化的重要标志之一。但由于各国家（地区）制度不同，贫富差距、公共服务差距可能存在较大差异，一些发达国家居民的平均生活水平很高，但仍有相当比例的人口处于贫困之中。

从国际比较看，生活水平与经济发展水平呈现明显正相关。联合国的人类发展指数是根据人均预期寿命、人均教育年限、经过物价调整的人均收入水平三者合成的指数，可以用于分析医疗、教育、收入等综合生活水平。由于人均国民收入与人均 GDP 本身存在统计相关性，因此研究剔除人均收入后的人类发展指数与取对数的人均 GDP 之间的关系，发现两者呈现高度相关性，在人均 GDP 为 1000 美元时，剔除 GDP 后的人类发展指数平均为 0.2（见图 3－9），人均 GDP 提高到 8500 美元时，人类发展指数平均为 0.4，人均 GDP 提高至 20000 美元时，人类发展指数平均为 0.6，当人均 GDP 提高至 4 万～6 万美元时，人类发展指数平均提高至 0.8 左右。就人均预期寿命而言，在人均 GDP 处于 1 万美元以下时，人均预期寿命随着人均 GDP 的增长而快速提升，在人均 GDP 处于 1 万～2 万美元时，人均预期寿命平均提升至 70 岁～80 岁（见图 3－10），而在人均 GDP 处于 2 万～3 万美元时，人均预期寿命进一步提升至 73～83 岁，而当人均 GDP 处于 4 万～5 万美元时，人均预期寿命提升至 75～85 岁。应该看到，人均预期寿命受到各国家（地区）

自然环境、生活习惯等因素影响，呈现一定的差异分布，2022 年我国人均预期寿命为 78.2 岁，高于相似发展阶段国家，预计到 2035 年我国人均预期寿命有望提升至 81 岁，到 2050 年进一步提升至 83 岁。

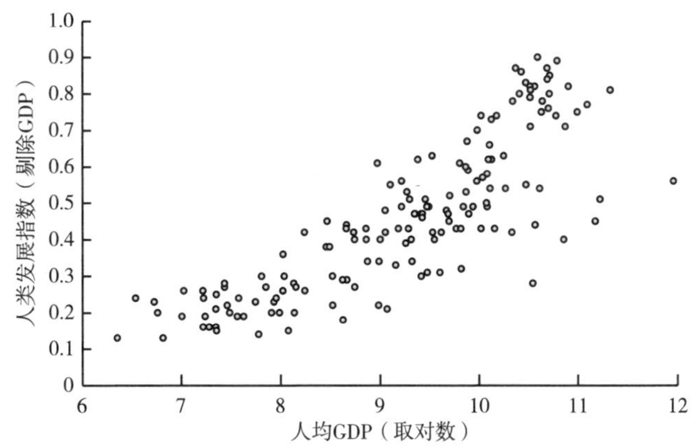

图 3-9　人类发展指数与人均 GDP 的关系

注：人均 GDP 采用对数显示，7 约相当于 1000 美元，8 相当于 3000 美元，9 相当于 8500 美元，10 相当于 21500 美元，11 相当于 60000 美元，12 相当于 156000 美元。

资料来源：联合国。

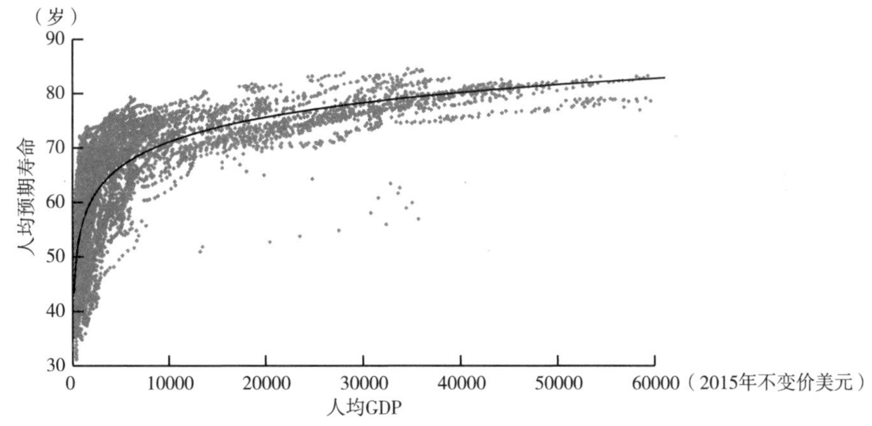

图 3-10　人均预期寿命与人均 GDP 的关系（1960～2021 年）

资料来源：世界银行。

从历史纵向来看，各国家（地区）人民生活水平提升也与现代化进程紧密相关。通过人类发展指数的历史序列看，1870～2020 年，美国人类发展指数从0.23提升到了0.78（见图3－11），英国从0.21提高到了0.76，日本从0.09提高到了0.80，人民的生活水平出现了大幅提高。我国的人类发展指数在1870年至1950年间长期处于0.12以下的较低水平，1950～2020年迅速从0.12提升至0.56，可见在新中国成立以后我国人民生活水平出现了显著提升，但也要看到，目前我国的人类发展指数仅相当于发达国家20世纪80年代的水平，我国人民生活与发达国家仍存在较大差距。考虑到发达经济体到2010年后人类发展指数才逐渐趋于平稳，因此从目前到2050年，仍将是我国人民生活水平迅速提升、民生领域短板加快补齐的阶段，我国的人类发展指数也将实现较快提升。

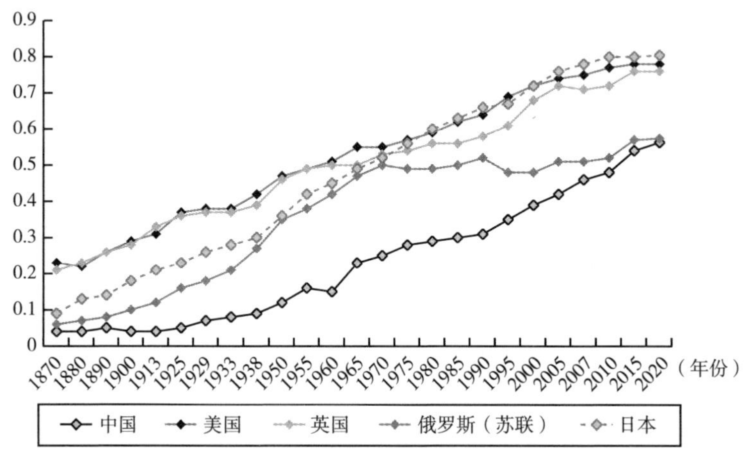

图3－11 各国人类发展指数（1870～2020年）

注：联合国发布的1870～2020年的人类发展指数历史数据，与往年公布的1990～2021年数据存在绝对数值上的差异，但数据年份变动趋势基本一致，这主要是由于基期年份选取的不同。

资料来源：联合国。

（八）各国家（地区）现代化是生态环境美好的现代化

主要发达经济体在现代化过程中，基本经历了先污染后治理的路子。在工业化早期，随着经济结构中的高耗能、高污染产业占比逐渐攀升，人与自然的矛盾日益尖锐。而在工业化后期，随着经济结构逐渐转向服务业主导，高耗能、高污染产业逐渐对外转移，同时社会对环境污染的容忍程度下降，倒逼整个生

产生活方式绿色低碳转型。现代化程度较高的国家，生态环境质量较好。

在生产方式上，经济的低碳化属性随着经济发展水平提高而不断增强。研究单位 GDP 二氧化碳排放与人均 GDP 的关系，发现两者呈现明显的负相关。在人均 GDP 位于 5000 美元以下时，单位 GDP 二氧化碳排放可以达到 2 千克/美元～4 千克/美元的较高水平（见图 3－12），而当人均 GDP 处于 5000～10000 美元阶段时，单位 GDP 二氧化碳排放始终低于 2 千克/美元，也正是在这个阶段，单位 GDP 二氧化碳排放迅速下降。而在人均 GDP 处于 1 万～2 万美元的阶段时，单位 GDP 二氧化碳排放均低于 1 千克/美元，平均为 0.75 千克/美元。在人均 GDP 处于 2 万～3 万美元的阶段时，单位 GDP 二氧化碳排放均低于 0.5 千克/美元，此后随着人均 GDP 的提升，单位 GDP 二氧化碳排放趋于缓慢下降。2020 年我国单位 GDP 二氧化碳排放为 0.75 千克/美元（2015 年不变价美元），预计到 2035 年进一步下降至 0.4～0.5 千克/美元的水平，到 2050 年下降至 0.3 千克/美元以下。

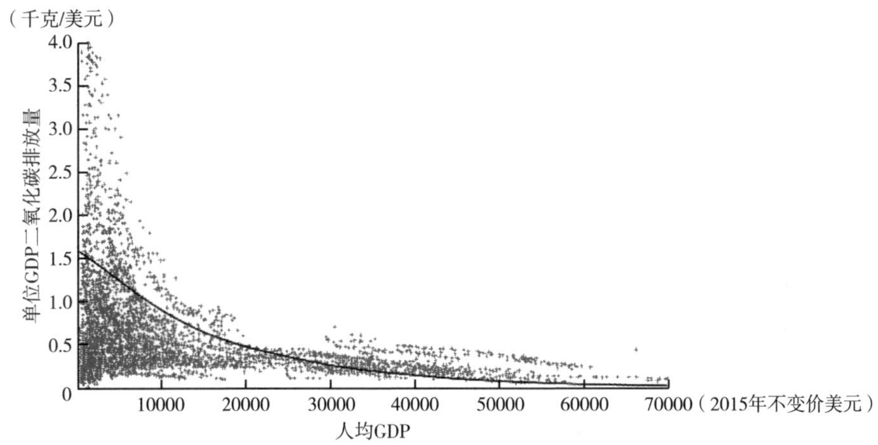

图 3－12　单位 GDP 二氧化碳排放与人均 GDP 的关系（1990～2020 年）

注：剔除了卡塔尔、阿联酋、沙特阿拉伯、科威特、阿曼、巴林六个能源输出国，这些经济体能耗强度高，但人均 GDP 也高。

资料来源：世界银行。

在生态环境方面，环境质量也随着经济发展水平的提升而不断改善。以 PM2.5 为例，在工业化的早期，经济结构中的高耗能、高污染产业占比较高，产生的空气污染也就越多。研究表明，在人均 GDP 处于 5000 美元以下时，PM2.5 年均浓度可以高达 60～100 微克/立方米（见图 3－13），而当人均 GDP 处于 5000～10000 美元的阶段时，PM2.5 浓度迅速下降，普遍低于 60 微克/立方米，但仍处于较高水平。当人均 GDP 处于 1 万～2 万美元阶段时，PM2.5 年均浓度出现明显下降，普遍低于 25 微克/立方米。当人均 GDP 处于 2 万～3 万美元阶段时，PM2.5 浓度进一步下降至 20 微克/立方米以下。此后随着人均 GDP 的提升，PM2.5 浓度也呈现缓慢下降的态势。2022 年我国 PM2.5 年均浓度为 29.3 微克/立方米，预计到 2035 年下降至 20 微克/立方米左右，到 2050 年进一步下降至 15 微克/立方米以下。

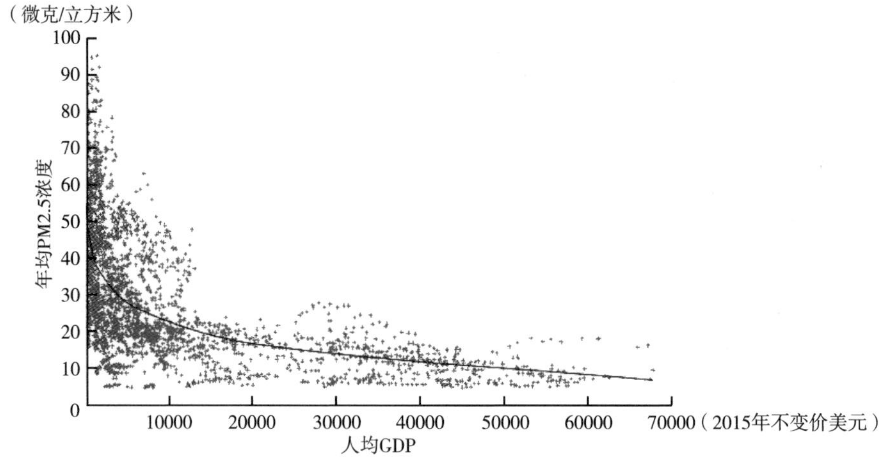

图 3－13　年均 PM2.5 浓度与人均 GDP 的关系（1990～2019 年）

注：剔除了卡塔尔、阿联酋、沙特阿拉伯、科威特、阿曼、巴林六个能源输出国。

资料来源：世界银行。

（九）基于国际比较体现现代化特征的指标

综合以上分析，可以发现世界现代化共同特征表现为生产力高度发达、科技高度进步、产业体系高级化、人口高度城镇化、政治民主法治化、思维观念现代化、生活品质化、环境美好化。结合主要发达经济体和国际组织关于经济社会发展水平的考量，可以归纳出衡量这些共同特征的一般性指标（见表 3－4）。

表 3-4　世界现代化共同特征及一般性评价指标

世界现代化共同特征	序号	一般性评价指标
生产力高度发达	1	人均 GDP
	2	全员劳动生产率
科技高度进步	3	研发强度
	4	每百万人中研发人员数
产业体系高级化	5	非农就业占比
	6	中高技术制造业增加值占比
	7	制造业增加值率
人口高度城镇化	8	人口城镇化率
	9	城市建成区面积占比
政治民主法治化	10	定性衡量
思维观念现代化	11	定性衡量
生活品质化	12	人类发展指数
	13	人均预期寿命
	14	基尼系数
环境美好化	15	单位 GDP 二氧化碳排放
	16	年均 PM2. 5 浓度
	17	森林覆盖率

三、未来世界现代化的发展趋势

展望未来，新一轮科技和产业革命将在各国激烈的竞争中孕育产生，数字化、低碳化转型将重构各国的要素禀赋和比较优势，对生产方式、社会结构、民主形式、文化形态、人与自然关系产生新的深远影响。

新一轮科技革命和产业革命蓄势待发，现代化潮流处于动力转换关键期。科技进步是现代化进程的根本动力，前一轮信息技术革命及其对经济体系的影响已逐渐成熟，新一轮科技革命产生的领域、时间、广度和深度均具有较大不确定性。各国为了争夺世界现代化主导权，均积极布局新兴科技领域，未来新一轮科技革命大概率将在这些激烈竞争中产生。总体来看，新一轮科技和产业革命将是数字化和低碳化主导的，一方面数字信息技术将对人类生产方式进行系统改造，另一方面人类将经历从化石能源为主到非化石能源为主的能源系统变革。在科学研究领域，信息技术作为研究工具，对生物信息学、制药、绿色技术和其他科学领域的科学进步和研发产生了强大影响，发生科研和创新融合，深刻重塑了创新过程和研发组织。在生产领域，信息技术作为通用技术，以超级计算、云计算、物联网、人工智能和自动化的形式扩散开来，驱动了一轮“新数字经济”。同时，信息技术将改造非信息技术部门的生产组织，特别是通过人工智能、3D 打印和先进机器人的应用，大量生产效率较低的服务部门如教育、卫生、交通和公用事业将发生效率革命。

信息化智能化将重构社会结构。正如工业革命催生了工人阶级改变了传统社会结构一样，信息技术在各领域广泛应用也将极大重构现有的社会结构。信息技术尤其是人工智能对社会结构的改变是从对不同职业的替代开始的，在大量非技能型制造业、重复低技能劳动的服务业领域，许多工种将被人工智能替代，同时一些人工智能维护和调试的工种将被创造。大量劳动密集型的工种被人工智能所替代，如果这些失业群体不能被相应的新增就业吸收的话，就会造成严重的失业问题和社会两极分化。此外，信息化时代还将重新定义人类的“社群”，随着网络自由职业人数的不断增长，传统从家族再到职业群体的社群划分被淡化，而以个人爱好、价值观念为划分的社群体系逐渐形成。在这个过程中，传统社会治理方式的难度增加，社群的分散化、个性化也要求政府相应的管理方式向社会选择、共同治理转变。

高度信息化社会将为民主法治化增添新内涵。以人工智能为代表的数字技术不但将改变现有的生产体系，还将带来新的政治、道德、社会和法律问题，对既有的社会体系构成冲击。在高度信息化社会，一方面人们能获得海量信息有助于提升公民的政治和法治素养，另一方面信息技术成为人们生活密不可分的一部分，高效的大数据技术也为广泛收集人们的意愿表达提供了可能，民主的方式也需要随着信息技术对人类社会的改造而发生与时俱进的优化。同时，数字经济、互联网金融、人工智能、大数据、云计算等新技术新应用快速发展，催生了一系列新业态新模式，将对人类社会原有的道德、法律、文化和制度体系产生冲击，关于数据资产、信息权益、网络犯罪等方面的法律制度也将逐步建立。

信息化智能化将推动人类精神世界不断拓展。人类精神世界是物质世界在人们脑海中的内在反映，在历次现代化浪潮中，不同的生产生活方式催生了不同的现代性思维，而在信息化智能化时代，数字技术的广泛应用，极大地拓展了人类想象力的空间，人类精神世界得以不断发展。借助于数字技术，人们可以将海阔天空的想象力具象化，还可以构建独立于现实世界的虚拟世界，极大丰富了精神世界的空间范围。同时，随着虚拟世界的发展，各类衍生文化也将不断发展，加快了文化传播发展的速度，人类丰富的创意将不断转化为创造力和生产力。

能源低碳化转型将重构各国现代化发展的比较优势。能源是现代工业的血液，能源的低碳化转型将重塑各国现代化发展的要素禀赋。当前全球能源还是以化石能源为主，2020 年化石能源占总能源供给比例高达 79%，而可再生能源占比仅为 11.6%。根据国际能源组织的预测，到 2030 年可再生能源占全部能源比例将达到 18.5%，到 2040 年将达到 29.0%，到 2050 年将达到 36.8%，光伏、风能、现代生物质能的占比都将大幅提升。同时，天然气、石油、煤炭的占比将大幅下降，尤其是煤炭占全部能源供给比重将从 2020 年的 26.4% 降至 2050 年的 9.3%。目前，包括欧盟、中国在内的多个经济体已经允诺了碳中和目标，能源低碳化转型的背后是各国经济发展模式的低碳化转型，化石能源富集经济体的比较优势下降，积极发展可再生能源的经济体则将逐渐占据能源自主优势，我国也有望逐渐实现能源自立。

（执笔：陆江源）

主要参考文献

1. 戴木才：《论世界各国现代化的共同特征》，《思想理论教育》2023 年第 6 期。

2. 万秀丽、苏盼盼：《中国式现代化：普遍性与特殊性的辩证统一》，《党政干部学刊》2023 年第 6 期。

3. 韩桥生、姜益琳：《现代化道路的共同特征与中国特色》，《江西师范大学学报（哲学社会科学版）》2023 年第 3 期。

4. 张占斌、付霞：《现代化的普遍性与中国式现代化的鲜明特色》，《理论视野》2023 年第 3 期。

5. 王立胜：《中国式现代化：共同特征与中国特色》，《近代史研究》2023 年第 2 期。

6. 王一鸣：《中国式现代化的发展进程和走向未来的目标任务》，《全球化》2023 年第 2 期。

7. 阎树群：《中国式现代化：共性与个性的辩证统一》，《陕西师范大学学报（哲学社会科学版）》2023 年第 2 期。

8. 骆郁廷：《中国式现代化：共同特征与中国特色》，《马克思主义研究》2023 年第 1 期。

9. 王一鸣：《以中国式现代化全面推进中华民族伟大复兴——中国式现代化的探索历程、中国特色和目标任务》，《中国领导科学》2023 年第 1 期。

10. 赵德友、曹雷、吴沛：《现代化的共同特征与中国式现代化》，《统计理论与实践》2023 年第 1 期。

11. 韩保江、李志斌：《中国式现代化：特征、挑战与路径》，《管理世界》2022 年第 11 期。

12. 刘伟、刘守英：《坚持以高质量发展为主题　推进中国式现代化历史进程》，《前线》2022 年第 11 期。

13. 陈希颜、陈立旭：《中国式现代化的共同特征与中国特色》，《治理研究》2022 年第 6 期。

第四章　经济现代化指标体系研究*

内容提要：经济现代化是中国式现代化的基础内容和重要目标，在中国式现代化全局中居于基础性地位，推进经济现代化要以高质量发展为主题，完整、准确、全面贯彻新发展理念，体现中国式现代化的本质要求和中国特色。经济现代化是经济实力强、发展质效高、创新能力强、经济结构优、开放水平高、安全保障优的有机统一。选取29项指标综合衡量经济现代化，并设置各指标2030年、2035年目标值。建议在建立健全制造业增加值率、全要素生产率对经济增长贡献率等指标统计监测基础上，重点突破提升自主创新能力、多措并举推动产业转型升级、精准施策扩大国内需求、整合资源推动高水平对外开放，合力补齐经济现代化短板，不断巩固社会主义现代化的物质技术基础。

一、经济现代化的内涵

（一）基本要求

党的二十大报告提出，以中国式现代化全面推进中华民族伟大复兴。中国式现代化是经济建设、政治建设、文化建设、社会建设、生态文明建设"五位一体"共同推进的现代化，经济建设领域现代化或经济现代化是中国式现代化的基础内容和重要目标，是中国式现代化的重要基础。习近平总书记指出，"国家强，经济体系必须强。"① 没有经济上的强大实力和带动能力，

* 该章主体内容刊发在《宏观经济研究》2025年第8期。

① 《习近平：深刻认识建设现代化经济体系重要性 推动我国经济发展焕发新活力迈上新台阶》，《人民日报》2018年2月1日。

就不可能有现代化强国的物质技术基础，其他领域的现代化也会缺乏有力支撑。但不同于西方发达国家的现代化是工业化、城镇化、农业现代化、信息化顺序发展的“串联式”过程，我国后来居上，是工业化、城镇化、农业现代化、信息化叠加发展的“并联式”过程，必然有自己的特征特色。推进经济现代化，要以高质量发展为主题，完整、准确、全面贯彻新发展理念，体现中国式现代化的本质要求和中国特色。

一是实现高质量发展。高质量发展是能更好满足人民日益增长的美好生活需要的发展，也是体现新发展理念的发展，还是从“有没有”转向“好不好”的发展。当前我国发展的矛盾和问题集中体现在发展质量和发展效益不高上，需要把发展质量问题摆在更加突出位置，着力提升发展质量和发展效益。党的二十大报告提出，高质量发展是全面建设社会主义现代化国家的首要任务。要坚持以推动高质量发展为主题，把实施扩大内需战略同深化供给侧结构性改革有机结合起来，增强国内大循环内生动力和可靠性，提升国际循环质量和水平，加快建设现代化经济体系，着力提高全要素生产率，着力提升产业链供应链韧性和安全水平，着力推进城乡融合和区域协调发展，推动经济实现质的有效提升和量的合理增长。

二是贯彻新发展理念。新发展理念是实现更高质量、更有效率、更加公平、更可持续、更为安全发展的必由之路，是经济社会发展必须长期坚持的重要遵循。党的二十大报告提出，贯彻新发展理念是新时代我国发展壮大的必由之路。必须完整、准确、全面贯彻新发展理念，坚持社会主义市场经济改革方向，坚持高水平对外开放，加快构建以国内大循环为主体、国内国际双循环相互促进的新发展格局。推动创新成为发展的第一动力，需要坚持创新在我国现代化建设全局中的核心地位，瞄准世界科技前沿，强化基础研究和应用基础研究，实现前瞻性基础研究、引领性创新成果重大突破，实现高水平科技自立自强。推动协调成为发展的内生特点，需要努力解决城乡之间、地区之间、群体之间发展不平衡问题，建立更加有效的协调发展新机制。推动绿色成为发展的普遍形态，需要建立健全绿色低碳循环发展的经济体系，实现经济建设与环境保护、人与自然和谐共生。推动开放成为发展的必由之路，需要着眼多元平衡、安全高效的全面开放体系，推进高水平对外开放，最大限度地实现我国与外部世界的联动发展、合作发展、互利发展和共赢发展。推动共享成为发展的根本目的，让广大人民群众切实感受并共同享有现代化建设成果，需要妥善解决财富分配不公、收入差距过大、公共服务缺位等现实问题，扎实推进共同富裕。同时，也要统筹发展和安全，把现代化建设建立在更加可靠的基础上。

三是体现中国特色。中国式现代化既有各国现代化的共同特征，更有基于自己国情的中国特色。党的二十大报告提出，中国式现代化是人口规模巨大的现代化，是全体人民共同富裕的现代化，是物质文明和精神文明相协调的现代化，是人与自然和谐共生的现代化，是走和平发展道路的现代化。推进经济现代化，要从中国国情出发，走中国特色社会主义现代化新道路。我国是人口大国，14 亿多人口整体迈入现代化，艰巨性和复杂性前所未有，要充分发挥 14 亿多人口构成的超大规模市场优势、人力资源优势，转变经济发展方式，解放和发展生产力。共同富裕是中国特色社会主义的本质要求，要坚持以人民为中心的发展思想，正确处理效率与公平关系，自觉积极主动地解决地区差距、城乡差距和收入差距，提高发展的平衡性、协调性、包容性。物质富足、精神富有是社会主义现代化的根本要求，要在现代化进程中协调实现物的全面丰富和人的全面发展，创造更多物质财富和精神财富以满足人民日益增长的美好生活需要。人与自然是生命共同体，要同步推进经济建设和生态文明建设，把握好发展和保护的关系，坚持走可持续发展道路，提供更多优质生态产品以满足人民日益增长的美好生态环境需要。中国式现代化强调同世界各国互利共赢，要全面提高对外开放水平，在维护世界和平与发展中谋求自身发展，又以自身发展更好维护世界和平与发展，推动构建人类命运共同体。

（二）深刻内涵

经济现代化是一个不断演进的过程，也是一个由量变到质变循环往复、螺旋上升的过程，其科学内涵既要遵循经济现代化的基本要求，也需要体现时代动态。立足新发展阶段、贯彻新发展理念、构建新发展格局、推动高质量发展，推进中国式现代化建设，经济现代化是经济实力强、发展质效高、创新能力强、经济结构优、开放水平高、安全保障优的有机统一，具体包括以下六方面内涵。

一是经济实力强。经济实力强是经济现代化的重要表现。我国是一个拥有14亿多人口的发展中国家，人均收入水平还比较低、收入差距还比较大，只有增强经济实力，成为经济大国和经济强国，才能为广大人民提供源源不断的物质财富，夯实共同富裕的物质技术基础，也只有成为经济大国和经济强国，才能让中华民族屹立于世界民族之林。推进中国式现代化过程中，必须坚持把发展作为党执政兴国的第一要务，不断做大做强中国经济，不断巩固社会主义现代化的物质技术基础。到2035年，基本实现现代化时，经济实力大幅跃升，成为全球第一大经济体，人均国内生产总值迈上新的大台阶，达到中等发达国家水平；到21世纪中叶，建成现代化强国时，保持全球第一大经济体地位，人均国内生产总值达到发达国家平均水平。

二是发展质效高。发展质效高是经济现代化的内在要求。经济发展是质和量的有机统一，质的提升为量的增长提供持续动力，量的增长为质的提升提供重要基础。从中长期来看，没有质的提升就不会有量的增长，同时离开量的增长也谈不上质的提升。我国经济发展已经进入高质量发展阶段，低水平重复建设和单纯数量扩张没有出路，只有以质取胜、不断塑造新的竞争优势，才能支撑经济长期持续健康发展，新时代的发展必须是高质量发展。也只有推动经济实现质的有效提升，才能更好推进中国式现代化，为全面建成社会主义现代化强国创造条件。这就需要不断提高劳动力、资本、土地等资源要素的投入产出效率，持续提升农业、制造业、现代服务业等产业发展质量，着力提高全要素生产率。

三是创新能力强。创新能力强是经济现代化的战略支撑。现代化是科技创新推动生产力发展的结果，中国式现代化的关键在科技现代化。习近平总书记强调："我们能不能如期全面建成社会主义现代化强国，关键看科技自立自强。"[①] 面对外部环境趋紧带来的新形势新挑战，必须发挥科技创新的引领支撑作用，开辟新领域、制胜新赛道、培育新动能、塑造新优势。这就需

① 《习近平在参加江苏代表团审议时强调 牢牢把握高质量发展这个首要任务》，《人民日报》2023年3月6日。

要完善科技创新体系，加快实施创新驱动发展战略，优化配置创新资源，加强基础研究，集聚力量进行原创性，引领性科技攻关，提高科技成果转化和产业化水平，提升国家创新体系整体效能，加快从要素驱动为主向创新驱动为主转变。

四是经济结构优。经济结构优是经济现代化的主要内容。推动高质量发展需要加快推动重大结构优化和调整、转型和升级，同时随着现代化建设推进，经济结构也会实现由简单到复杂、由低级到高级、由传统到现代化的变革。一方面，现代化产业体系是现代化国家的物质技术基础，是优化产业结构的关键。这就需要推进产业智能化、绿色化、融合化，建设具有完整性、先进性、安全性的现代化产业体系。需要坚持把发展经济的着力点放在实体经济上，推进新型工业化，加快建设制造强国、质量强国、航天强国、交通强国、网络强国、数字中国。另一方面，坚定实施扩大内需战略，是优化需求结构的关键。这就需要依托我国超大规模国内市场优势，以国内大循环为主体，抓住扩大内需这个战略基点，通过增强消费对经济发展的基础性作用和投资对优化供给结构的关键作用，既扩大有效需求，又塑造新的竞争优势，着力增强国内大循环内生动力和可靠性。同时，统筹城乡发展、促进区域协调发展是推动高质量发展的支撑，是优化城乡区域结构的关键。这就必须全面推进乡村振兴，解决好城乡区域发展不平衡问题。推动区域协调发展，实现基本公共服务均等化，基础设施通达程度比较均衡，人民基本生活保障水平大体相当，提升区域板块发展的平衡性协调性。

五是开放水平高。对外开放是经济现代化的必要条件和重要动力。推动高水平对外开放是构建新发展格局的必然选择，推进中国式现代化建设的必然举措。在推进中国式现代化过程中，既需要通过高水平对外开放提升自身的发展动能，又要通过自身综合实力的增强带动世界经济发展和促进全球和平稳定。要以制度型开放为重点，聚焦投资、贸易、金融、创新等对外交流合作的重点领域，深化体制机制改革，稳步扩大规则、规制、管理、标准等制度型开放，增强在国际大循环中的话语权。一方面，通过建设更高水平开放型经济新体制，不断将贸易、投资、金融、创新等对外开放提高到新水平，以此形成对全球要素资源的强大吸引力、在激烈国际竞争中的强大竞争力、在全球资源配置中的强大推动力。另一方面，奉行互利共赢的开放战略，通过扩大进口、促进对外投资和金融开放，与全世界共享超大规模市场、分享高质量发展成果，不断以中国新发展为世界提供新机遇，推动建设开放型世界经济。

六是安全保障优。经济安全是经济现代化的基本保障，维护粮食、能源、重要产业链供应链安全是维护经济安全的重要内容。党的二十大报告提出，以新安全格局保障新发展格局。经济安全是国家安全的基础，确保经济安全才能把发展建立在更加安全、更为可靠的物质基础之上，才能确保中华民族伟大复兴进程不被迟滞甚至中断、中国式现代化行稳致远。保障国家粮食安全是实现经济发展、社会稳定、国家安全的重要基础，能源资源安全是关系国家经济社会发展的全局性、战略性问题，产业链供应链安全稳定是大国经济必须具备的重要特征，这三者是维护经济安全的内在要求和关键所在。推进中国式现代化过程中，要统筹发展和安全，增强国家安全保障能力，把安全发展贯穿经济发展各领域和全过程，全方位夯实粮食安全根基，深入实施能源资源安全战略，提升产业链供应链韧性和安全水平，积极防范各种风险，牢牢守住国家粮食、能源资源、重要产业链供应链安全的底线。

二、经济现代化的评价指标体系

基于经济现代化的基本内涵，坚持问题导向和目标导向，按照科学性与实用性相结合、阶段性与长远性相结合的原则，设置经济实力、发展质效、创新能力、结构优化、对外开放、安全保障六大板块，筛选 29 项相关指标（见表 4－1），综合衡量经济现代化水平。

表 4－1　经济现代化评价指标体系

序号	一级维度	二级维度	指标
1	经济实力	经济总量	GDP（万亿元）
2		人均水平	人均 GDP（美元）
3	发展质效	微观质效	全员劳动生产率（万元/人）
4		中观质效	制造业增加值率（%）
5		宏观质效	全要素生产率对经济增长贡献率（%）

续表

序号	一级维度	二级维度	指标
6	创新能力	创新投入	研究与试验发展经费与 GDP 之比（%）
7			基础研究经费占 R&D 经费比重（%）
8		创新产出	每万人口高价值发明专利拥有量（件）
9	结构优化	产业结构	制造业增加值占 GDP 比重（%）
10			服务业增加值占 GDP 比重（%）
11			农作物耕种收综合机械化率（%）
12			战略性新兴产业增加值占 GDP 比重（%）
13			数字经济核心产业增加值占 GDP 比重（%）
14			生产性服务业增加值占 GDP 比重（%）
15			每万人拥有高速公路里程（公里）
16		需求结构	内需率（%）
17			国内需求引致增加值占 GDP 比重（%）
18			消费率（%）
19			民间投资占固定资产投资比重（%）
20		城乡区域结构	常住人口城镇化率（%）
21			东、中、西、东北地区人均地区生产总值之比
22	对外开放	国际贸易	货物和服务贸易额占全球比重（%）
23			数字贸易占贸易总额比重（%）
24		国际投资	实际使用外资规模占全球跨国直接投资总额的比重（%）
25			中国对外直接投资占全球比重（%）
26	安全保障	安全保障能力	国防支出占国内生产总值比重（%）
27		粮食安全	粮食综合生产能力（亿吨）
28		能源安全	能源综合生产能力（亿吨标准煤）
29		产业链供应链安全	核心技术和关键零部件对外依存度（%）

资料来源：课题组设计。

（一）关于经济实力板块的指标设置

经济总量和人均水平是经济实力的重要体现，做大经济规模、提升人均水平是经济实力强的内在要求，也是推进人口规模巨大的现代化的必然要求。需要聚焦制约经济总量增长和人均水平提升的关键问题和主要矛盾，设置相关指标，发挥指标“指挥棒”作用，引导经济实力持续提升。具体指标考虑如下。

——**经济总量方面**，当前我国经济总量持续增长，但百年未有之大变局加速演进、国内经济增长条件也在加速演变，经济持续增长面临更加严峻的环境和条件。为此，选取“GDP”指标来反映经济总量持续增长，该指标越大表明经济实力越强。

——**人均水平方面**，我国人均GDP已经超过1.2万美元，未来一个时期需要面对跨越“中等收入陷阱”和“高收入陷阱”的双重挑战，完成2035年人均GDP达到中等发达国家水平的目标任务要求。为此，选取“人均GDP”指标反映人均水平持续提高，该指标越高表明经济实力越强。

（二）关于发展质效板块的指标设置

我国经济发展质量和效益持续提升，但质量不高、效益较低仍然是制约经济持续稳定增长的关键因素。发展质效是微观要素质效、中观产业质效、宏观经济质效的有机统一。为此，需要聚焦制约微观要素质效、中观产业质效、宏观经济质效提升的关键问题和主要矛盾，设置相关指标，发挥指标“指挥棒”作用，引导发展质效持续提高。具体指标考虑如下。

——**微观要素质效方面**，我国劳动力、资本、土地、资源能源等微观要素发展质效仍然不高，集中体现在投入产出效益不高，而劳动力要素最为关键、也最为综合。为此，选取“全员劳动生产率”指标从微观层面来反映经济发展质效，该指标值越大，经济发展质效越高。

——**中观产业质效方面**，我国农业、工业、服务业等中观层面的发展质效仍有持续提升空间，而制造业发展质量效益不高是新发展阶段的重点难点问题。为此，选取“制造业增加值率”指标从中观层面来反映经济发展质效，该指标值越大，经济发展质效越高。

——**宏观经济质效方面**，我国宏观层面发展质效不高集中体现在全要素生产率不断走低，经济增长主要依靠要素投入而不是全要素生产率提升。为此，选取“全要素生产率对经济增长贡献率”指标从宏观层面来反映经济发展质效，该指标值越大，经济发展质效越高。

（三）关于创新能力板块的指标设置

创新能力是创新投入和创新产出的有机统一。为了更好衡量创新能力，需要从创新投入和创新产出两方面着手，同时这既符合国际上衡量创新水平的通行做法，兼具权威性、可得性和可比性，也从总体上刻画了创新活动的效率。目前，我国创新投入和产出规模相对可观，但质量上还存在突出短板，亟须提高原始创新策源能力。为此，在指标选取上既要反映投入和产出的规模，更要凸显投入和产出的质量，充分体现“高水平”的要求。具体指标考虑如下。

——**创新投入方面**，重点选取“研究与试验发展经费与 GDP 之比”和“基础研究占研究与试验发展经费比重”两个指标，前者反映研发投入的总体强度，后者反映研发投入的结构比例。一般而言，一个经济体的研发投入强度越高、基础研究比例越高，表明其在创新投入方面具有更强的能力和意愿，更可能在前沿领域取得创新成果。

——**创新产出方面**，重点选取“每万人口高价值发明专利拥有量”指标，这一指标同时体现了产出的相对规模和总体质量。一个经济体每万人口高价值发明专利拥有量越多，表明其在高质量创新产出方面越具有优势。

（四）关于结构优化板块的指标设置

高质量发展是全面建设社会主义现代化国家的首要任务，结构优化是推动实现高质量发展的内在要求和必然选择。结构优化主要包括产业结构优化、需求结构优化、城乡区域结构优化。当前，随着新型工业化、城镇化等的深入推进，坚定实施扩大内需战略，我国经济结构不断优化，但经济结构与现代化建设需要之间仍然有一定差距。为此，需要聚焦优化产业结构、需求结构、城乡区域结构的关键问题和主要矛盾，设置相关指标，发挥指标“指挥棒”作用，引导经济结构持续优化。具体指标考虑如下。

——**产业结构方面**，优化产业结构的关键是建设现代化产业体系。为更好反映现代化产业体系建设进展，结合强国建设任务和现代化产业体系的“三化”“三性”要求，分别从结构和支撑两个方面设置指标，全面反映产业结构优化和产业发展支撑水平。结构方面，针对工业、服务业、农业等三大主要产业，分别设置“制造业增加值占 GDP 比重”“服务业增加值占 GDP 比重”“农作物耕种收综合机械化率”三个指标，从总体上分别反映工业化和农业现代化水平。进一步设置“战略性新兴产业增加值占 GDP 比重”“数字经济核心产业增加值占 GDP 比重”“生产性服务业增加值占 GDP 比重”三个指标，综合反映新兴产业领域发展情况。尽管这三个指标中部分内容有所交叉，但其集中反映的新兴产业领域侧重点有所不同，对应着不同的强国建设任务。支撑方面，重点是交通基础设施对产业现代化的支撑。在数据可得的情况下，设置“每万人拥有高速公路里程”指标，该指标值越大则产业基础支撑能力越强。

——**需求结构方面**，我国需求主要体现在内需不足，要坚持扩大内需这个战略基点，充分挖掘超大规模国内市场优势，培育完整内需体系，畅通国民经济循环，增强国内大循环主体地位。为此，聚焦制约国内需求扩大的关键问题，选取“内需率”“国内需求引致增加值占 GDP 比重”指标来衡量内需总体情况，指标值越大则表明内需在整个需求中的比重越大、国内需求对 GDP 的拉动作用越大。而我国国内需求不足集中表现在消费需求不足，扩大国内需求关键是扩大消费需求。为此，选取“消费率”指标衡量消费需求占比情况，该指标值越大则表明消费在内需中的贡献越大。当前我国民间投资动力不强、积极性不高问题突出，制约投资需求的持续扩大，影响了国内大循环内生动力增长。为此，选取“民间投资占固定资产投资比重”指标来衡量民间投资占比情况，在一定合理区间内，该指标值越大则表明民间投资在投资需求中的贡献越大、民营经济活力越强。

——**城乡区域结构方面**，城乡区域协调发展包括城乡融合发展和区域协调发展两大部分，城乡结构和区域结构是主要表现。城乡融合发展方面，当前我国城乡人口、产业、公共服务等多要素、多领域融合发展持续探索推进，但城乡人口和要素双向流动仍然存在障碍，城乡二元结构问题持续存在。为此，选取“常住人口城镇化率”指标来衡量城乡结构状况，反映城乡融合发展水平，在一定区间内，该指标值越大则说明城乡融合发展水平越高。区域协调发展方面，当前我国基本形成了以东部、中部、西部、东北等从东到西的四大板块，呈现出“中西快、东部优、东北稳”的发展态势，区域发展差距不断缩小，但尚未消除，而且区域板块内、区域间出现明显分化。为此，选取“东、中、西、东北地区人均地区生产总值之比”指标来综合衡量区域结构状况，反映区域板块发展的平衡性、协调性水平，该指标值越向 1 趋近则说明区域协调发展水平越高。

（五）关于对外开放板块的指标设置

推进高水平对外开放，重点是推进制度型开放，主要集中在建成贸易强国、增强国际投资中心度、形成强大全球影响力三个方面。为此，需要聚焦国际贸易、国际投资等领域的关键问题和主要矛盾，设置相关指标，发挥指标“指挥棒”作用，引导高水平对外开放。具体指标考虑如下。

——**国际贸易方面**，贸易强国直接体现在对外贸易的全球占比不断提升，出口的全球竞争力不断增强，积极扩大进口与全球共享超大规模市场、分享发展成果；同时，贸易结构不断优化，以数字贸易为代表的新型贸易占比不断提高。为此，选取“货物和服务贸易额占全球比重”指标来综合评判我国对外贸易在全球贸易中的地位，该指标值越大，则国际贸易的全球地位越高。选取“数字贸易占贸易总额比重”指标来衡量我国贸易结构和质量的变化水平，该指标值越大，表明我国贸易结构更优。

——**国际投资方面**，我国在全球投资中的中心地位不断增强，既通过强大国内市场集聚全球高端要素，集聚更多的国际投资，又与广大发展中国家实现国际产能合作等，扩大对外投资规模，促进全球经济繁荣发展。为此，选取“实际使用外资规模占全球跨国直接投资总额的比重”和“对外直接投资占全球比重”指标来衡量我国双向投资在全球的影响力，这两个指标值越大，则分别表明吸引外资和对外投资的实力越强。

（六）关于安全保障板块的指标设置

以经济建设为中心是兴国之要，维护经济安全是保障经济持续健康发展的应有之义。粮食、能源、重要产业链供应链是经济建设的重要支撑，维护粮食安全、能源安全、产业链供应链安全是维护经济安全的重要内容和关键。

需要聚焦制约我国安全保障能力提升，以及粮食供给、能源供应、产业链供应链稳定的主要矛盾和问题，设置相关指标，加强指标的战略引领，夯实经济安全发展根基。具体指标考虑如下。

——安全保障能力方面，当前我国安全保障能力不断提高，经济安全发展水平的基础不断增强，但随着国内外形势变化，特别是现代化建设需要，仍然还有提升空间。为此，选取“国防支出占国内生产总值比重”指标来综合反映安全保障能力，该指标值越大则说明经济安全保障能力越强。

——粮食安全方面，当前我国粮食综合生产能力持续提升，人均粮食产量和人均谷物产量都已大大超出400公斤的安全线，但粮食安全基础仍然不牢固，粮食安全形势依然严峻。习近平总书记多次强调，“手中有粮、心中不慌在任何时候都是真理”“必须把中国人的饭碗牢牢端在自己手上”。为此，选取“粮食综合生产能力”指标来综合反映粮食安全保障水平，该指标值越大则说明粮食供给越安全。

——能源安全方面，当前我国已经成为世界上最大的能源生产国，形成了多品类能源全面发展的能源供给体系，但也面临能源需求压力巨大、能源供给制约多等多重挑战，保障经济社会发展所需的持续、可靠和有效供给能源仍面临严峻形势。习近平总书记指出，抓住能源安全就抓住了国家发展和安全战略的“牛鼻子”①。为此，选取“能源综合生产能力”指标来综合反映能源安全保障水平，该指标值越大则说明能源供给越安全。

——产业链供应链安全方面，当前我国完备的产业体系、强大的动员组织和产业转换能力，为应对疫情等内外部风险挑战提供了重要物质基础，但美国和西方国家推动全球产业链供应链“去中国化”等也暴露出我国产业链供应链存在诸多风险隐患，特别是核心技术和关键零部件对外依存度较高是主要矛盾和问题。为此，设计“核心技术和关键零部件对外依存度”指标来反映我国产业链供应链安全水平，该指标值越小，则说明产业链供应链安全保障水平越高。

---

① 2014年6月13日习近平总书记在中央财经领导小组第六次会议上的讲话。

三、经济现代化指标的目标值设置

在充分评估分析各分项指标现状和发展趋势背景下，参照国际规律，遵循客观规律，综合采用国际对标、趋势外推、定量分析等多种方法，给各指标2030年、2035年的目标值赋值。

（一）关于经济实力指标的赋值

1. GDP（万亿元）

GDP是一个国家（或地区）所有常住单位在一定时期内生产活动的最终成果，是衡量一个国家或地区经济状况和发展水平的重要指标，是国民经济核算的核心指标。GDP不断增加是经济持续增长的结果，资本、劳动力等要素投入增加和全要素生产率增长是维系经济持续稳定增长的关键因素。**从历史数据看**，改革开放以来，我国经济增长年均速度达到9.4%，推动GDP实现了多次台阶式跨越，1998年首次突破1万亿美元，2009年突破5万亿美元，2010年超过日本成为世界第二大经济体，2014年突破10万亿美元，2019年首次突破100万亿元人民币，2022年达到121万亿元人民币，按年均汇率计算达到18万亿美元，占全球比重18%（见图4-1），稳居世界第二大经济体。**从国际规律来看**，经过持续高增长后，典型经济体的经济增长速度都会出现换挡，如日本在1956~1973年实现年均9.2%的高速增长后，降至1974~1991年的年均3.7%的较低增长速度；联邦德国在1951~1960年实现年均增长8.2%后，1961~1970年回落至4.4%，1971~1991年进一步回落至2.7%；韩国在1966~1995年实现年均增长8.4%后，1996~2011年回落至4.2%。展望未来，世界百年未有之大变局加速演进，新一轮科技革命和产业变革深入发展，大国战略博弈全面展开，全球产业链供应链深度调整，国际环境不稳定性不确定性明显增强，而我国科技创新实力大幅提升但还不适应高质量发展要求，人口老龄化明显加快，资源环境约束日益趋紧，经济持续稳定增长面临更加复杂的环境和条件。采用生产函数模型测算未来一个时期我国经济增长速度表明，基准情景下，2021~2035年我国经济潜在增长速度在5.0%左右，在潜在经济增长充分实现的情况下，到2030年、2035年我国 GDP 将分别达到 172 万亿元人民币、211 万亿元人民币（2020 年不变价，下同）。为此，结合一般规律，综合考虑我国发展战略需要，建议将 2030 年、2035 年 GDP 的目标分别设置为 170 万亿元以上、210 万亿元以上。

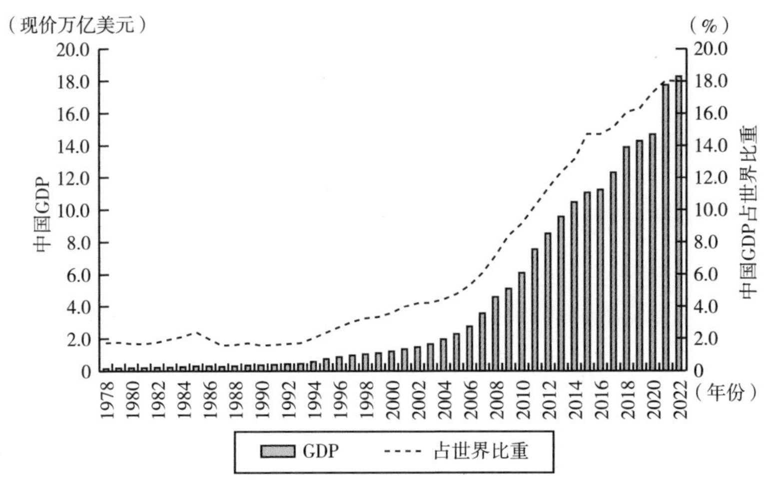

图 4－1 我国 GDP 及占世界比重变化趋势

资料来源：世界银行 WDI 数据库。

专栏 4－1 经济增长速度及相关指标测算

当今世界百年未有之大变局加速演进，国际环境错综复杂，逆全球化、单边主义、保护主义思潮暗流涌动，世界经济陷入低迷期，不稳定性不确定性明显增加。从国内看，人口老龄化加速等对经济增长影响深远，劳动年龄人口数量、资本形成速度还会下滑，但人力资本素质不断提高，创新资源加快积累，改革红利持续释放，经济将长期保持持续稳定增长趋势。我们在预测劳动力、资本、全要素生产率变化趋势基础上，采用生产函数法，预测了 2035 年我国经济发展水平。

一是劳动力数量趋势性下降。劳动力数量由劳动年龄人口数量和劳动年龄人口就业参与率决定。人口老龄化问题日益严重是大趋势，按照联合国的预测，我国 65 岁及以上人口占比将从 2020 年的 13.5% 上升到 2035 年前后的 20.5%，而 15～64 岁的劳动年龄人口将不断减少。根据人口年龄平移算法，并考虑“二孩政策”“三孩政策”对 2031 年后劳动年龄人口的影响，预计 2021～2035 年劳动年龄人口先降后升，到 2035 年约为 9.2 亿人，增长速度约为 1.2‰。同时，考虑到机器人技术进步对就业的替代效应、居民收入水平提高对就业的挤出效应等，预计就业参与率将从 2020 年的 78.3% 下降到 2035 年的 77% 左右。

二是资本形成速度也将趋势性下滑。资本形成速度受投资增速和折旧率影响，而投资增速取决于储蓄率，储蓄率则与人口结构密切相关。根据我们的研究，人口抚养比每上升 1 个百分点，储蓄率将下降 0.8 个百分点。受人口老龄化影响，人口抚养比将从 2020 年的 41.5% 上升到 2035 年的 54.6%，带动储蓄率下降约 10.5 个百分点。随着基础设施完善，投资中折旧率相对较低的建筑安装工程所占比重将进一步降低，而折旧率相对较高的设备工具器具购置比重会上升。综合以上影响，预计 2021～2035 年资本存量年均增速将下滑至 4.9% 左右。

三是全要素生产率可持续提升。全要素生产率主要来源于科技进步、资源配置效率改善和人力资本素质提高等。得益于改革开放以来经济转型和体制转轨带来的资源配置效率改善，以及技术引进带来的科技进步，20 世纪 80 年代我国全要素生产率开始提高，90 年代全要素生产率进一步提高。21 世纪以来，随着改革开放和技术引进效应递减，全要素生产率出现下降趋势。未来一个时期，虽然经济结构变化引致要素重配所带来的效率改善效应衰减，但创新水平持续提高、人力资本加快积累、改革红利持续释放等因素将推动全要素生产率提升。结合全要素生产率变化趋势及相关类似研究，预计 2021～2035 年，乐观情景下全要素生产率年均增速为 2.5%，基准情景、悲观情景下分别为 2%、1.5%。

综合考虑生产要素变化趋势，采用生产函数法，测算乐观、基准和悲观情景下 2021～2035 年经济潜在增长速度分别为 5.5%、5.0%、4.5%，则到 2030 年 GDP 分别达到 179 万亿元、172 万亿元、165 万亿元，2035 年 GDP 分别达到 226 万亿元、211 万亿元、197 万亿元（2020 年不变价，下同）。结合我国人口变化趋势，在不考虑汇率变化的情况下，则到 2030 年三种情景下人均 GDP 分别为 1.81 万美元、1.74 万美元、1.66 万美元，2035 年三种情景下人均 GDP 分别为 2.29 万美元、2.14 万美元、2.00 万美元

（2020 年不变价美元），通过努力，可稳定达到中等发达国家水平。进一步可以计算得到，到 2030 年三种情景下全员劳动生产率分别为 23.2 万元、22.3 万元、21.5 万元，2035 年三种情景下全员劳动生产率分别为 30.7 万元、28.9 万元、27.2 万元。

资料来源：课题组。

2. 人均 GDP（万美元）

人均 GDP 是一年内经济体国内生产总值除以同时期常住人口数，是衡量经济发展水平的主要指标。**从历史数据看**，2019 年我国人均 GDP 首次超过 1 万美元，2021 年、2022 年连续两年超过 1.2 万美元，但仅为同期美国的 18.1%、日本的 31.9%、德国的 24.7%。**从国际规律看**，随着经济发展水平提高，特别是人均 GDP 超过 1 万美元后，劳动力、资本等要素投入速度会出现明显放缓，经济增长速度随之将出现放缓态势，人均 GDP 增长速度也会随之相应放缓。**展望未来**，我国面临的内外部冲击均有所加大，劳动力将趋于减少、资本积累呈现放缓趋势，采用生产函数法预测未来我国经济增长速度表明，基准情景下，2021～2035 年我国年均潜在经济增长速度约为 5%，结合同期人口总量，预计到 2030 年、2035 年我国人均 GDP 将分别达到 1.74 万美元、2.14 万美元（2020 年不变价美元，下同），在 2035 年可以达到中等发达国家人均 GDP 水平。为此，结合一般规律，综合考虑我国发展战略需要，建议将 2030 年、2035 年人均 GDP 的目标分别设置为 1.7 万美元以上、2.1 万美元以上。

（二）关于发展质效指标的赋值

1. 全员劳动生产率（万元）

全员劳动生产率是国内生产总值与全社会从业人数的比值，是衡量经济生产效率的重要指标。**从历史数据看**，近年来我国全员劳动生产率从 2015 年的 8.9 万元提高到了 2022 年的 15.3 万元（见图 4－2），但增长速度呈现放缓态势，从 2015～2019 年的年均 6.5% 降至了 2020～2022 年的年均 5.1%。**从国际规律看**，在经济发展至一定水平后，与经济增长速度变化趋势一致，全员劳动生产率增速将放缓，其中中高等收入国家在人均 GDP 达到 5500 美元后出现增速降低拐点，到人均 GDP 达到 1 万美元时回落至 4% 左右。**展望未来**，随着我国经济发展水平进一步提升，以及技术进步、要素体制机制改革等带动劳动要素配置效率不断提升，全员劳动生产率还将持续提高但上升速度放缓。在采用生产函数模型测算未来一个时期 GDP 基础上，结合同期全社会从业人数，基准情景下，预计到 2030 年、2035 年我国全员劳动生产率将分别达到 22. 3 万元、28. 9 万元（2020 年不变价）。结合一般规律，考虑我国高质量发展内在要求，建议将 2030 年、2035 年全员劳动生产率的目标分别设置为 22 万元以上、28 万元以上。

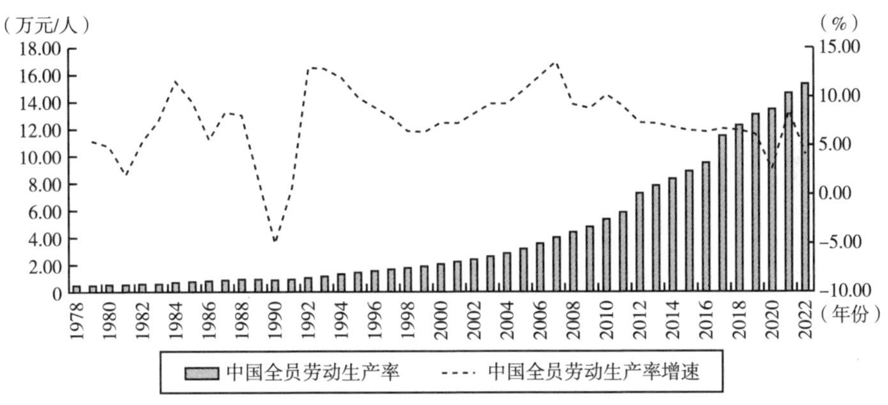

图 4 – 2　我国全员劳动生产率及其增速变化趋势

资料来源：国家统计局数据库。

2. 制造业增加值率（%）

制造业增加值率是制造业增加值占制造业总产出的比例，从总体上度量了制造业的投入产出效益，衡量了制造业发展质量和效益水平。一般而言，制造业增加值率受到产业结构、技术进步、贸易方式、产品和要素相对价格等多重因素共同影响。目前我国国家统计局还没有对制造业增加值率进行统计，需要根据历年全国投入产出表计算得到。**从历史趋势来看**，我国制造业增加值率从 1987 年的 31. 3% 降至 2015 年的 19. 5%（见图 4 – 3），之后缓慢升至 2020 年的 22. 6%。当前我国制造业增加值率已经跨过“U”型曲线底部，进入了右侧的趋势性上升阶段，但仍然低于美国、德国、日本、韩国等发达国家和制造强国约 10 个百分点甚至以上。我国制造业增加值率呈现先降后升变化态势且水平偏低，主要驱动因素是产业结构升级和产业分工细化。**从国际规律来看**，制造业增加值率与经济发展水平呈“U”型曲线关系（见图 4 -4），其中“U”型曲线左侧多为发展水平较低的低收入、中低收入国家，而“U”型曲线右侧则多是高收入国家。这也就意味着，当一个国家跨

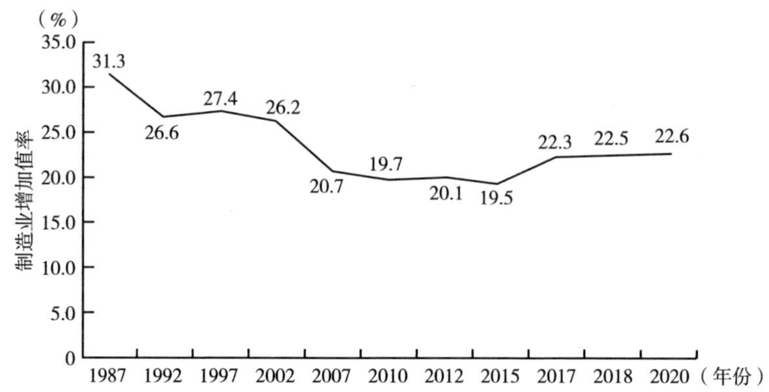

图 4 -3　我国制造业增加值率变化趋势

资料来源：笔者根据历年投入产出表计算得到。

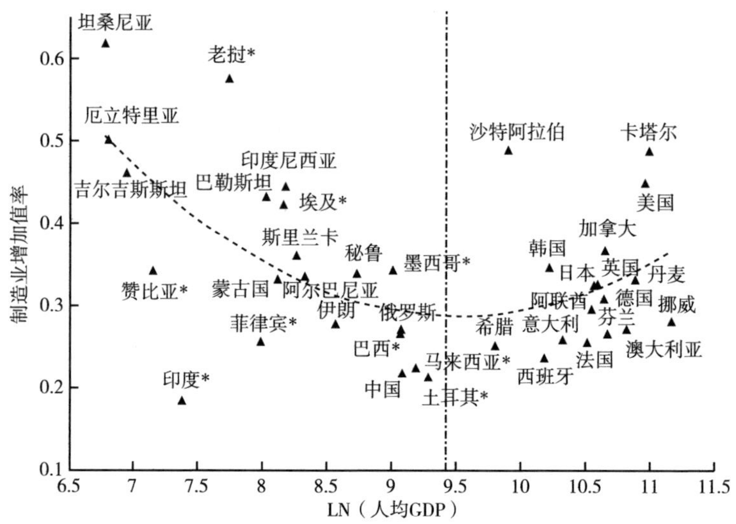

图 4 -4　主要国家制造业增加值率与经济发展水平之间的关系

资料来源：联合国工业发展组织（UNIDO），其中带“＊”的国家或地区为 2015 年数据，其他国家或地区为 2016 年数据。

过高收入国家门槛后，制造业增加值率会随经济发展水平提高而呈上升趋势，也说明其将随着制造业投入产出效益提高而上升。**展望未来**，随着我国经济发展水平提升和制造业转型升级，迈向全球价值链中高端环节，技术密集型制造业增加值率将趋于上升、在制造业中的比重趋于提高，将有力推动我国制造业增加值率持续上升。结合国际一般规律和我国发展实际来看，我国制造业增加值率将不断提高、上升速度先慢后快，预计到2035年将达到30%左右。为此，建议将2035年制造业增加值率目标设定为30%以上，并将2030年的目标设定为30%左右。

3. 全要素生产率对经济增长的贡献率（%）

全要素生产率是指不包括资本、劳动力等要素投入之外的其他所有影响产出的因素，其增长主要来源于科技进步、资源配置效率改善和人力资本素质提高等。全要素生产率对经济增长的贡献率是指经济增长速度中由全要素生产率增长所带来的比例，反映了经济增长动力来源，从宏观上衡量了经济增长质量和效率。目前，国家统计局没有统计和公布全要素生产率增长率及其对经济增长的贡献率数据，需要通过增长核算模型来测算，但由于模型估计方法、要素估计等差异，不同机构和学者的测算结果存在较大差异。**从历史趋势来看**，21世纪以来，我国全要素生产率增长率总体呈现出下降态势，从2000年的2.4%提高到了2005年的3%后降至2022年的1.1%（见图4－5）；全要素生产率对经济增长贡献率总体呈现缓慢波动上升态势，2019年达到26.2%，新冠疫情暴发后出现较大幅度波动。**从国际规律来看**，全要素生产率增速在经济发展至一定阶段后会逐步放缓。经济起飞阶段，要素配置效率提高，全要素生产率迅速提升，但伴随着要素配置进程放缓，在人均GDP水平达到1万美元后，日、德、英等发达国家均迎来全要素生产率的变化拐点，之后随着技术突破所导致的技术进步加快，全要素生产率增速再次提高，特别是虽然全要素生产率的增速有所波动，但其对经济增长的贡献率总体呈现逐步提高态势。**展望未来**，虽然经济结构变化引致要素重配所带来的效率改善效应衰减，但创新水平持续提高、人力资本加快积累、改革红利持续释放等因素将推动全要素生产率提升，到2030年、2035年全要素生产率对经济增长贡献率有望分别达到38%左右、40%左右。结合一般规律，考虑我国高质量发展内在要求，建议将2030年、2035年全要素生产率对经济增长贡献率的目标值分别设置为38%、40%。

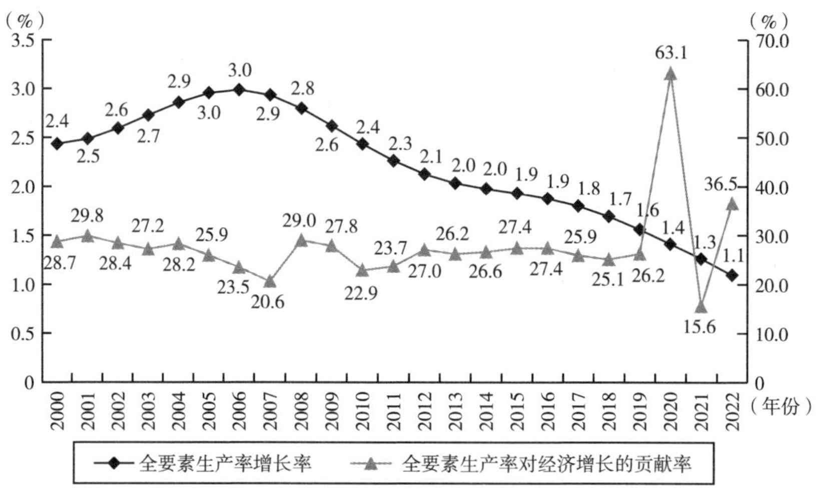

图4－5　全要素生产率增长率及对经济增长的贡献率

资料来源：笔者测算。

（三）关于创新能力指标的赋值

1. 研究与试验发展经费与GDP之比（%）

研究与试验发展经费与GDP之比（也称“研发投入强度”或“研发强度”）是一国研究与试验发展经费支出额与当年GDP的比值，是反映和衡量一国创新投入规模、研发投入水平的关键指标，在国际上具有广泛通用性和较强可比性。**从历史数据看**，得益于我国研发投入快速增长，我国研发投入强度不断提升。在2002年迈过1%后，从当年的1.07%跃升至2012年的1.94%，年均提升0.087个百分点。虽然2012～2022年年均提升幅度小幅下降，但仍保持年均提升0.061个百分点的较快速度，从2012年的1.94%提升至2022年的2.55%。**从国际规律看**，研发投入强度与经济发展水平高度正相关，并且创新大国的研发投入强度往往比小规模经济体相对要低。当人均GDP达到2万～3万美元时（均为现价美元），研发投入强度将达到2%左右（见图4－6）。目前我国研发强度虽低于创新强国，但已接近发达国家的平均水平，排在发展中国家前列，且与发展阶段相适应。**展望未来**，由于我国研发强度超过大多数当前同等和历史同期发展水平国家，且创新投入增速会向一个更低的水平收敛，因此不能直接使用趋势外推，也不宜用人均 GDP 直接类比。更合理的方式是，选择以美国历史上与我国人均 GDP 相近的研发强度增速予以代替，这一方面可以体现大国经济体的发展特征，也兼顾了经济增速和创新能力方面出现的收敛趋势。按此估算，2030 年、2035 年我国研发投入强度应分别达到 2.7%、2.8%。

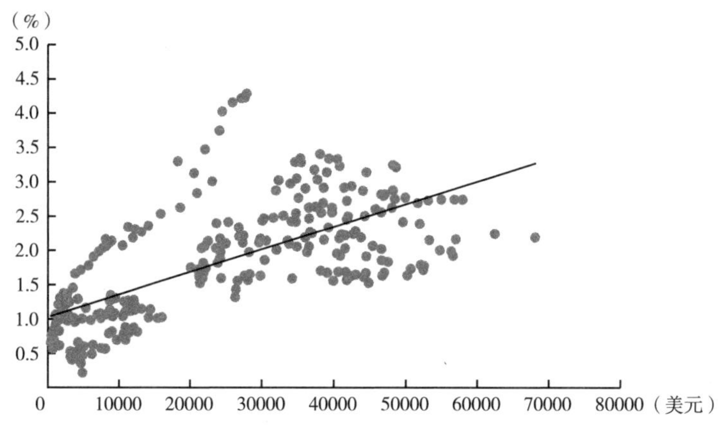

图 4－6　研发强度与人均 GDP 关系散点图

注：散点图包含国家为美国、日本、德国、中国、韩国、法国、英国、加拿大、澳大利亚、印度、俄罗斯、新加坡、巴西、马来西亚、土耳其。

资料来源：世界银行数据库。

2. 基础研究经费占 R&D 经费比重（%）

基础研究经费占 R&D 经费比重是反映和衡量一国原始创新能力和基础研究投入水平的关键指标，在国际上具有广泛通用性和较强可比性。除基础研究经费外，R&D 经费还包括应用研究经费和试验发展经费两项。**从历史数据看**，我国基础研究经费占 R&D 经费比重长期位于 5% 左右。2018 年，我国基础研究经费为 1090.4 亿元，首次突破千亿元大关，占 R&D 经费比重为 5.5%。2019 年，这一比重首次突破 6%。2022 年，这一比重为 6.32%，尽管比 2021 年下降 0.18 个百分点，但仍处于历史第二高位，且连续 4 年保持在 6% 以上的水平。**从国际规律看**，不同国家虽然所处的发展阶段和基础研究经费占研究与试验发展经费比重均存在差异，但两者之间总体上呈现正相关关系。人均 GDP 达到 10000 美元时，基础研究经费占研究与试验发展经费比重应该在 10% 左右（见图 4－7）；当人均 GDP 达到 40000 美元时，基础研究经费占研究与试验发展经费比重应该达到 15% 以上。以欧美发达国家为例，其基础研究经费占 R&D 经费比重基本稳定在 12% 以上，美国和法国分别高达 17% 和 25%。**展望未来**，基础研究经费投入增速具有很强的目标主导性和战略导向性，根据国家有关规划，我国 2025 年和 2030 年基础研究经费占研究与试验发展经费比重将分别达到 8% 和 10%，预计到 2035 年，这一比例应达到 12% 的水平。

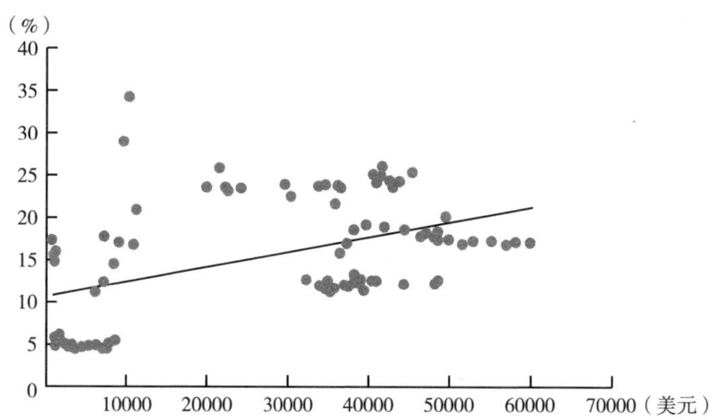

图 4－7　基础研究经费占研发经费比重与人均 GDP 关系散点图

注：散点图包含国家为美国、日本、中国、法国、澳大利亚、印度、马来西亚，时间段为 2000～2017 年。

资料来源：中国数据来自 Wind，其他国家数据来自 UIS。

3. 每万人口高价值发明专利拥有量（件）

每万人口高价值发明专利拥有量是高价值发明专利数与总人口的比值。根据国家知识产权局的范围界定，高价值发明专利包括：战略性新兴产业的有效发明专利；在海外有同族专利权的有效发明专利；维持年限超过 10 年的有效发明专利；实现较高质押融资金额的有效发明专利；获得国家科学技术奖或中国专利奖的有效发明专利。这一指标有利于真实反映专利资源的技术含量和市场价值，客观测度科技产出绩效，引导发明专利从追求数量向追求质量转变。**从历史数据看**，“十三五”时期，我国一直采用的是每万人口发明专利拥有量，根据国家知识产权局的测算，我国每万人口高价值发明专利在趋势上总体一致，但具体数值上仍有较大差距。测算结果显示，“十三五”时期我国每万人口高价值发明专利拥有量分别为3.0件、3.8件、4.5件、5.4件、6.3件，而2020年底，我国每万人口发明专利拥有量达到15.8件，是高价值发明专利拥有量的2.5倍。但与世界科技强国的每万人口同等价值发明专利拥有量相比，仍存在较大差距。**从国际规律看**，目前国际上并无直接可以与我国“高价值发明专利”口径完全一致的指标，因此只能用替代性指标观察国际经验。比较常见的多是人均PCT专利数量。回归结果显示，当人均GDP超过1万美元时，每万人PCT专利申请量将超过0.4件（见图4-8）；当人均GDP超过3万和6万美元时，每万人PCT专利申请量将分别达到1件和1.8件的水平。可见，对PCT这种价值相对较高的专利而言，其数量的增加与人均GDP高度相关，但专利数量的提升速度大幅下降。**展望未来**，“十四五”时期，通过深入实施创新驱动发展战略、强化知识产权创造运用保护管理等措施，高价值发明专利有望继续快速增长。确定2035年的目标可以参考两种结果，一是国家知识产权局对五大类高价值发明专利分别测算，认为2025年每万人口高价值发明专利拥有量可达10件，按此趋势外推2035年该

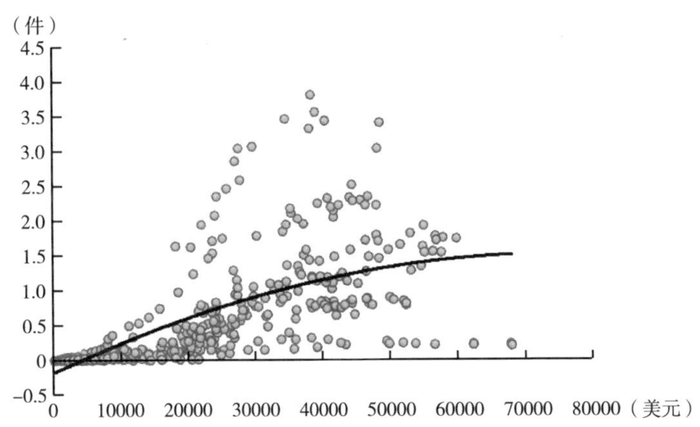

图4-8 每万人PCT专利申请量与人均GDP关系散点图

注：散点图包含国家为美国、日本、德国、中国、韩国、法国、英国、加拿大、澳大利亚、印度、俄罗斯、新加坡、巴西、马来西亚、土耳其，时间段为1985~2017年。

资料来源：世界银行数据库，WIPO。

值可能达到20件。二是根据2035年相对于2020年人均GDP的倍数，参考人均PCT专利申请量的增长态势预测，估计2035年每万人口高价值发明专利拥有量将达到15件。综合上述两种方法，宜将2030年、2035年该指标的目标值分别设定为14件、15.5件。

（四）关于结构优化指标的赋值

1. 制造业增加值占GDP比重（%）

制造业增加值占GDP比重是制造业增加值与国内生产总值的比值，该指标既衡量了产业结构特征，也一定程度上体现了实体经济发展水平。通常认为，进入工业化后期或后工业化时代的经济体，需要防止过早过快去工业化，因此确保制造业增加值占GDP比重保持在一定水平之上具有重要意义。**从历史数据看**，随着工业化进程不断推进，我国制造业增加值占GDP比重总体呈现上升态势。但随着工业化逐步进入后期，整个经济加速向服务经济转型。在指标上体现为制造业增加值占比从2012年的31.53%降至2020年的低值26.29%。随着国家强调振兴实体经济尤其是制造业发展，这一比值升至2021年的27.55%，2022年稳中有升进一步提高至27.7%，呈现“U”型走势。尽管如此，我国制造业增加值占GDP比重仍高于同期的美国（10.9%，2019年）、德国（18.2%，2020年）、日本（20.3%，2019年）、韩国（24.8%，2020年）等发达国家，在全球处于较高水平。**从国际规律看**，制造业增加值占GDP比重随经济发展水平提高而呈弱倒“U”型曲线关系（见图4-9）。跨国数据表明，倒“U”型曲线的拐点发生在人均GDP约14000美元，制造业增加值比重峰值均值在20%左右；在人均GDP处于14000~45000美元时，多数国家处于15%~25%之间；在人均GDP超过45000美元时，多数国家处于10%~20%之间。**展望未来**，全球主要经济体制造业增加值占GDP比重走势未必会“重复”过往在迈过拐点后持续大幅下降的经历。例如，美国、德国、日本等主要发达国家和制造业强国都不同程度地大力推动制造业回归，未来制造业增加值占比可能还将提高。我国提出大力振兴实体经济，因此从目标设置上也不宜将制造业增加值占GDP的比重定得过低。对标发达国家及一般规律，同时考虑到现代化建设需要，2030年、2035年制造业增加值占

GDP 比重目标值宜均定为 30% 左右。

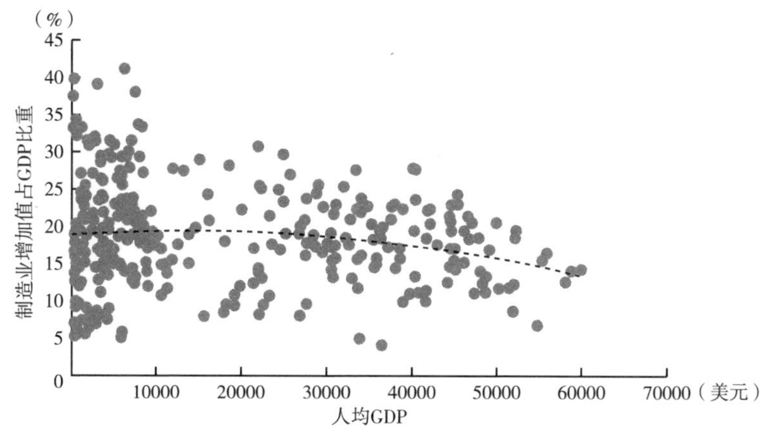

图 4－9　主要国家制造业增加值占 GDP 比重与人均 GDP 的关系

资料来源：历年《国际统计年鉴》。

2. 服务业增加值占 GDP 比重（%）

服务业增加值占 GDP 比重是服务业增加值与国内生产总值的比值，该指标既衡量了产业结构特征，一定程度上也反映了产业结构升级进程。通常认为，进入工业化后期或后工业化时代的经济体，服务业增加值占 GDP 比重会持续提升。**从历史数据看**，随着工业化进程不断推进，我国服务业增加值占 GDP 比重总体呈现上升态势。2012 年，我国服务业增加值占 GDP 比重为 45.5%。2015 年，这一比重历史性地超过 50%，随后保持上升态势并一度达到 54% 以上。2020～2022 年因新冠疫情原因，服务业增加值占 GDP 比重出现了短暂下滑，但仍维持在 52% 以上。从横向比较看，我国服务业增加值占比仍低于美国（80% 左右）、日本（70% 左右）、德国（62% 左右）、英国（75%）等世界主要发达国家。**从国际规律看**，随着现代化的推进，服务业增加值占 GDP 比重会持续上升，但总体呈现先快后慢特征（见图 4－10）。跨国数据表明，在人均 GDP 达到 10000 美元之前，服务业增加值占 GDP 比重快速上升并达到 55% 左右的水平，之后该比重虽仍会上升，但速度明显放缓，最终保持在 70% 左右的水平。从拟合结果看，人均 GDP 达到 15000 美元时，服务业增加值占 GDP 比重大体处在 60% 左右的水平。当人均 GDP 达到 30000 美元时，这一比重会达到 65% 左右的水平。**展望未来**，全球主要发达经济体服务业增加值占 GDP 比重已经达到较高水平，随着部分经济体大力推动制造业回归和“再工业化”，服务业增加值占 GDP 比重继续提高的空间不大。目前我国服务业增加值占 GDP 比重略高于 50%，在现代化推进过程中，对比主要经济体的发展规律仍有进一步上升的空间，考虑到我国仍将大力推动新型工业化，从构建现代化产业体系和实现制造强国目标看，不宜将服务业增加值占 GDP 比重目标值设定过高。对标发达国家及一般规律，同时考虑到现代化建设需要，2030 年、2035 年服务业增加值占 GDP 比重目标值宜分别定为 60% 左右、62% 左右。

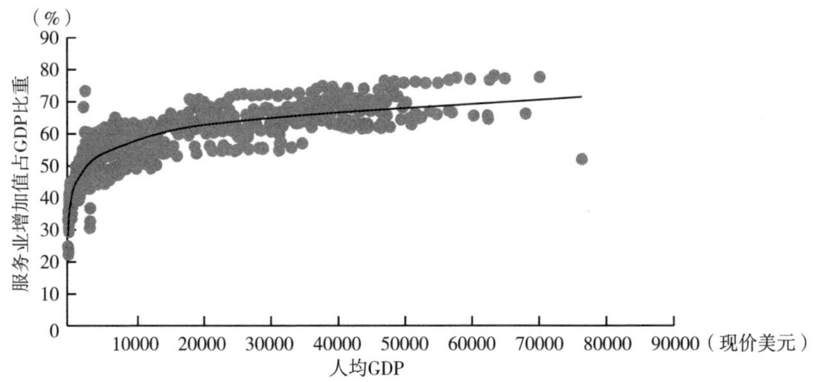

图 4-10 主要国家服务业增加值占 GDP 比重与人均 GDP 的关系

注：包含国家为中国、美国、德国、日本、英国、法国、加拿大、澳大利亚、巴西、印度、阿根廷、俄罗斯、韩国、意大利等，时间跨度为 1970～2021 年。

资料来源：世界银行。

3. 农作物耕种收综合机械化率（%）

农作物耕种收综合机械化率是指农作物机耕、机播、机收三项作业水平按 4∶3∶3 比例加权的和，是反映农业机械化程度和农业现代化水平的代表性指标。提高农作物耕种收综合机械化率有助于提升农业生产效率和农业现代化水平。**从历史数据看**，得益于加大农业技术改造投入，我国农作物耕种收综合机械化率持续提升，从 2012 年的 57.2% 提高到 2021 年的 72%，农业生产从主要依靠人力畜力转向主要依靠机械动力新的阶段。**从国际规律看**，绿色革命推动了农业集约化，加上工业化和经济结构变化导致农村地区工资上涨，推动了农业向机械化转型。国际粮农组织数据表明，农业机械化在世界各地进展并不均衡，一些高收入国家（主要分布在北美洲、欧洲和大洋洲）在 20 世纪 60 年代已经高度机械化，但在以中低收入国家为主体的区域，机械化程度仍然较低。20 世纪 90 年代至 21 世纪初，欧洲的拖拉机使用量有所下降，其中俄罗斯联邦下降幅度最大（超过 50%）；其他国家也出现了大幅下降，例如阿尔巴尼亚、丹麦、德国、爱尔兰和荷兰。与高收入国家相比，我国农业机械化率仍处于较低水平。目前，发达国家农业机械化水平普遍在 90% 以上，其中美国、日本和韩国农业机械化率更是达到 99% 以上。**展望未来**，《国务院关于加快推进农业机械化和农机装备产业转型升级的指导意见》提出 2025 年达到 75% 的目标。“十四五”时期，通过加强大中型智能化复合型农业机械研发应用、选育推广适用于机械化作业的品种、开展农田宜机化改造等措施，2025 年农作物耕种收综合机械化率可达 75%。综合考虑发达国家规律并结合近年来变化趋势，2030 年、2035 年农作物耕种收综合机械化率目标值宜分别设置为 80%、85% 左右。

4. 战略性新兴产业增加值占 GDP 比重（%）

战略性新兴产业增加值占 GDP 比重是战略性新兴产业增加值与国内生产总值的比值。其中，战略性新兴产业包括新一代信息技术产业、高端装备制造产业、新材料产业、生物产业、新能源汽车产业、新能源产业、节能环保产业、数字创意产业、相关服务业等 9 大领域。该指标既衡量了战略性新兴产业在国民经济中的地位和作用，也一定程度上体现了产业新兴领域的发展水平。**从历史数据看**，“十三五”前 4 年，我国战略性新兴产业增加值占 GDP 比重从 8% 左右提高到 11.5%，成为新旧动能转换的重要动力源。2022 年，新一代信息技术、高端装备、新能源汽车等战略性新兴产业增加值占国内生产总值比重超过 13%。**从国际规律看**，目前国际上并无直接可以与我国“战略性新兴产业增加值”口径完全一致的指标，因此只能用替代性指标观察国际经验。比较常见的多是用高技术产业指标。跨国数据表明，在人均 GDP 小于 14000 美元时，高技术产业占工业增加值比重提高速度最快，多数国家处于 3% ~10% 范围（见图 4 - 11）；在人均 GDP 处于 14000 ~45000 美元，提高速度减缓，多数国家处于 5% ~10% 范围；在人均 GDP 超过 45000 美元，趋于相对稳定，比重约在 10% ~15%。**展望未来**，我国战略性新兴产业增加值占 GDP 比重将持续提升，但提高速度将有所减缓。综合考虑发达国家规律并结合“十四五”规划中 2025 年目标确定为 17%，2030 年、2035 年战略性新兴产业增加值占 GDP 比重目标值宜分别设置为 18%、22%左右。

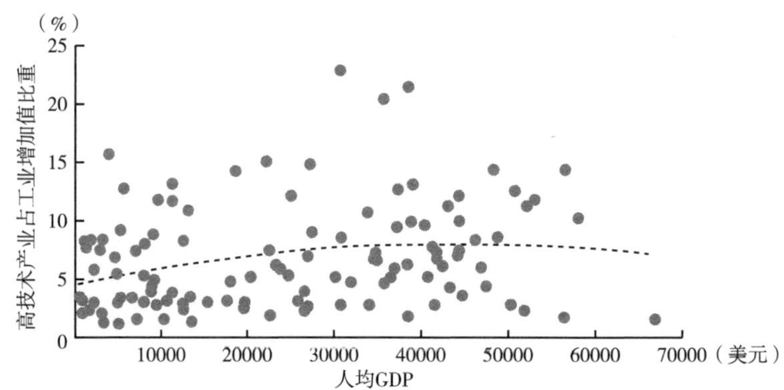

图 4-11　主要国家高技术产业占工业增加值比重与人均 GDP 的关系

资料来源：美国自然科学基金会、世界银行数据库。

5. 数字经济核心产业增加值占 GDP 比重（%）

数字经济核心产业增加值占 GDP 比重是数字经济核心产业增加值与国内生产总值之比。按国家统计局的定义，数字经济核心产业包括为产业数字化发展提供数字技术、产品、服务、基础设施和解决方案，以及完全依赖于数字技术、数据要素的各类经济活动。**从历史数据看**，国家统计局并未提供关于数字经济核心产业增加值占 GDP 比重的详细而连续的历史数据。仅在“十四五”规划中提及，2020 年数字经济核心产业增加值占 GDP 的比重达到 7.8%。**从国际规律看**，各国的数字经济核算方式有较大差异，且开展数字经济统计的经济体数量较少。各种统计口径显示，我国数字经济占比与主要发达经济体仍有显著差距，我国数字经济占 GDP 的比重仅为美国的 2/3，表明数字经济的主导作用仍待加强。按美国国家经济分析局的统计口径估算，我国与美国数字经济占 GDP 的比重分别大约为 7% 和 9%，数字经济规模相差不到 1 万亿美元。按我国国家统计局的统计口径试算，我国与美国数字经济占 GDP 的比重分别大约为 15% 和 25%，数字经济规模大约相差 3 万亿美元。按中国信通院的测算，2020 年我国数字经济占 GDP 的比重接近 40%，而德国、英国、美国数字经济占 GDP 比重超过 60%，其中中美数字经济规模大约相差8万亿美元。**展望未来**，在“卡脖子”攻关不断推进、数字转型持续深化的大背景下，我国数字经济核心产业增加值占GDP比重还将大幅提升。按照ICT制造、ICT服务、数字化效率提升行业的份额权重和代表性细分行业的增速估算并假设GDP保持年均5%或更低的增速，预计到2030年、2035年，这一比例有望分别达到12%、13%。

6. 生产性服务业增加值占GDP比重（%）

生产性服务业增加值占GDP比重是生产性服务业增加值与国内生产总值之比。生产性服务业可以理解为一种中间服务部门，主要为各类市场主体的生产活动提供服务。根据《生产性服务业统计分类》，生产性服务业主要包括批发业，交通运输、仓储和邮政业，信息传输、软件和信息技术服务业，金融业，租赁和商务服务业，科学研究和技术服务业，生态环保和环境治理业等。**从历史数据看**，我国并未正式发布生产性服务业占GDP比重的官方统计。按照国家统计局有关行业分类标准进行测算，我国生产性服务业增加值占GDP的比重从2000年的8%左右上升到2022年的15%左右。**从国际规律看**，发达国家生产性服务业占GDP的比重始终处在较高水平。例如，美国服务业中生产性服务业占比达到65%，对整个GDP的贡献达到50%。这意味着虽然美国制造业占比只有11.5%，但GDP中仍有超过一半是与制造业密切相关的生产性服务业所产生出的附加值。在欧洲，服务业中生产性服务业占比达到50%，对整个GDP的贡献在40%左右。**展望未来**，我国生产性服务业增加值占GDP的比重提升空间和潜力还很大。参照发达国家发展水平，结合我国经济发展以实体经济为主体的要求，到2035年，应力求生产性服务业占全部服务业的50%左右。按整个服务业占中国GDP的60%计算，2035年生产性服务业增加值占GDP的比重目标宜确定为30%左右，2030年宜设置为25%左右。

7. 每万人拥有高速公路里程（千米）

每万人拥有高速公路里程是高速公路里程数与总人口（以万为单位）的比值。该指标反映了人均交通设施拥有水平，也体现了交通路网的覆盖范围和触达深度，是交通强国建设的核心指标之一。**从历史数据看**，由于高速公路总里程的快速增加，我国每万人拥有高速公路里程数快速攀升，2001～

2010 年从 0.15 千米提升至 0.55 千米，年均提升 0.04 千米。2011 ~ 2021 年从 0.63 千米提升至 1.20 千米，年均提升 0.06 千米。**从国际对标看**，我国每万人拥有公路里程 37.4 千米、拥有高速公路里程仅 1.2 千米，分别为美国的 18% 和 50%，公路综合密度仅为美国的 37%，日本和法国的 25% 左右。我国高速公路基本覆盖了城镇人口在 20 万以上的城市，但美国州际公路、德国高速公路连接了所有 5 万人口以上的城市，日本的高速公路网则连接了所有 10 万人口以上的城市。**展望未来**，根据《国家公路网规划》，国家高速公路网整体覆盖范围延伸到城区人口 10 万以上的市县。参考发达经济体对标和简单趋势外推，按人口总量 13.5 亿计算，2035 年我国每万人拥有高速公路里程应达到 2 千米左右，2030 年应为 1.8 千米左右。

8. 内需率（%）

内需率是内需占 GDP 的比重，衡量了国内需求在总需求中的分量。**从历史数据看**，近年来我国的内需率呈现波动上升态势，2018 年达到 99.2%（见图 4 - 12），但 2019 年特别是新冠疫情发生以来出现了下降，2021 年降至了 97.4%。**从国际规律看**，大国经济可以较好地实现内循环，并且保持相对稳定，主要大国经济的内需率都保持在了 100% 左右的水平，其中美国达到 104%、日本达到 101%、欧盟为 96%。**展望未来**，随着我国超大规模国内市场优势不断转化为现实发展能力，内需在国民经济循环中的比重将进一步提

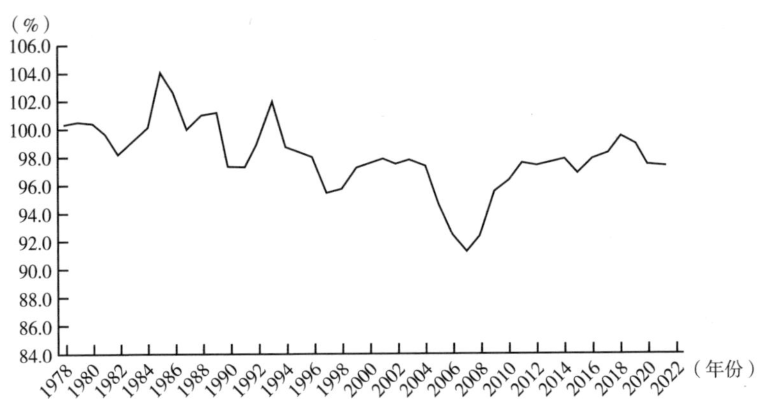

图 4 - 12　我国内需率变化趋势

资料来源：国家统计局。

升，内需率还将不断提高，经济现代化建设将更多依托国内需求。根据国际一般规律，同时考虑到我国着力统筹发展和安全的需要，预计到 2030 年、2035 年内需率将分别达到 99%、接近 100%。为此，建议将 2030 年、2035 年内需率目标值分别设置为 99%、接近 100%。

9. 国内需求引致增加值占 GDP 比重（%）

国内需求引致增加值占 GDP 比重是利用投入产出表测算出各细分需求领域引致的增加值，并加总形成国内需求占比和国际循环占比。需求的变化对国民经济产生短期影响，但需求结构的变化却是长期变量。国内需求引致增加值占 GDP 比重，并不是简单的此消彼长过程，是国内需求形成强大增长动力从而带动国内需求占比上升，而不是国际需求萎缩导致国内循环的被动上升。传统投资、消费、净出口三分类需求结构由于将出口与进口相抵消，无法客观评价外需和内需对 GDP 的拉动作用。我们利用 2012 年和 2020 年中国投入产出表数据，利用增加值分解方法，将各行业的消费、投资、出口按需求特性划分为 11 大类，研究国内外需求对我国 GDP 的拉动作用。需要说明的，GDP 的需求结构与产业结构存在明显的差异，在需求结构中，终端消费如房地产业和建筑业占比大幅提升，而中间品生产环节如钢铁、水泥等都计入房地产和基建等需求中，因而占比大幅下降。

从历史数据看，我国内需主导性不断增强。2012～2020 年，国际需求引致我国 GDP 的比例从 18.0% 下降到 13.8%（见图 4－13），而国内需求引致 GDP 的比例则从 82.0% 提高到了 86.2%。需要特别指出的是，外需占比的下降主要由公共服务需求和基建占比的上升填补，公共服务需求占比从 16.1% 提高到 21.1%，基建投资从 6.9% 提高到 10.2%，政府主导的消费和投资占 GDP 比重已超三成，国内需求对经济主导性上升是建立在公共消费和投资大幅增长基础上的，居民和企业的消费和投资增长动力不强，内需增长的内生动力依然不足。从需求结构的变化看，物质类需求占比均出现下降，而服务类需求占比普遍上升。2012～2020 年，食品需求、衣着需求、汽车需求、化工和电机产品需求等物质类需求占比均出现了下降，而信息技术服务业需求、金融及商务服务需求占比均明显上升，尤其是公共服务需求中的教育、医疗、科学技术等需求占比增长更为明显，但住宿餐饮、交通运输等传统服务类需求增长并不明显。这表明，我国的需求结构，正逐渐从物质需求主导向高质量服务需求主导转变。

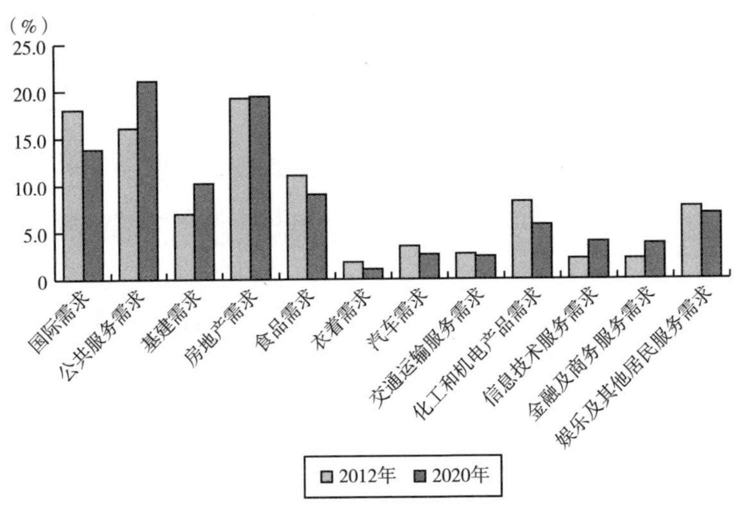

图 4－13　我国各类需求引致的 GDP 占比

资料来源：根据 2012 年和 2020 年中国投入产出表测算。

从国际规律看，进入后工业化时代的需求结构呈现以下特征。一是新型房地产和基础设施建设需求仍将是拉动经济增长的重要动力，建筑房地产类需求对 GDP 增长的贡献率将在 15% 左右。值得注意的是，尽管美、英的城镇化率已经很高，但房地产业依然是其非常重要的支柱行业。二是教育、医疗健康、科学技术等人力资本提升类需求占比较高。现代经济增长与高素质人力资源增长是密切联系在一起的，美国的人力资本对经济的拉动十分有效。通过增加教育、医疗、科技等投入，在扩大内需的同时将有助于积累增加人力资本，从供需双向促进经济持续健康增长。三是高附加值制造业和新兴服务业需求也是重要需求支柱。美、英、法、德四国信息技术服务类需求占 GDP 的比重均在 5% 以上，比中国要高。

展望未来，我国国内需求占比还将不断上升。美国的国际需求引致的增加值比重不到 10%，在国际需求逐渐饱和及产业雁阵转移背景下，外需对我国 GDP 的拉动作用将不断减弱。同时，随着国内数字化、低碳化转型带来的新型需求增长，国内需求引致的增加值占比将稳步提高，预计到 2030 年提升至88%，到2035年进一步提升至89%。

10. 消费率（%）

消费率是指一个国家或地区在一定时期内最终消费支出占GDP的比率。该指标衡量了内需的结构性特征，反映了消费在内需中的重要程度。**从历史数据看**，近年来我国消费率呈现上升趋势，2019年达到55.8%，但2020年新冠疫情发生后大幅下降，2021年已降至54.5%，远低于美国的82.6%、英国的82.8%、德国的70.0%、日本的75.3%，与世界平均水平也有较大差距。**从国际规律看**，消费率随经济发展水平提高而呈“U”型变化趋势，在人均GDP达到6000美元时进入“U”型曲线上升阶段，并随着人均GDP达到1万美元，提高速度放缓。**展望未来**，随着经济发展水平不断提高，消费率将有望恢复上升势头，但上升速度趋于放缓。根据国际一般规律，同时考虑到我国将全面促进消费，加快消费提质升级，消费率仍有较大提升空间和潜力，但同时也面临诸多挑战，综合考虑，建议将2030年、2035年消费率指标的目标分别设置为62%、65%左右。

11. 民间投资占固定资产投资比重（%）

民间投资占固定资产投资比重是指民营经济所涵盖的各类主体的投资（包括个体投资、私营企业投资、私有资本控股的股份制企业投资以及集体企业投资）占全社会固定资产投资（不含农户）的比重，是相对国有投资和外商投资而言的指标。该指标从主体或资金来源角度衡量了固定资产投资的结构特征，反映了民间投资的积极性，体现了固定资产投资的主要动力来源。**从历史数据看**，近年来民间投资占固定资产投资比重波动下行，从2015年时的峰值64.2%降至了2021年的56.5%（见图4-14）。**从国际规律看**，私人投资占固定资产投资比重受经济体制改革、市场环境、企业发展预期等多重因素影响。**展望未来**，随着我国投融资体制改革深入推进，加大对民间投资支持和引导力度，民间投资的积极性有望回升，民间投资占固定资产投资比重有望上升，并在达到一定水平后保持相对稳定。根据一般规律及我国现状，综合考虑现代化建设需要，预计到2030年、2035年民间投资占固定资产投资比重将分别达到58%、60%。为此，建议将2030年、2035年民间投资占固定资产投资比重目标值分别设置为58%、60%。

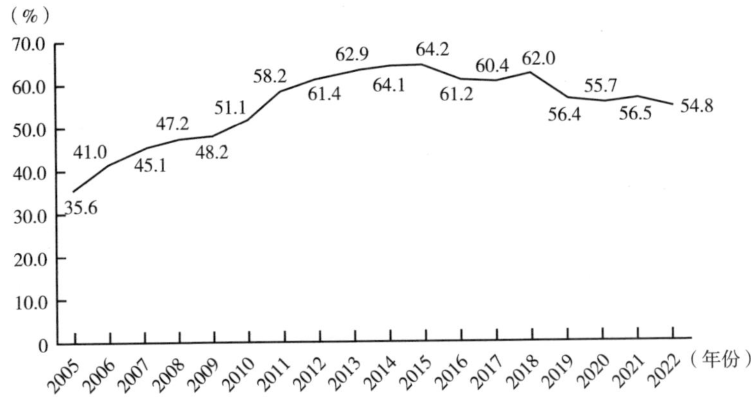

图 4-14 我国民间投资占固定资产投资比重变化趋势

资料来源：国家统计局。

12. 常住人口城镇化率（%）

常住人口城镇化率是指在城镇居住半年以上的常住人口占全社会总人口的比重，该指标是城镇化领域的国际通用指标，有利于客观反映我国城镇化发展进程和城乡融合发展水平。**从历史数据看**，随着新型城镇化的深入推进，我国常住人口城镇化率快速提高，但近年来速度放缓，已经从 2012 年的 53.1% 升至 2022 年的 65.2%，年均提高 1.2 个百分点。**从国际规律看**，城镇化一般分为起步期、加速期和成熟期三个阶段，总体呈现缓慢—加速—缓慢的诺瑟姆“S”形曲线。起步期城镇化率一般小于 30%，提高速度慢；加速期城镇化率一般在 30% 至 70%，提高速度较快；成熟期城镇化率一般大于 70%，提高速度放慢。随着人均 GDP 上升，城镇化率提高速度经历“缓慢—加速—缓慢”过程（见图 4-15）。**展望未来**，随着以人为本的新型城镇化深入推进，常住人口城镇化率仍将持续提高，但提升速度将不断放缓，预计到 2030 年达到 70% 左右，到 2035 年达到 73% 左右。为此，根据一般规律，结合我国城镇化率阶段性趋势，同时考虑到中国式现代化建设需要，建议将 2030 年、2035 年常住人口城镇化率目标分别设置为 70%、73%。

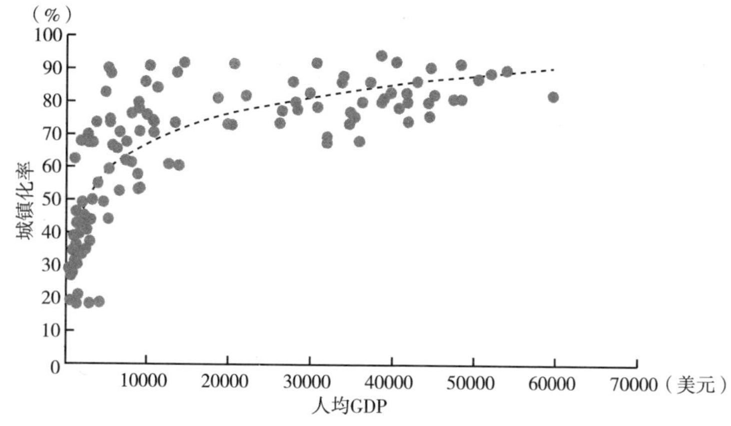

图 4－15　主要国家城镇化率与人均 GDP 的关系

资料来源：历年《国际统计年鉴》。

13. 东、中、西、东北地区人均地区生产总值之比

东、中、西、东北地区人均地区生产总值之比是指我国东部、中部、西部、东北地区人均地区生产总值的比值，用来衡量四大板块人均地区生产总值的差距，反映区域板块发展的平衡性、协调性水平。**从历史数据看**，我国东部、中部、西部、东北地区人均地区生产总值之间的差距不断缩小，其中人均 GDP 从 2012 年的 5.7 万元、3.2 万元、3.1 万元、4.6 万元调整为 2022 年的 11.0 万元、7.3 万元、6.7 万元、6.0 万元，以东部地区人均国内生产总值为 1，则东、中、西、东北地区人均地区生产总值之比从 1∶0.56∶0.54∶0.80 调整为 1.00∶0.67∶0.61∶0.54。**从国际规律看**，随着经济发展水平提高和区域协调发展机制不断完善，不同地区间人口和要素自由流动，主要区域间人均收入水平呈现收敛和缩小态势。**展望未来**，党的二十大报告提出“促进区域协调发展”，随着深入实施区域协调发展战略、区域重大战略，不断创新促进区域协调发展体制机制，持续完善促进区域协调发展政策举措，区域间人口、要素和产业的流动将更为畅通、协调发展水平将不断提升，预计到 2030 年、2035 年东、中、西、东北地区人均地区生产总值之比分别为 1.00∶0.8∶0.75∶0.65 以及 1.00∶0.82∶0.8∶0.7。为此，根据一般规律，结合我国区域协调发展趋势，同时考虑到中国式现代化建设需要，建议将 2030 年东、中、西、东北地区人均地区生产总值之比的目标值分别设定为

1.00∶0.8∶0.75∶0.65，2035 年分别为 1.00∶0.85∶0.8∶0.7。

（五）关于对外开放指标的赋值

1. 货物和服务贸易额占全球比重（%）

货物和服务贸易额占全球比重是指一国货物和服务进出口总额占全球货物和服务进出口总额的比重。该指标衡量了一国进出口在全球的份额，反映了一国经济的国际竞争力和国际影响力。货物和服务进出口占全球比重的变化，主要与两大因素有关，一是该国经济体量占全球比重，二是该国出口竞争力和进口需求能力，经济体量占全球比重越高，出口竞争力和进口需求度越高，货物和服务进出口占全球比重就越高。**从历史数据看**，我国货物和服务贸易额占全球比重从 2005 年的 6.0% 大幅提升至 2022 年的 11.2%，2015～2019 年平均为 11.5%，已呈现平稳态势。新冠疫情全球蔓延以来，由于全球产业链供应链不稳，全球其他国家对我国的进口需求激增，2020 年和 2021 年我国货物和服务贸易额占全球比重分别达到 11.6% 和 12.1%，2022 年又回落至 11.2%。尽管我国早已成为货物贸易第一大国，但从货物和服务贸易全口径来看，2020 年才第一次超越美国成为对外贸易第一大国。应该看到，货物和服务贸易额占全球比重迅速攀升，与我国经济体量占全球比重大幅上升有关，也与贸易竞争力不断提高有关。**从国际规律看**，发达经济体产品和服务出口占比大幅下降主要与自身经济体量占全球比重下降有关，是百年变局下东西方经济格局深刻调整的体现。近年来，美国、德国、日本对外贸易占全球比重整体维持在 11.0%、6.8%、3.7% 左右，并且呈缓慢下降态势（见图 4－16）。**展望未来**，影响我国对外贸易占全球比重的两大因素仍将变化，一方面我国经济占全球份额还将进一步提升，另一方面贸易竞争力持续提升，因此对外贸易占全球比重还将稳步提升，但在复杂的国际经济政治环境中，货物和服务贸易额占全球比重提升的幅度将小于经济占全球比重提高的增幅。预计 2030 年我国 GDP 占全球比重在 21.5% 左右，2035 年将达到 22.5% 左右，由此可以预测 2030 年货物和服务贸易额占全球比重在 13.5% 左右，2035 年将进一步提升至 14%，可以以此为目标。

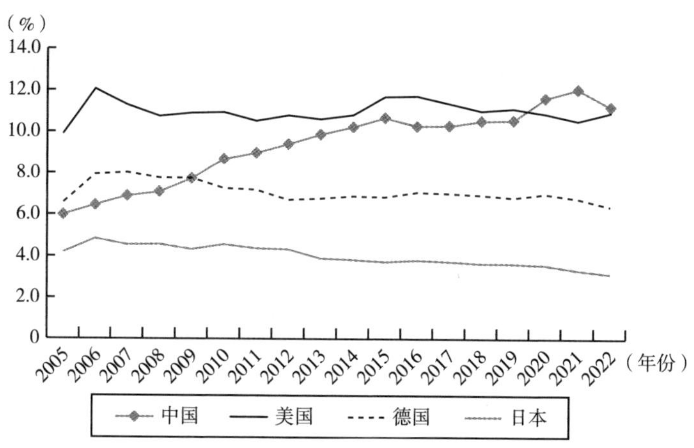

图4-16　货物和服务贸易额占全球比重

资料来源：WTO。

2. 数字贸易占贸易总额比重（%）

数字贸易是以数据资源作为关键生产要素、以现代信息网络作为重要载体、以信息通信技术的有效使用促进效率提升和结构优化的一系列对外贸易活动，包括数字技术贸易、数字服务贸易、数字产品贸易、数据贸易等。根据经济合作与发展组织（OECD）、世界贸易组织（WTO）、国际货币基金组织（IMF）联合发布的《数字贸易测度手册》，数字贸易被定义为"所有通过数字订购和/或数字交付的贸易"。根据这一定义，数字贸易一般采用"可数字化交付的服务"等指标进行衡量。可数字化交付的服务进出口额占货物和服务贸进出口总额比重可以较好衡量数字贸易在整个贸易发展中的作用。数字贸易是未来国际贸易的重点发展方向，我国具有较好的数字经济发展基础，是高水平对外开放的重要增长点。**从历史数据看**，近年来我国数字贸易发展迅猛，可数字化交付的服务进出口额从2005年488.6亿美元增长到2021年3596.9亿美元，占进出口总额的比重从3.07%增长到5.24%。2021年，我国可数字化交付的服务进出口规模居全球第五位，仅次于美国、英国、爱尔兰和德国，国际竞争力稳步提升，我国通过离岸服务外包方式实现的数字交付贸易快速增长。**展望未来**，我国数字经济发展前景广阔，数字化创新引领发展能力大幅提升，数字贸易将成为贸易增长的重要引擎，在大数据、算法、算力技术支持下，搜索引擎、社交媒体平台服务的海外市场将不断拓展，用户数量稳步增加。此外，随着共建“一带一路”倡议深入推进，一批为中东、东南亚等海外市场量身定制的国产社交软件正发展为各自细分行业的隐形冠军，数字贸易也将成为推动“一带一路”高质量发展的重要领域。预计到2030年我国数字贸易占贸易总额比重将达到8%，到2035年进一步提升至10%。

3. 实际使用外资规模占全球跨国直接投资总额的比重（%）

实际使用外资规模占全球跨国直接投资总额的比重是指一国利用外资流量占全球利用外资流量的比重。该指标衡量一国对国际投资的吸引力，体现对国际要素的集聚能力。**从历史数据看**，1980年我国实际使用外资规模占全球跨国直接投资总额的比重仅为0.11%，随着改革开放的深入推进，吸引外资规模不断上台阶，2019年已达到9.54%。2020年受疫情影响全球投资萎靡，而我国吸引外资仍保持较高规模，占全球比重达到历史高峰15.51%，2021年回落至11.44%。**从国际规律看**，随着经济发展水平不断提高，资本相对于劳动的稀缺性下降，吸引外资的需求也在下降。美国较为特殊，美国是全球资本的集聚中心，仍然具有较强的外资吸引力。而日本、英国、德国等吸引外资的能力明显不足，2021年美国、日本、英国和德国FDI占全球比重分别为23.22%、1.74%、1.98%和1.56%（见图4-17），只有美国的比重与其经济占全球比重相匹配，其他经济体的比重均小于其经济占全球比重。

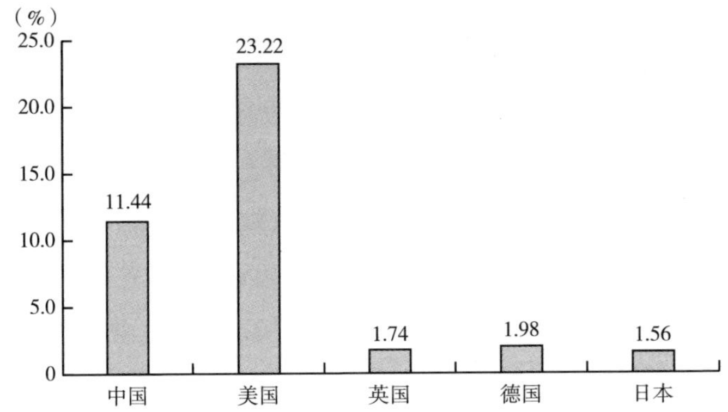

图4-17 主要经济体实际使用外资规模占全球跨国直接投资总额的比重（2021年）

资料来源：联合国贸发会议。

展望未来，随着我国进一步深化改革开放和经济步入高质量发展轨道，对全球高端要素的吸引力不断增强，吸引外资规模将进一步增加。但也要看到，由于经济发展阶段上升，我国资本相对丰裕，参与国际资本循环的方式将逐渐从利用外资向对外投资转变。国际经验也表明，除了美国以外，其他发达经济体实际使用外资规模占全球跨国直接投资总额的比重都小于其经济占全球比重。由此预计到2030年我国实际使用外资规模占全球跨国直接投资总额的比重将提升至13%左右，到2035年进一步提升至14%左右。

4. 对外直接投资占全球比重（%）

对外直接投资（OFDI）占全球比重是指一定时期内一国对外投资总额占全球跨国投资的比重。该指标评价一国对全球投资的影响力。随着经济发展水平提高，我国从资本净输入国转变为资本净输出国，由于国际投资涉及资源、矿产、技术等重要生产要素的使用权，因此该指标能评价一国对全球资源要素的掌控能力。**从历史数据看**，1980～2007年，我国OFDI占全球比重尽管有所增长，但规模十分有限，年均仅为0.63%。2008年国际金融危机以后，我国对外投资迅猛增长，OFDI占全球比重从2008年3.26%迅速提升至2019年12.18%，尽管年度之间存在较大波动，但2016～2019年年均高达12.4%。2020年疫情冲击导致全球投资不振，我国对外投资逆势增长，占全球比重达到19.69%，2021年又回落至8.50%，与疫情前相比下滑较为明显。当前，我国对外直接投资占全球比重与我国经济和贸易的全球地位严重不匹配，对全球资源要素的掌控能力较弱，不利于维护我国经济安全。**从国际规律看**，发达经济体是全球对外投资的主力，其对外投资占全球比重普遍高于其经济体量、对外贸易、吸引外资等指标占全球的比重，2021年美国、德国、日本、英国对外投资占全球的比重分别为23.6%、8.9%、8.6%和6.3%（见图4－18），仅这四个发达经济体就已占到全球对外投资的近一半。发达经济体通过对外投资构建了以自身为中心的国际经济循环体系，形成了对全球资源要素的掌控能力。**展望未来**，根据国际一般规律，我国在成为净资本输出国后，OFDI占全球比重将大幅增长，占比将显著高于经济体量和贸易占全球的比重。随着“一带一路”高质量发展和RCEP等区域协定加快实施，对外投资并形成稳定的海外收入，将构建起以我国为中心的国际产业体系，成为我国参与国际循环的主要方式，预计到2030年我国OFDI全球占比有望提升至17%，到2035年进一步提升至20%。

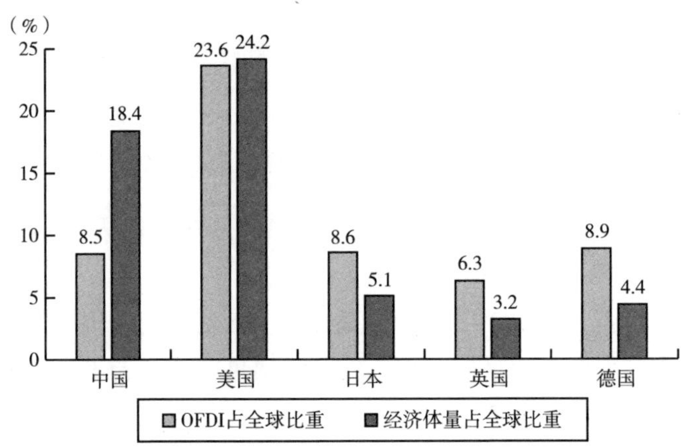

图4-18 主要经济体OFDI和经济体量占全球比重（2021年）

资料来源：联合国贸发会议、WDI。

（六）关于安全保障指标的赋值

1. 国防支出占国内生产总值比重（%）

国防支出占国内生产总值比重是指军费等国防支出与国内生产总值之比。基本实现国防和军队现代化，是基本实现社会主义现代化的目标之一，也是维护经济社会发展稳定和国家安全的重要保障。国防支出占国内生产总值比重，体现了国防的保障作用，既不能过高也不能过低。**从历史数据看**，随着我国外部环境逐渐稳定，国防支出占GDP比重不断下降（见图4-19），从改革开放前年均5.5%下降至1998年1.0%，1999年后我国国防支出占GDP比重有所上升，近年来稳定在1.2%～1.3%水平，2022年为1.2%。**从国际上看**，我国国防支出占GDP比重相对偏低。2021年世界国防支出占GDP比重的平均水平为2.2%，美国为3.5%、俄罗斯为4.1%（见图4-20），美国需要维持遍布全球的军事存在，俄罗斯面临严峻的周边安全环境，这两个国家国防支出占比较高具有特殊性。德国、日本国防支出占GDP比重分别为1.3%和1.1%，这两个国家在第二次世界大战后没有独立和系统的国防体系，我国国防支出占 GDP 比重与这两个国家相近，明显偏低。**展望未来**，我国走和平发展道路的现代化，奉行防御性国防政策，国防支出占 GDP 比重不可能也没必要达到美国和俄罗斯那么高的比重。同时综合考虑周边安全环境，尤其是印太地区的中美军事实力相对变化，预计到 2030 年我国国防支出占 GDP 比重为 1.4% 左右，到 2035 年达到 1.5% 左右①。

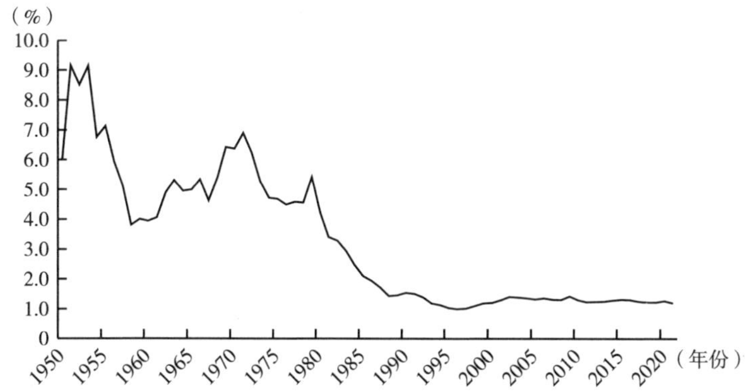

图 4－19　我国历年国防支出占国内生产总值比重

资料来源：国家统计局。

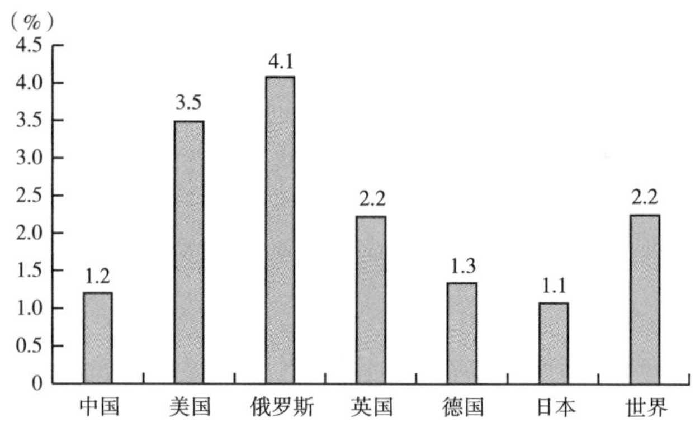

图 4－20　各国国防支出占 GDP 比重（2021 年）

资料来源：世界银行。

① 美国国防支出占 GDP 比重维持在 3.5%，2030 年中美 GDP 持平，中美军费支出之比为 0.4，到 2035 年达到 0.6 左右。

2. 粮食综合生产能力（亿吨）

粮食综合生产能力指在一定技术条件和生产要素投入下国内可以稳定达到的粮食产出能力，是反映国家粮食安全保障能力的重要指标。该指标有利于引导提高粮食供应保障能力，守住“谷物基本自给、口粮绝对安全”的底线。**从历史数据看**，我国粮食综合生产能力持续提高，粮食产量从 2012 年的 6.1 亿吨增加到了 2022 年的 6.9 亿吨，但与同期 7.4 亿吨以上的粮食消费量相比仍然有较大差距。**从国际规律看**，随着经济社会发展带来的需求增加和农业科技进步，美国、德国、加拿大等发达国家的粮食综合生产能力呈现先增后稳态势，特别是受制于耕地、科技进步等因素，粮食综合生产能力在增长到一定水平后趋稳。**展望未来**，随着我国推进“藏粮于地、藏粮于技”战略，稳定粮食播种面积、提升农业科技水平等，粮食综合生产能力将呈现稳中有升态势，预计到2030 年、2035 年均将达到7 亿吨左右。为此，根据一般规律，同时也考虑到我国粮食消费量将在2030 年左右达峰，建议将 2030 年、2035 年我国粮食综合生产能力目标均设定为7 亿吨以上（见表4 –2）。

表 4 –2　　经济现代化指标目标值

序号	一级维度	二级维度	指标	2021 年	2030 年	2035 年
1	经济实力	经济总量	GDP（万亿元）（2020 年不变价）	109.2	170	210
2		人均水平	人均 GDP（美元）（2020 年不变价美元）	1.12	1.7	2.1
3	发展质效	微观质效	全员劳动生产率（万元）（2020 年不变价）	12.8	22	28
4		中观质效	制造业增加值率（%）	22.6	30	30
5		宏观质效	全要素生产率对经济增长贡献率（%）	15.6	38	40
6	创新能力	创新投入	研究与试验发展经费与 GDP 之比（%）	2.44	2.7	2.8
7			基础研究经费占 R&D 经费比重（%）	6.5	10	12
8		创新产出	每万人口高价值发明专利拥有量（件）	7.5	14	15.5
9	结构优化	产业结构	制造业增加值占 GDP 比重（%）	27.55	30	30
10			服务业增加值占 GDP 比重（%）	53.5	60	62
11			农作物耕种收综合机械化率（%）	72.03	80	85
12			战略性新兴产业增加值占 GDP 比重（%）	13.4	18	22
13			数字经济核心产业增加值占 GDP 比重（%）	7.8	12	13
14			生产性服务业增加值占 GDP 比重（%）	15	25	30
15			每万人拥有高速公路里程（公里）	1.2	1.8	2

续表

序号	一级维度	二级维度	指标	2021 年	2030 年	2035 年
16	结构优化	需求结构	内需率（%）	97.4	99	100
17			国内需求引致增加值占 GDP 比重（%）	86.2	88	89
18			消费率（%）	54.5	62	65
19			民间投资占固定资产投资比重（%）	56.5	58	60
20		城乡区域结构	常住人口城镇化率（%）	64.72	70	73
21			东、中、西、东北地区人均地区生产总值之比	1.00：0.67：0.61：0.54	1.00：0.8：0.75：0.65	1.00：0.85：0.8：0.7
22	对外开放	国际贸易	货物和服务贸易额占全球比重（%）	12.1	13.5	14
23			数字贸易占贸易总额比重（%）	5.24	8	10
24		国际投资	实际使用外资规模占全球跨国直接投资总额的比重（%）	11.44	13	14
25			中国对外直接投资占全球比重（%）	8.5	17	20
26	安全保障	安全保障能力	国防支出占国内生产总值比重（%）	1.2	1.4	1.5
27		粮食安全	粮食综合生产能力（亿吨）	6.8	7	7
28		能源安全	能源综合生产能力（亿吨标准煤）	42.7	50	55
29		产业链供应链安全	核心技术和关键零部件对外依存度（%）	40	30	25

注：国内需求引致增加值占 GDP 比重 2021 年栏目值采用临近的 2020 年值表示。
资料来源：课题组测算。

3. 能源综合生产能力（亿吨标准煤）

能源综合生产能力是指国内煤炭、石油、天然气、非化石能源等一次能源的综合生产能力，是反映国家能源安全保障能力的重要指标。设置该指标，有利于引导提高国内能源供给能力，将能源自给率稳定在合理水平。**从历史数据看**，近年来，我国能源综合生产能力不断提升，从 2012 年的 35.1 亿吨标准煤增至 2022 年的 46.6 亿吨标准煤，但与同期 54.1 亿吨标准煤的能源消费总量仍有较大差距。**从国际规律看**，随着经济社会发展，为了满足经济社会发展不断增长的能源需求，美国、德国等主要国家的能源综合生产能力均呈现稳定提高的态势，同时能源结构更加清洁化、低碳化。**展望未来**，我国能源综合生产能力总体呈现不断上升趋势，能源综合保障能力不断提高。根据中国石油集团经济技术研究院的预测，到2030年原油产量将稳定在2亿吨左右，而天然气产量将持续稳步增长，到2035年和2050年将分别达到3000亿立方米和3500亿立方米。我国页岩气、煤层气、页岩油等非常规油气资源丰富，致密气已进入规模化开发利用阶段，页岩气开发成为继北美之后全球第二大非常规油气资源开发利用地区，陆相页岩油勘探开发也取得积极进展并正成为石油增储上产的重要来源。尤其是，随着技术愈加成熟、政策大力支持，非常规油气将有望成为提升我国能源保障能力的重要方面。同时，随着太阳能、水能、风能、核能等清洁能源和可再生能源开发技术不断成熟，非化石能源也将成为提升我国能源保障能力的重要方面。为此，根据一般规律，综合考虑经济社会发展和现代化建设需要，建议将2030年、2035年能源综合生产能力目标分别设定为50亿吨标准煤以上、55亿吨标准煤以上。

4. 核心技术和关键零部件对外依存度（%）

核心技术和关键零部件对外依存度指核心基础零部件、关键基础材料、基础技术和工业等核心技术和关键零部件进口量占国内使用总量的比重，该指标衡量了重要产业链供应链的自主可控程度，反映了产业链供应链安全水平。目前国家统计局还没有相关统计指标，需要工信部等相关部门在界定核心技术和关键零部件基础上进行统计监测。**从历史数据看**，根据工业和信息化部对全国30多家大型企业130多种关键基础材料的调研结果表明，我国32%的关键材料仍为空白，52%的关键材料依赖进口，大部分计算机和服务器95%的高端专用芯片、70%以上的智能终端处理器以及绝大部分存储芯片依赖从外国进口。而根据工业和信息化部原部长李毅中2015年的讲话，2015年我国核心技术和关键零部件对外依存度高达50%，高端产品开发70%技术要依靠外援技术，重要零部件80%需要进口。据其他相关研究，近年来，随着我国加强核心技术和零部件自主研发，核心技术和关键零部件对外依存度在逐步降低，产业链供应链安全保障水平在逐步提高。**展望未来**，党的二十大报告提出“着力提升产业链供应链韧性和安全水平”，随着我国实施产业基础再造工程和重大技术装备攻关工程，加快建设制造强国，预计核心技术和关键零部件对外依存度将逐步降低。为此，结合我国发展现状，考虑中国式现代化建设需要，建议未来一个时期核心技术和关键零部件对外依存度的目标值稳步降低，到 2030 年、2035 年分别控制在 30% 以下、25% 以下。

四、对策建议

着眼于充分发挥指标对经济现代化的引领作用，需要加快完善统计指标体系和统计方法，并采取有力措施加大补短板强弱项力度，合力筑牢中国式现代化的物质技术基础。

（一）优化指标统计监测

——**完善发展质效指标方面。一是建立健全制造业增加值率指标的统计监测**。当前国家统计局还没有统计、公布制造业增加值率数据，建议适应中国式现代化建设和推动制造业高质量发展需要，抓住研究设置中国式现代化指标体系的契机，尽快建立健全制造业增加值率的统计监测，并将该指标纳入工业经济效益指标体系。同时，通过《中国统计年鉴》《中国工业统计年鉴》等统计出版物、国家统计数据库，定期公布制造业增加值率年度数据。**二是建立全要素生产率对经济增长贡献率指标的统计监测**。当前国家统计局还没有统计、公布全要素生产率数据，建议适应高质量发展和中国式现代化建设需要，尽快统一全要素生产率的计算方法，并按照年度频度统计公布全要素生产率对经济增长贡献率数据。

——**完善创新能力指标方面**。每万人口高价值发明专利拥有量虽然突出了质量，但在统计口径上并非国际可比。从目前国际通行的专利指标看，没有任何一个指标可以与我国的这一指标进行直接对应，在这种情况下难以有效分析相关差距。为更好地实现国际可比，可以考虑**将每万人高价值发明专利拥有量指标替换为三方同族专利占全球的比重**。

——**完善结构优化指标方面。一是完善战略性新兴产业增加值占 GDP 比重、数字经济核心产业增加值占 GDP 比重和生产性服务业增加值占 GDP 比重的定期统计发布**。目前，这三个指标不同程度存在官方统计缺失、统计间断不连续、相关数据缺少历史值等问题，需要进一步完善指标统计和发布机制。**二是研究用“高效率交通基础设施覆盖率”替换“每万人拥有高速公路里程”指标**。考虑到交通强国建设的综合性、系统性，“每万人拥有高速公路里程”指标可能难以全面反映交通强国建设的进展。而高效率交通基础设施覆盖率是指在一个特定的区域内，由政府或其他机构所建设的交通基础设施（如公路、铁路、水运、航空）所覆盖的面积比例。它反映出一个地区对于不同形式的交通方式及其相应服务水平的发展情况。高效率交通基础设施覆盖率也是衡量一个国家或地区交通问题处理能力的重要标志之一。因此，建议完善该指标的计算方法并定期发布。

——完善对外开放指标方面。目前关于数字贸易的统计指标主要是“可数字化交付的服务”“跨境电商交易规模”，两者内容有重合部分，不能简单加总，建议健全数字贸易统计监测体系，完善数字贸易统计核算标准，形成数字贸易全口径统计指标。

——完善安全保障指标方面。目前国家统计局及相关部门没有明确界定核心技术和关键零部件，建议国家发展改革委、工信部、科技部等有关部门每五年动态界定核心技术和关键零部件，并由国家统计局每年统计公布核心技术和关键零部件对外依存度数据。

（二）补齐经济现代化短板

——重点突破提升自主创新能力。一是建立针对高价值专利的专门制度。将高价值专利申请和授权情况作为重要衡量标准，纳入部分国有企事业单位创新维度的考核。推动有条件、有能力的企业更大力度开展海外专利布局。完善专利申请资助和奖励制度，把高价值专利等作为资助与奖励的重点。强化针对高价值专利的海外维权，将反制裁措施与高价值专利维权有机结合。二是加大基础研究投入和改革力度。稳步增加基础研究财政投入，通过税收优惠等多种方式激励企业加大投入，鼓励社会力量设立科学基金、科学捐赠等多元投入，提升国家自然科学基金及其联合基金资助效能，建立完善竞争性支持和稳定支持相结合的基础研究投入机制。深化基础研究领域改革，对战略导向的体系化基础研究、前沿导向的探索性基础研究、市场导向的应用性基础研究，实施差异化的评价制度。

——多措并举推动产业转型升级。一是建立核心安全技术名单，大力推动通用技术研究及推广应用，重点发展高端装备制造、信息通信、生物医药、航天航空等附加值较高的先进制造业。二是大力推进传统制造业的机器换人和智能制造，推动大数据技术和制造业的深度融合，大力发展服务型制造，推动制造业向前端研发设计、后端营销服务等高附加值环节延伸，在提升制造业增加值率的过程中实现先进制造业与生产性服务业良性互动。三是提升生产性服务业的国际市场开拓能力，通过“走出去”实现制造业产能布局与生产性服务业布局一体推进。四是充分运用生成式人工智能、大数据、云计算等新一代信息技术，促进生产性服务业数字化转型，加快培育发展服务型制造新业态新模式。五是充分发挥中西部地区劳动资源丰富和东部地区技术、资本充足优势，建立东部与中西部地区帮扶结对关系，在中西部地区建立一批产业转移承接基地，促进产业转型升级的同时推进资源高效配置。

——精准施策扩大国内需求。一是健全重大政策规划、重大工程项目、重大生产力布局等的就业影响评估机制，完善减免税费、增设公益性岗位、开发临时性岗位、加大培训力度、发放技术技能提升补贴等政策促进高校毕业生、农村转移劳动力、城镇困难人员、退役军人等重点群体就业。二是建立健全反映人力资源市场供求关系和市场主体经济效益的工资决定及正常增长机制，加快完善收入分配制度，重点建立居民收入和中等收入群体持续稳定增长机制。三是进一步放宽高端消费品或服务消费的准入门槛和外资投入限制，推进集体土地建设保障性租赁住房、完善长租房政策，大力发展普惠托育和养老服务体系，着力破除制约大宗消费和高端消费的制度障碍，创建愿意消费、安全消费、放心消费的制度环境。四是持续破除民间投资的行政性、行业性和地区性壁垒，有序推进垄断行业上、中、下游全链条准入放宽，同时减少行政审批事项、简化审批环节，着力提升政务服务能力，持续改善政务环境、法治环境和服务环境，为各类市场主体投资兴业营造市场化法治化国际化营商环境。

——整合资源推动高水平对外开放。一是加快推进数字贸易发展。聚焦新一代信息技术、软件和信息服务、保险服务、金融服务、文化创意、数字内容、跨境电子商务等重点领域，推动各领域加强数字技术创新与应用，加快传统商品、服务贸易数字化，不断扩大重点领域数字贸易源头供给。加强数字基础设施建设布局，加快开展5G网络建设，支撑高端高新的数字贸易发展。积极促进国际信息通信网络互联互通，提升数字贸易交易效率。二是稳步推动对外投资。借助RCEP促进对外投资，支持企业投资并购RCEP其他成员国优质资源和先进企业，增强对重要产品、原料、技术和营销渠道掌控力。以构建价值链网络和区域生产体系作为国际产能合作重要支撑，带动我国装备、技术、标准、服务“走出去”。鼓励、指导中央企业联合开发海外矿产资源，探索“矿电水路港”联合投资模式，采用产能合作、战略资源置换等新型合作路径，合力开发海外资源供应基地。

（执笔：易信、张铭慎、陆江源）

主要参考文献

1. 肖磊、唐晓勇、胡俊超：《中国式经济现代化：发展规律、实践路径与世界意义》，《当代经济研究》2023年第7期。

2. 王燕梅：《以域观范式理解中国经济现代化道路》，《改革》2023年第6期。

3. 刘亮、李昊匡：《中国式现代化经济发展道路的理论积淀与实践探索》，《上海经济研究》2023年第4期。

4. 本书编写组：《党的二十大报告辅导读本》，人民出版社2022年版。

5. 中国式现代化研究课题组：《中国式现代化的理论认识、经济前景与战略任务》，《经济研究》2022年第8期。

6. 胡鞍钢：《中国式经济现代化的重大进展（2012～2021）》，《南京工业大学学报（社会科学版）》2022年第6期。

7. 张申、程霖：《中国共产党经济现代化思想的演进：逻辑体系与理论创新》，《中国经济问题》2021年第5期。

8. 唐泽地、张一兵、李善同、何建武：《中国制造业增加值率变化的特点及其启示》，《上海经济研究》2020年第12期。

9. 于春海、常海龙：《再论我国制造业增加值率下降的原因》，《经济理论与经济管理》2015 年第 2 期。

10. 沈利生、王恒：《增加值率下降意味着什么》，《经济研究》2006 年第 3 期。

第五章　政治现代化指标体系研究

内容提要：政治现代化是中国式现代化的重要组成部分，体现着中国式现代化的本质特征和中国特色。本章在分析中国政治领域现代化建设演进历程和主要内容基础上，从党的全面领导、全过程人民民主、依法治国三个维度设置8个指标，明确2030年、2035年中国政治领域现代化的目标值，并对当前和预计目标完成度进行估算，结果表明，全过程人民民主、法治政府建设存在短板。未来，需要从进一步做实基层民主法治机制、支持妇女参政、健全公共法律服务机制和促进律师行业高质量发展等方面采取针对性措施。

一、政治现代化的内涵

习近平总书记曾指出，作为现代政治社会不可或缺的制度安排，以什么样的思路来谋划和推进中国社会主义民主政治建设，在国家政治生活中具有管根本、管全局、管长远的作用。① 民主不仅仅是具有形而上色彩的抽象概念，更是根植于特定国家的社会结构、历史传统和时代背景等要素的具体安排。

（一）中国政治领域现代化建设的演进历程

近代，中国逐步成为半殖民地半封建社会，政治领域模仿议会制、多党制、总统制等西方政治制度模式的各种尝试都以失败告终。新中国成立后，

① 《习近平新时代中国特色社会主义思想学习纲要》，学习出版社、人民出版社2019年版。

中国民主发展进入新纪元，人民当家作主从梦想变为现实。

社会主义革命和建设时期，党领导人民建立和巩固国家政权，确立人民代表大会制度、中国共产党领导的多党合作和政治协商制度等制度体系，人民当家作主的政治架构、经济基础、法律原则、制度框架等基本确立并不断发展。改革开放和社会主义现代化建设新时期，党领导人民坚定不移推进社会主义民主法治建设，坚持中国特色社会主义政治发展道路，坚持党的领导、人民当家作主、依法治国有机统一，积极稳妥推进政治体制改革，巩固和发展人民代表大会制度，进一步完善中国共产党领导的多党合作和政治协商制度、基层群众自治制度等基本政治制度，民主发展的政治制度保障和社会物质基础更加坚实。

党的十八大以来，以习近平同志为核心的党中央深刻把握中国社会主要矛盾发生的新变化，积极回应人民对民主的新要求新期盼，发展全过程人民民主，中国的民主发展进入历史新时期。党对发展全过程人民民主的领导进一步加强，人民当家作主制度体系更加健全，人民依法有序政治参与不断扩大，人民当家作主更好体现在国家政治生活和社会生活之中，中国特色社会主义政治制度优越性得到更好发挥。

纵观中国共产党领导下的政治现代化建设历程，党的领导确保国家治理集中统一、高效，是人民当家作主和依法治国的根本保证。全过程人民民主是人民当家作主的全新民主形态，保障人民在国家治理中的主体地位。依法治国是党领导人民治国的基本方式，为国家治理和民主化进程提供稳定的政治秩序，实现了党的领导、人民当家作主、依法治国有机统一。

（二）中国政治领域现代化建设的主要内容

人民民主是社会主义的生命。没有民主就没有社会主义，就没有社会主义的现代化，就没有中华民族伟大复兴。坚定不移走中国特色社会主义政治发展道路，继续推进社会主义民主政治建设、发展社会主义政治文明，必须坚持党的领导、人民当家作主、依法治国有机统一。

党的领导是中国特色社会主义民主政治的根本保证。在中国这样一个发展中大国，真正把 14 亿多人民的意愿表达好、实现好并不容易，也必须有坚强有力的统一领导。中国共产党始终坚持以人民为中心、坚持人民主体地位，真正为人民执政、靠人民执政；充分发挥总揽全局、协调各方的领导核心作用，保证党领导人民有效治理国家，保证人民民主的理念、方针、政策贯彻到国家政治生活和社会生活的方方面面；坚持一切为了群众，一切依靠群众，从群众中来，到群众中去的群众路线，密切同人民群众的联系，凝聚起最广大人民的智慧和力量；坚持党内民主，实行民主选举、民主决策、民主管理、民主监督，带动和促进人民民主的发展；健全选人用人制度机制，使各方面优秀人才进入党的领导体系和国家治理体系，确保党和国家的领导权掌握在忠于马克思主义、忠于党、忠于人民的人手中；坚持依法执政、依法治国，领导立法、保证执法、支持司法、带头守法，通过法治保障党的政策有效实施、保障人民当家作主。

全过程人民民主是中国特色社会主义民主政治根本特征和优势所在。党的十八大以来，中国共产党深化对民主政治发展规律的认识，提出全过程人民民主的重大理念。全过程人民民主作为人民当家作主的全新民主形态，秉持人民主权的根本原则，坚持以人民为主体、以人民为中心，使最广大人民的意愿得到充分反映、最广大人民的权利得到充分实现、最广大人民的利益得到充分保障，中国人民真正成为国家、社会和自己命运的主人。中国发展全过程人民民主，既有完整的制度程序，也有完整的参与实践。全过程人民民主具有主体人民性、链条完整性、参与广泛性、关系合作性、回应有效性等内在特质和相对优势。全过程人民民主，把选举民主与协商民主结合起来，把民主选举、民主协商、民主决策、民主管理、民主监督贯通起来，涵盖经济、政治、文化、社会、生态文明等各个方面，关注国家发展大事、社会治理难事、百姓日常琐事，具有时间上的连续性、内容上的整体性、运行上的协同性、人民参与上的广泛性和持续性，使国家政治生活和社会生活各环节、各方面都体现人民意愿、听到人民声音，有效防止了选举时漫天许诺、选举后无人过问的现象。

依法治国是中国特色社会主义民主政治的基本要求。依法治国是中国共产党国家治理、政府治理和社会治理的基本方略。在中国共产党领导下，中国不断加强对权力运行的制约和监督，始终坚持公权力姓公，始终坚持权为民所用，确保人民赋予的权力始终用来为人民谋幸福。持续推进依规治党，持续推进依法治国、依法执政、依法行政，依法设定权力、规范权力、制约权力、监督权力，让权力在阳光下运行。健全完善党内法规制度体系，严明纪律规矩，使党的各级组织和党员干部都在纪律规矩范围内活动。普遍实行领导干部任期制，实现了国家机关和领导层的有序更替。加强对领导干部特别是高级领导干部的管理，严格规范工作和生活待遇，坚决防止形成特权阶层。健全党和国家监督制度，坚持和完善党和国家监督体系，完善党务、政务、司法和各领域办事公开制度，保证党和国家领导机关和人员在法定的“权力清单”和“责任清单”范围内、依照法定程序开展工作，最大限度防止权力出轨、个人寻租。需要指出的是，社会主义法律体系通过明确社会主义制度，尤其是社会主义根本政治制度、基本政治制度和重要政治制度的制度体系保障全过程人民民主。而西方国家强行向其他国家“推销民主”，由于没有对应的制度体系作为保障，只能导致民主失序，导致国家由所谓的“民主之春”演变为混乱的“漫长寒冬”①。

二、政治现代化的评价指标体系

中国式现代化发展是一个动态发展的过程，不同时期的指标体系也体现了较强的时代特征。党的十八大之前，我国现代化评价指标主要集中在经济领域，并从经济领域逐步向社会、生态等领域扩展。党的十八大提出了中国特色社会主义“五位一体”总体布局，民主法治指标开始进入我国现代化指标体系。党的二十大对建设富强民主文明和谐美丽的社会主义现代化强国进行了全面部署，也需要对中国政治领域现代化建设进行系统监测和评价。

（一）党的全面领导

一个拥有强大政治资源并善于开发利用其政治资源的政党和政党制度，是推动现代化的有效力量。民主政治的回应性和责任性也要求政党制度从社会分裂出发对社会进行广泛而充分的整合。在中国这样一个人口规模巨大的

---

① 李锋：《坚持全面依法治国 发展全过程人民民主》，法治网，2023 年。

国家中实现现代化，其价值就在于执政党有能力通过广泛的国家动员，开发、整合和利用全社会政治资源，整合分化的社会利益，在横向上能将不同社会群体加以整合，在纵向上能把不断产生的新经济阶层加以同化，并转换为对国家现代化发展的有效支持。

党的组织力。新时代，国家治理在民主化、信息化及全球化等浪潮冲击下呈现出一种开放性的结构特征，这使得执政党汇聚各方力量实现有效治理成为可能。中国特色社会主义民主政治建设必须解决多元主体的政治参与问题，中国共产党作为执政党和中国最重要的社会整合组织，必须充分调动各方面的积极性，优化政治资源配置，将不同利益群体聚拢到社会主义现代化的各项事业建设中来。党的二十大报告也提出要全面增强基层党组织政治功能和组织力。提升组织力要求不断在基层社会组织中推进党的建设，不断提升党组织有效覆盖基层社会各领域的能力。因此，我们将基层党组织覆盖率作为增强党的领导的监测指标。

全面从严治党。“四风”违背我们党的性质和宗旨，是群众深恶痛绝、反映最强烈的问题，也是损害党群干群关系的重要根源。推进中国特色社会主义政治建设，要求通过全面从严治党，不断增强党的创造力、凝聚力和战斗力，不断提高党治国理政的水平，永葆中国共产党的先进性、纯洁性，为推进国家治理现代化锻造坚强领导核心。党的二十大报告指出，我们要落实新时代党的建设总要求，健全全面从严治党体系，全面推进党的自我净化、自我完善、自我革新、自我提高，使我们党坚守初心使命，始终成为中国特色社会主义事业的坚强领导核心。因此，选择党风廉政建设社会评价指数作为监测评价指标，通过统计局问卷的方式获取民众对全面从严治党下的党风廉政建设的满意度。

（二）全过程人民民主

党的二十大将“全过程人民民主制度更加健全”作为基本实现现代化的主要目标之一。全过程人民民主并非一蹴而就，一是需要通过制度创新进一步完善民主运作的制度化建设；二是畅通民主运作的实现渠道，保证优质民主绩效的获取；三是构建民主运作的程序规则，让社会公众感受到民主参与的真实性；四是推动民主参与的组织化发展，激活民主参与的内生动力，更好满足公众参与需要。

（1）**民主权利指标：①县、乡人大代表占全国五级人大代表总数比例。**人民代表大会制度是实现全过程人民民主的重要制度载体。人大代表应具有广泛代表性，能够充分反映人民呼声。习近平总书记曾说过："没有基层一线代表，人民代表大会制度的政治优势怎么体现!"① 提升人大代表中的基层比例，有利于更好落实人民代表大会制度。县、乡人大代表占五级人大代表比例作为指标，有利于保障基层群众的政治参与度。**②女性党政干部比例。**马克思曾经指出：社会的进步可以用女性的社会地位来精确衡量。女性是否享有参政权以及实现程度与否，是女性地位的基本标志，是一个国家民主政治的重要体现，是衡量政治文明与进步的重要尺度。

（2）**民主选举指标。**基层历来是民主政治的发源地和试验田，中国特色社会主义民主政治根基在基层，依托在基层，落实在基层，基层民主是全过程人民民主在基层最直接、最广泛、最生动的实践。因此基层作为践行全过程人民民主的重要场域，社会主义基层民主作为全过程人民民主的重要构成，亦具有"广泛充分、真实具体、有效管用"的鲜明品格。因此，选择基层民主参选率指标能够较好反映上述特征。

（3）**民主协商指标。选择各级政协非中共党员的委员占比作为指标。**习近平总书记指出，人民是否享有民主权利，要看人民是否在选举时有投票的权利，也要看人民在日常政治生活中是否有持续参与的权利；要看人民有没有进行民主选举的权利，也要看人民有没有进行民主决策、民主管理、民主监督的权利②。除了人大这一根本性政治制度外，也可以在人民政协制度平台上，各党派团体、各族各界人士发挥在界别群众中的代表作用，通过专题协商会议、协商座谈会议等，对国家大政方针、经济社会各领域重要问题，在决策之前和决策实施之中进行广泛协商、平等协商、有序协商、真诚协商，提出意见建议。

---

① 《习近平总书记参加辽宁代表团审议》，央广网，2017 年 3 月 17 日。

② 《习近平：在庆祝中国人民政治协商会议成立 65 周年大会上的讲话》，《人民日报》2014 年 9 月 22 日。

（三）依法治国

党的二十大报告提出到2035年基本建成法治国家、法治政府、法治社会的宏伟目标。法治国家、法治政府、法治社会相互联系、相互支撑、相辅相成，是法治中国建设的三根支柱。法治国家是目标，法治政府是主体，法治社会是基础，三者本质一致、目标一体、成效相关，缺少任何一个方面，法治中国建设都难以有效推进①。习近平总书记强调，“坚持依法治国、依法执政、依法行政共同推进，坚持法治国家、法治政府、法治社会一体建设”②。

（1）**法治政府监测指标。**考虑到《全国公共法律服务体系建设规划（2021～2025年）》2025年我国县、乡公共法律服务中心（站）建成率（%）将达到100%的目标实现，村（居）法律顾问工作将是未来政府司法行政工作向基层延伸、服务人民群众的重要载体，对于推进全面依法治国、推动基层依法治理、服务和保障民生、维护社会和谐稳定具有重要意义。广大村（居）法律顾问在履职过程中，充分发挥专业优势，服务村（社区）依法决策，开展普法宣传教育，提供法律咨询引导，参与化解矛盾纠纷，能够为服务和保障民生、推进基层社会治理法治化发挥积极作用。将全国村（居）配备法律顾问的比例作为衡量法治政府的监测指标，有利于体现法治政府在基层的效果，提升基层法治文化宣传能力和覆盖水平，增强法律对特殊群体法律援助覆盖率，让人民群众更加直接和便捷地获取政府提供的法律服务，提升懂法用法守法等方面的基础能力，从最基层反映法治政府建设效果。

（2）**法治社会监测指标。**法治社会是构筑法治国家的基础，法治社会建设是实现国家治理体系和治理能力现代化的重要组成部分。建设信仰法治、公平正义、保障权利、守法诚信、充满活力、和谐有序的社会主义法治社会，是增强人民群众获得感、幸福感、安全感的重要举措。依法治国的深入发展必然提升人民群众的法律意识，进而增强律师在现代法治社会中的地位、价

① 袁曙宏：《坚持法治国家、法治政府、法治社会一体建设》，光明网，2020年4月21日。作者为司法部原党组书记、副部长。

② 《习近平在中央全面依法治国工作会议上强调 坚定不移走中国特色社会主义法治道路 为全面建设社会主义现代化国家提供有力法治保障》，新华网，2020年11月17日。

值和作用。习近平总书记指出，律师队伍是依法治国的一支重要力量。① 现代基层社会治理法治化的快速发展，必然催生法律服务需求的不断增长变化，以及民众对法律服务产品和质量的更高需求，律师和律师团队的发展将成为法治社会发展进步的必然趋势。因此，将每万人拥有律师数指标作为法治社会的监测指标，每万人拥有律师数越多，则证明社会对律师的需求越高，更多的社会矛盾纠纷将通过法治手段进行解决。

综上所述，政治现代化指标体系见表 5－1。

表 5－1　　政治现代化指标体系

序号	一级指标	二级指标	三级指标
1	党的全面领导（20%）	党组织覆盖率	基层党组织覆盖率（%）
2		全面从严治党	党风廉政建设社会评价指数
3	全过程人民民主（60%）	民主权利	县、乡人大代表占全国五级人大代表总数比例（%）
4			女性党政干部比例（%）
5		民主选举	基层民主参选率（%）
6		民主协商	各级政协非中共党员的委员占比（%）
7	依法治国（20%）	法治政府	全国村（居）配备法律顾问的比例（%）
8		法治社会	每万人拥有律师数（人）

资料来源：课题组设计。

三、政治现代化指标的目标值设置

围绕中国式政治现代化三大领域的 8 个指标，结合指标历史与现实数据、发展趋势以及政治现代化发展要求等，对 2030 年、2035 年发展目标进行赋值。

1. 基层党组织覆盖率（%）

基层党组织覆盖率的含义主要指已建立党组织的基层组织与基层组织总数的比率。该指标的计算公式为：基层党组织覆盖率＝基层党组织数量/基层组织总数×100%。基层党组织主要是指城市街道、乡镇、社区（居委会）、行政村。基层党组织是有效实现党的领导的坚强战斗堡垒，覆盖率越高，说

① 《习近平：加快建设社会主义法治国家》，《求是》2015 年第 1 期。

明党的基层党组织建设部署得到有效贯彻落实，党的生机与活力不断增强，组织生活制度进一步落实，党的领导得到有效实现。

从历史数据看，根据2022年中国共产党党内统计公报，全国9062个城市街道、29619个乡镇、116831个社区（居委会）、490041个行政村已建立党组织，覆盖率均超过99.9%。机关、事业单位、企业和社会组织党组织，基本实现应建尽建。

展望未来，随着党员总量的持续上升和党员工作等社会流动性加强，按照党组织的建设要求，新成立的企事业单位也应建尽建党的基层组织，预计2030年、2035年基层党组织在应建尽建的基础上继续保持100%覆盖率。

2. 党风廉政建设社会评价指数

党风廉政建设社会评价调查内容覆盖重视度、遏制度、廉洁度、信心度四个层次10个问题，包括10个二级指标，满分为100分。该指标曾为四川省党风廉政建设监测指标（见表5-2）。四川省统计局通过采用电话访问的形式，对城乡居民进行调查，2021年度四川党风廉政建设社会评价指数达86.94，实现党的十八大以来“十连升”，比2016年度上升2.13。

表5-2　四川省党风廉政建设调查评价指标

一级指标	分值	二级指标	分值
重视度	20	党委政府落实主体责任，重视反腐倡廉工作	10
		党委政府重视群众反腐倡廉方面的诉求	10
遏制度	20	查处违纪违法案件力度	10
		整治漠视侵害群众利益问题成效	10
廉洁度	30	领导干部廉洁自律状况	10
		解决违规选用干部问题，匡正选任干部风气的情况	10
		落实中央八项规定精神，推进作风转变的成效	10
信心度	30	减少和消除腐败的信心	10
		纪委落实监督责任的情况	10
		党风廉政建设和反腐败工作成效	10

资料来源：https：//www.sohu.com/a/388935369_120055194？qq-pf-to=pcqq.group。

展望未来，随着全面从严治党深入持续开展，持续反腐高压态势和制度化建设下，我国党风廉政建设将会持续向前推进。如果将该指标用在全国，考虑区域不均衡发展全国数据样本量等因素影响，建议 2030 年该目标值不低于 85%，2035 年不低于 90%。

3. 县、乡人大代表占全国五级人大代表总数比例（%）

该指标主要指县、乡人大代表数量占五级人大代表总数的比重。县、乡人大是基层国家权力机关，是我国地方国家政权的重要基础。县以上各级国家机关的产生，追根溯源，都来源于县级人大代表选举。在我国五级人大中，县、乡两级直接面对基层、面对群众，是党和国家联系广大人民群众的桥梁纽带。以县乡人大代表占比作为指标，有利于确保基层人大代表的比重。

县、乡人大代表占全国五级人大代表的比重是衡量基层民主实现的有效形式。县、乡两级人大代表由选民直接选举产生，2020 年底，全国共有人大代表 262 万名，县、乡两级人大代表约占我国五级人大代表总数的 95%。

展望未来，我国现代化建设需要适当增加县、乡两级人大代表名额，一方面，鉴于城镇化推进，撤乡并镇等行政区划调整，将减少乡级人大代表，因此设立该指标有利于在一定程度上弥补撤乡并镇后乡镇人大代表数量的减少；另一方面，由于街道不设本级人大代表，只增加乡镇人大代表名额，难以解决乡镇改设街道后原有的乡镇人大代表名额消减问题，考虑到改设后的街道一般隶属于市辖区、不设区的市等，适当增加市辖区、不设区的市、县、自治县人大代表名额，在分配这些增加的县级人大代表名额时，重点向由乡镇改设的街道倾斜，进一步优化县级人大代表结构，可以有针对性地解决乡镇改设街道后基层群众政治参与度不足的问题。建议 2030 年、2035 年我国县、乡级人大代表占五级人大代表比重保持在 95% 左右。

4. 女性党政干部比例（%）

该指标指女性党政干部占全部党政干部的比例。女性参与人大、政协、政府以及基层自治组织，有助于更好地反映女性群体诉求，有力促进女性在管理和决策中发挥更大作用，对于推动国家民主政治建设、提高国家立法和决策的代表性具有重要意义。

从历史数据看，第十三届全国人民代表大会女代表比例达到 24. 9%，政协第十三届全国委员会女委员比例达到 20. 4%，2017 年全国党政机关女干部人数占干部总数的 26. 5%，2018 年全国事业单位领导班子成员中女性比例为

22.2%，2019 年中国共产党女党员比例为 27.9%。2021 年居委会成员中女性比例为 54.4%，村委会成员中女性比例为 26.8%，社会组织负责人中女性比例为 26.7%。

展望未来，随着《中国妇女发展纲要（2021～2030）》和一系列落实女性党政干部政治参与举措的实施，妇女参与社会主义民主政治建设和社会治理的保障水平进一步提升，女性党政干部的比率会进一步提升，预计 2030 年将超过 30%，2035 年达到 35% 以上。

5. 基层民主参选率（%）

该指标指基层组织参加投票的选民与选民总数的比例。参选率的高低由选民的民主意识、宣传教育、组织工作等因素决定。广大人民群众最直接的政治参与主要在基层，最直观的当家作主感受也主要在基层。基层民主参选率的提升，既显示基层群众民主意识的提升，也标志着全过程人民民主的广泛性、真实性和有效性提升。

我国的基层民主选举主要有乡级人大代表选举、村（居）委会选举、职工代表大会选举等。从历史数据看，改革开放以来，中国已经进行了 12 次乡级人大代表选举、11 次县级人大代表选举，选民参选率都在 90% 左右。村委会选举和职工代表大会选举也都在 90% 以上。

从国际数据看，1900 年以来美国总统大选的最高投票率为 66.8%（2020 年美国总统大选），法国 2017 年、2022 年投票率分别为 69.4% 和 65%。

展望未来，现代化社会是一个高速流动的社会，考虑到人口在区域间广泛流动，流动人口聚集的发达地区参选率高一点，而流动人口流出地区则相对低一些，我国基层民主参选率预计将持续保持在 90% 左右。建议基层民主参选率在 2030 年、2035 年继续保持在 90% 以上。

6. 各级政协非中共党员的委员占比（%）

该指标指各级政协非中共党员的委员人数占政协委员人数的比重。中国人民政治协商会议是中国政治生活中发扬社会主义民主的重要形式，是社会主义协商民主的重要渠道和专门协商机构，是国家治理体系的重要组成部分和具有中国特色的制度安排。保障民主党派、无党派人士等党外代表人士在各级政协中占有较大比例，既是人民政协组织构成具有鲜明特色，也是保障人民政协发挥重要作用的重要形式，有利于更好发挥中国新型政党制度优势。

《中国共产党统一战线工作条例》第四十四条规定，党外代表人士在各级政协中应当占有较大比例，换届时委员不少于60%，常委不少于65%；在各级政协领导班子中副主席不少于50%（不包括民族自治地方）。全国政协十三届一次会议共有委员2100多人，其中非中共党员占60.2%。从一些市级数据来看，基本上都满足了不少于60%的要求。

展望未来，随着协商民主制度不断完善，非中共委员将继续不少于委员总数的60%。建议2030年、2035年继续保持不低于60%的比例。

7. 全国村（居）配备法律顾问的比例（%）

该指标指拥有至少1名专属法律顾问的村居数占全国村居总数的比重。提升全国村（居）配备法律顾问的比例，有利于法律服务网络实现全面覆盖，加强乡村法治教育和法律服务，提升乡村群众法治观念和法治意识，完善社会矛盾纠纷多元预防调处化解机制，让困难群众获得法律援助更加便捷，提升基层治理法治化水平。

2018年6月，司法部《关于进一步加强和规范村（居）法律顾问工作的意见》要求每个村（居）拥有至少1名律师担任法律顾问。律师资源相对不足地区，可以由一名律师或者基层法律服务工作者担任多个村（居）法律顾问，但原则上不超过5个。司法部《全国公共法律服务体系建设规划（2021～2025年）》要求全国村（居）配备法律顾问的比例达到100%。2023年6月15日，司法部通报除中西部地区少数边远乡村外，全国有60万个村（社区）配备了法律顾问，基本实现全覆盖。

未来应在高质量和高效能上着力，切实发挥出村居法律顾问在基层法治中的作用，实现一个村居一个法律顾问，让基层群众能够享受到更为便捷的法律咨询服务。

8. 每万人拥有律师数（人）

该指标指平均每万人中拥有律师执业人员的数量，包括全职律师和兼职律师，直接反映了法律服务获取的难易程度和竞争状况，也是反映一个地区法治文化程度的重要指标，还是《全国公共法律服务体系建设规划（2021～

2025 年)》监测指标体系的重要内容。该指标的提升，有助于壮大专业法律服务队伍，推动法治政府、法治社会建设，促进社会公平正义。

2012 年全国共有执业律师人数为 23.23 万人，每万人拥有律师数量为 1.6 人。2021 年底，全国共有执业律师 57.48 万多人，每万人拥有律师数量为 4.1 人。司法部发布《2022 年度律师、基层法律服务工作统计分析》显示，截至 2022 年底，全国共有执业律师 65.16 万余人，增长 13%。2017 ~ 2022 年的 5 年来，我国律师每年以 10% 以上的速度快速增长。2022 年，上海、北京、深圳每万人律师数量均已经超过 10 人，已经达到多数发达国家每万人律师人数 10 人以上的水平。

展望未来，我国司法部将 2025 年律师目标定在 75 万人。按照历史数据平均增速，结合发达国家平均水平，预计 2035 年全国执业律师人数将达到 140 万人左右，2030 年将达到 120 万人左右。考虑我国人口到 2030 年、2035 年将分别达到 13.96 亿人和 13.63 亿人，2030 年、2035 年我国每万人拥有律师数量将分别达到 8.7 人和 14.3 人。考虑人口总量变化、老龄化、区域分布不均衡等因素影响，建议将 2030 年、2035 年我国每万人拥有律师数量将分别达到 8 人以上和 12 人以上。

四、对策建议

由于我国民主法治指标相关设计与研究起步较晚，民主法治指标设计一方面可参考性不多，另一方面也不可能脱离我国特定社会政治条件和制度体系来进行抽象设定和抽象评判，需要结合中国特色社会主义民主政治优势以及具体运行上还存在的不完善地方，对指标进行持续完善。

（一）创设新指标或完善现有指标统计方法

政治领域现代化建设是一项系统化工程，如果评价中将一些不适合量化的政治内容人为地加以量化，就会导致政治指数或者量化标准的“失真”，进而扭曲政治建设的效果。如果均是主观指标，而没有客观量化指标约束，则我国民主政治建设的本意也会在层层落实中得到扭曲。鉴于政治领域现代化建设相关指标评价体系尚处于探索阶段，应注重定量评价与定性分析，同时也应随着政治发展情况而逐渐完善相关指标体系。

优化党风廉政建设满意度社会评价指数设计。目前关于党风廉政建设社会评价指数设计，仅有四川省延续使用10多年的指标，建议根据不同阶段全面从严治党、反腐的要求，更加注重全国层面的广泛性，设计全国党风廉政建设社会评价指数体系，完善二级指标构成，形成全国党风廉政建设社会评价指数统计指标。对全国党风廉政建设满意度委托第三方机构进行调查，并按照国家平均水平划分类别（如国家满意度、低于国家满意度省份、高于国家满意度省份），同时在中纪委网站上予以公布，以更好引导全国各地党风廉政满意度建设。

按年度（届次）公布一系列政治指标数据。与经济数据不同，由于统计局并未形成与政治相关的指标衡量体系，与政治相关的数据一般掌握在具体部门之中，需要建立政治类数据统一公布机制，由国家统计局或者相关部门网站定期公布，以便利公众识别我国政治领域相关指标情况，掌握我国政治领域现代化建设进度。**公布县、乡基层人大代表占比指标。**县、乡级人大代表数量，要在每年两会时间进行定期公布。**公布女性党政干部比例。**目前国家统计局仅公布了2021年《中国妇女发展纲要（2021～2030年）》统计监测指标，目前公布的主要为女性干部在省、市、县领导班子中的比例、村委会中女性干部的比例，并未对女性党政干部比例数据进行公布。

（二）推进政治现代化的建议

中国政治领域的现代化建设并非一蹴而就，新时代面临新挑战，在实现政治领域现代化建设上仍需要持续完善体制机制，更好发挥制度优势、补足发展短板。

依托新平台进一步做实基层民主法治机制。县、乡公共法律服务中心（站）、人大联络站、政协工作站等正在县乡一级加速覆盖，部分发达地区已经实现了村（社）的全覆盖。上述机构为人大代表回应和听取选民意见、政协委员参政议政、基层法治文化宣传、法律服务等提供了基础设施支撑，也增强基层群众的政治参与热情，保障和提升基层民主的参选率和代表性。下一步，应增强上述机构在贯彻落实“全过程人民民主”、密切人大代表与群众联系、民主政治协商、法治政府和法治社会建设中的功能。一是突出对其应用的监测。如人大代表进站率、政协委员进站率，以及县、乡公共法律服务数量等作为观测指标，以弥补现有指标的不足。二是增强民主法治意识。不断做实基层人大、政协等民主政治平台，在实践中培养基层群众的民主意识，不断提升基层民众的政治参与意愿和政治参与能力。三是用好村居法律顾问等公共法律服务平台，切实将法治思维和法治方式融入基层治理全过程各方面，让社会成员养成在法治轨道上主张权利、解决纷争的习惯，全面提升村居基层单元依法治理能力。

加大对妇女参与决策和管理的支持力度。破除制约妇女参与决策和管理的障碍，把推动妇女参政纳入重要议程，提升各级党委、人大、政府、政协、党政工作部门女性比例。**一是要重视发展中国共产党女党员**，新党员中要提升女党员比重，确保女党员代表保持合理比例。**二是提高女人大代表、女政协委员比例。**落实人大代表选举规则和程序，在选区划分、代表名额分配、候选人推荐、选举等环节，保障妇女享有平等权利和机会，保障代表推荐与委员提名中妇女要有一定比例。**三是加大培养选拔女干部工作力度。**保障女干部参加教育培训、交流任职、挂职锻炼创造条件和机会，注重选拔女干部到重要部门、关键岗位担任领导职务。在优秀年轻干部队伍中确保女干部有合理比例。落实女干部选拔配备的目标任务，在保证质量的前提下实现应配尽配。

推动律师行业高质量发展。保证落实律师享有法律法规规定的执业权利，让律师真正成为公平正义的守护者。建立健全律师公益服务介入机制，探索律师参与公益法律服务评价制度，建立健全政策保障、规范运作、评估考核等一整套采购律师服务的有效机制，大力支持律师事务所规模化和专业化发展，支持地方政府在律师人才引进、税收贷款、办公用房租赁、会费减免、社会职务、评先评优、培养培训等方面给予政策倾斜。指导律师事务所建立健全内部管理制度，强化对律师的日常监督管理，不断提升律师队伍整体社会形象和影响力。

推动民主法治热线平台功能整合升级。顺应信息化发展趋势，推动“12348”公共法律服务热线与“12345”政务服务热线归并整合，建立完善转接机制，按照统一标准提供“7×24 小时”服务。强化民主法治监督热线的回访评价、数据归集和分析。以市为单位，组织协调各级各部门进一步畅通企业群众诉求表达、利益协调、权益保障通道，强化过程监督，实施结果问效，推动问题解决，高效防范化解社会矛盾。协调全市各级各部门以“12345”热线为载体整合网络诉求平台资源，实行整合提速、服务提质、管理提效，引导企业群众通过“12345”渠道反映问题、解决问题，进一步畅通党委政府与企业群众互动渠道。

（执笔：申现杰、吴萨）

主要参考文献

1. 马元喜：《论中国式政治现代化的时代特征、主题迭代与发展空间》，《中共云南省委党校学报》2023 年第 1 期。

2. 贾晓芬、张宏莉：《科学构建中国式现代化的评价指标体系》，《国家治理》2022 年第 20 期。

3. 任保平、张倩：《构建科学合理的中国式现代化的评价指标体系》，《学术界》2022 年第 6 期。

4. 李莹、李文彬：《全过程人民民主导向下的政绩考评：内涵与维度》，《决策科学》2022 年第 3 期。

5. 杨光斌：《中国民主模式的理论表述问题》，《政治学研究》2022 年第 1 期。

6. 刘朝阳、李永娣、崔岚等：《基本实现社会主义现代化指标体系构建及评价研究——以河南省为例》，《统计理论与实践》2021 年第 6 期。

7. 钱承旦主编：《世界现代化历程・总论卷》，江苏人民出版社 2021 年版。

8. 肖路遥：《广州实现社会主义现代化指标体系研究》，《决策咨询》2019 年第 2 期。

9. 郑方辉、陈磊：《法治政府绩效评价：可量化的正义和不可量化的价值》，《行政论坛》2017 年第 3 期。

10. 周祖成、杨惠琪：《法治如何定量——我国法治评估量化方法评析》，《法学研究》2016 年第 3 期。

11. 弗朗西斯·福山：《政治秩序与政治衰败：从工业革命到民主全球化》，毛俊杰译，广西师范大学出版社 2015 年版。

12. 杨光斌：《超越自由民主："治理民主"通论》，《国外社会科学》2013 年第 4 期。

13. 塞缪尔·P. 亨廷顿：《变化社会中的政治秩序》，上海世纪出版社 2008 年版。

第六章　文化现代化指标体系研究*

内容提要：文化现代化是中国式现代化的重要支柱，是习近平文化思想的实践要求，体现着中国式现代化的本质特征和中国特色。本章从思想理论、文明素质、文化事业、文化产业和对外影响力五个维度设置13个指标，明确2035年基本实现文化现代化的目标值，以及“十五五”期末即2030年的阶段目标值，提出未来需要在全面推进宣传思想理论、提高文明素质、发展文化事业、繁荣文化产业、提升文化吸引力等工作的基础上，加大力度促进公共文化服务供给多样化、激发文化产业发展活力、提高文化旅游国际吸引力，促进文化现代化目标如期实现。

文化现代化是中国式现代化的重要支柱，是习近平文化思想的实践要求。党的二十大报告指出：“中国式现代化是物质文明和精神文明相协调的现代化。”正确把握物质文明和精神文明的关系，在立足社会主义初级阶段基本国情的基础上实现二者协调发展，是中国共产党推进社会主义现代化建设的重要经验。面向新征程，测算我国文化现代化发展程度、提出对策建议，对深入贯彻习近平文化思想、完成新时代文化使命、加快实现文化现代化意义重大。

一、文化现代化的内涵

习近平总书记指出，文化关乎国本、国运。① 中国式现代化是物质文明

* 该章主体内容已发表于《宏观经济管理》2024年第7期，发表时题目为《中国式现代化下的文化现代化指标体系》。

① 《在文化传承发展座谈会上的讲话》，《求是》2023年第17期。

和精神文明相协调的现代化，文化现代化是中国式现代化不可或缺的组成部分，推进中国特色社会主义文化建设、建设中华民族现代文明，是实现中国式现代化的内在要求和重要任务。

（一）文化现代化的内涵

文化现代化既是一个过程，也是一个目标，是过程与目标的统一体。作为过程而言，文化现代化是传统文化向现代文化的质的转化，传统文化是现代文化的起点和基础，现代文化是传统文化的升级与超越。作为目标而言，文化现代化代表现代化的观念体系和文化范式，包含着现代文化的形成、发展、转型以及参与国际互动、传播的复杂过程。

党的十九大报告、党的二十大报告均强调，我国要发展的社会主义文化，是面向现代化、面向世界、面向未来的，民族的科学的大众的社会主义文化。根据以上特征描述，我国文化现代化发展的成效，具体体现在思想理论、文明素质、文化事业、文化产业和对外影响力五个方面。思想理论方面，要求形成具有强大凝聚力和引领力的社会主义意识形态，坚持和巩固马克思主义的指导地位。文明素质方面，要求用社会主义核心价值观凝聚民心、培育新人，提高人民群众的思想道德素质和科学文化素质。文化事业方面，要求公共文化服务惠及广大人民群众，有效保障人民文化权益，文化遗产保护传承有力，中华优秀传统文化创造性转化、创新性发展。文化产业方面，要求实现文化产业规模增长、结构优化、质量提升、效益改善和核心竞争力增强。对外影响力方面，要求通过文化的国际传播与交流，实现中华文化影响力的全面提升。

（二）文化现代化在中国式现代化中的地位

文化现代化是中国式现代化的重要支柱，它同经济现代化缺一不可。党的二十大报告指出："物质富足、精神富有是社会主义现代化的根本要求。"物质富裕、精神贫穷的现代化，不是中国式现代化。增强文化自信、将精神文明建设推向更高水平，始终是中国式现代化的重要目标指向。中国式现代化要求"不断厚植现代化的物质基础，不断夯实人民幸福生活的物质条件，同时大力发展社会主义先进文化，加强理想信念教育，传承中华文明，促进物的全面丰富和人的全面发展”，从而避免西方国家在推进现代化进程中重物质而轻精神带来的物欲横流、私欲膨胀、信仰缺失、精神贫乏。

文化现代化是中国式现代化的本质特征和中国特色的鲜明体现。中国式现代化是中国共产党领导的社会主义现代化，具有基于自己国情的中国特色。中国共产党的领导体现在文化方面，就是要坚持用社会主义先进文化思想指导文化建设。习近平新时代中国特色社会主义思想是21世纪马克思主义、当代中国马克思主义，只有用习近平新时代中国特色社会主义思想指导社会主义文化建设，才能坚持文化现代化的发展方向。具备现代化文化素质的公民，是实现了人的现代化的公民，是中国式现代化建设的磅礴力量。文化事业是创造精神文明、满足精神需求、实现精神富有的基础条件，文化产业能够成为我国在新发展格局下的新增长点，文化事业和文化产业繁荣发展是中国式现代化的重要目标。中华文化国际影响力显著提高，是构建人类命运共同体的人文基础，是彰显文化自信的必然要求。

二、文化现代化的评价指标体系

结合文化现代化的内涵，按照逻辑简单性、代表性、可行性和可比性原则，选取能够代表思想理论、文明素质、文化事业、文化产业和对外影响力五个维度现代化水平的指标，选取有统计或权威调查数据的指标，尽量选取能够进行纵向或横向比较的比重类或人均类指标。

（一）思想理论

在思想理论方面，核心是以习近平新时代中国特色社会主义思想指导文化建设，弘扬以爱国主义为核心的民族精神和以改革创新为核心的时代精神，着力建设具有强大凝聚力和引领力的社会主义意识形态。为推动习近平新时代中国特色社会主义思想更加深入人心，我国自2018年开始建设新时代文明实践中心试点，建设县级新时代文明实践中心、乡镇新时代文明实践所、行政村新时代文明实践站。爱国主义教育基地类型丰富、数量众多、分布广泛，是开展理想信念教育、爱国主义教育和革命传统教育的现实载体，面向广大人民群众，能起到弘扬优秀历史文化和革命文化、激发爱国热情、弘扬民族精神、传承红色基因的作用。思想理论方面，设置 2 个指标，即新时代文明实践中心覆盖率（%）和爱国主义教育基地接待观众数（人次）。

（二）文明素质

文明素质的要义是提高社会文明程度和人民科学文化素质。开展全民阅读活动，建设学习型社会，是提高社会文明程度和人民文化素质的重要途径。中国新闻出版研究院自 1999 年至今组织实施了 20 次全国国民阅读调查，其中的成年国民综合阅读率是包括图书阅读率、报纸阅读率、期刊阅读率、数字化阅读方式接触率在内的综合阅读率，能够反映数字化时代未成年人、成年人、老年人等人群的阅读习惯。我国为提高公民科学素质制定了《全民科学素质行动规划纲要（2021～2035 年）》，建立了中国公民科学素质统计调查制度，定期组织中国公民科学素质抽样调查，提供公民具备科学素质比例数据。志愿服务能够增强社会成员之间的信任、团结和互助，使整个社会以及志愿人员个人受益，是现代社会文明进步的重要标志。民政部 2011～2021 年对志愿服务相关指标持续开展统计，中国志愿服务网实时统计全国志愿服务时间。文明素质方面，设置 3 个指标，包括公民具备科学素质比例（%）、成年国民综合阅读率（%）和志愿服务时间（万小时）。

（三）文化事业

文化事业发展的主要目的是保护文化遗产，健全完善现代公共文化服务体系，提供具有公益性、普惠性、共享性的基本公共文化服务，以保障人民文化权益、满足精神文化需求、改善人民生活品质。为了更好地衡量文化事业发展水平，从投入和成效两个角度选取了 4 个指标。

在投入方面，由于文化事业具有公益性和侧重社会效益的特点，必须由政府主导、以财政投入为主，选取人均文化和旅游事业费指标。该指标能反映政府对文化事业投入的情况。在推进文化现代化过程中，应当逐步增加政府投入以提高文化遗产保护水平和公共文化服务供给能力。

在成效方面，选取 3 个指标。总体成效从硬件和服务两方面考虑，选取了每万人口拥有公共文化设施建筑面积、人均接受文化馆（站）服务次数 2 个指标，前者显示公共文化服务的硬件设施建设水平，后者显示公共文化服务的实际供给水平，能够反映硬件设施的利用情况。文化馆（站）属于基层公共文化设施，选取其服务次数指标能够反映公共文化服务普惠可及的水平。同时，由于中华优秀传统文化是中国当代文化的根基，对传统文化发掘、保护、传承、运用是我国推进文化现代化的必然要求，选取每万人口文物机构藏品数指标，来反映文化遗产保护利用的成效。

（四）文化产业

文化产业发展能增添文化发展活力，为文化现代化提供重要动力，同时发挥着促进国民经济发展、满足人民精神文化需求等作用。为了更好地衡量文化产业发展水平，从供给和需求两个角度选取了 2 个指标。

从供给侧看，文化现代化要求文化产业成为国民经济支柱性产业，同相关产业融合发展，发挥对相关产业的带动作用。文化及相关产业是指为社会公众提供文化产品和文化相关产品的生产活动的集合。为此，选取文化及相关产业增加值占国内生产总值比重指标，反映文化产业发展对国民经济发展的支撑情况。

从需求侧看，基本实现现代化要求居民消费从生存型向享受型升级，文化娱乐消费支出金额及其在居民消费支出中的比重大幅提高。为此，选取居民人均文化娱乐支出占居民人均消费支出比重指标，反映文化产业满足居民文化娱乐消费需求的实际效果。

（五）对外影响力

文化对外影响力的目标是同经济现代化水平相适应。从历史经验和国际经验看，文化对外影响力强的国家，一定是民族文化及其载体受到全世界青睐和向往的国家。对外影响力可以用文化产品和服务“走出去”与境外游客“引进来”水平来衡量，具体而言就是文化产品和服务出口占出口总额比重（%）指标与我国国际旅游入境人数占世界比重（%）指标。

三、文化现代化指标的目标值设置

设置文化现代化各个指标的目标值，应当综合考虑目的性和可行性，按照从历史数据看、从国际规律（或经验规律）看、从未来趋势看的思路。部分指标如全国爱国主义教育基地接待观众数等，因尚无连续的统计数据，在此不作分析和目标值设置。

（一）新时代文明实践中心覆盖率（%）

从历史数据看，大数据显示，浙江、广东、湖南等省份均已实现新时代文明实践中心全覆盖，由此估计，2024 年全国新时代文明实践中心县级覆盖率为 99% 以上。从未来趋势看，由于我国对新时代文明实践中心高度重视并加大投入力度，新时代文明实践中心将实现县（市、区）、乡镇、行政村三级全覆盖。因此，建议将 2030 年目标设定为县（市、区）新时代文明实践中心覆盖率 100%，并实现持续健康运营；将 2035 年目标设定为县（市、区）新时代文明实践中心全覆盖持续巩固，并发挥对乡镇新时代文明实践所、行政村新时代文明实践站的指导作用。

（二）公民具备科学素质比例（%）

从历史数据看，在《全民科学素质行动计划纲要（2006～2010～2020 年）》颁布前，2005 年，我国公民具备科学素质比例仅为 1.60%；根据第 9 次、第 11 次、第 13 次、第 14 次中国公民科学素质抽样调查结果，2015 年、2020 年、2023 年、2024 年我国公民具备科学素质比例依次提高到 6.20%、10.56%、14.14%、15.37%；2005～2020 年年均增量是 0.60 个百分点，2020～2024 年年均增量是 1.20 个百分点。展望未来，我国公民具备科学素质比例有望持续提高，预计 2024～2035 年年均增量相对折中，为 0.90 个百分点。依据《全民科学素质行动规划纲要（2021～2035 年）》，2025 年目标是超过 15%，2035 年目标是达到 25%；考虑到增长速度相对稳定，将 2030 年公民具备科学素质比例设定为 20%。

（三）成年国民综合阅读率（%）

依据第 17～22 次全国国民阅读调查数据，2019 年、2020 年、2021 年、2022 年、2023 年、2024 年我国成年国民综合阅读率依次为 81.1%、81.3%、81.6%、81.8%、81.9%、82.1%。从未来趋势看，运用短期目标用简单外推、长期目标以发展阶段类比等方法，预计 2030 年、2035 年有望分别达到 83.3%、84.3% 的水平。结合一般规律，综合考虑我国文化建设需要，建议将 2030 年、2035 年我国成年国民综合阅读率目标分别设置为 84%、85%。

（四）志愿服务时间（万小时）

根据民政部的统计数据，2019 年、2020 年、2021 年我国志愿服务时间依次为 4326.9 万小时、5741.1 万小时、6507.4 万小时，增长较快，年均增速达到 22.6%，年度增速由 30% 以上放缓至 13.3%。展望未来，由于基数持续扩大，增速有可能相应下降。从国际上看，2018 年世界志愿服务状况报告采用全工时评量法，对 2016 年（或最接近的年份）正式和非正式志愿服务规模进行了统计和估计，从每万人口志愿服务量看，加拿大、英国、美国、法国、澳大利亚分别为 565.8、434.7、433.0、401.4、394.8，我国为 84.6，大体相当于发达国家的 20%。到 2035 年，我国应达到主要发达国家的 70% 左右，到 2050 年与主要发达国家水平基本相当。综合以上考虑，设定 2021～2025 年年均增长 12% 左右，2025～2030 年年均增长 10% 左右，2031～2035 年年均增长 8% 左右，以 2021 年民政部统计为基数计算，2024 年、2025 年分别达到 0.91 亿、1.02 亿小时，2030 年达到 1.65 亿小时，2035 年达到 2.42 亿小时。

（五）人均文化和旅游事业费（元）

近年来，我国政府对文化事业的投入保持增长，2022 年文化和旅游事业费总额较 2012 年增长了 1.08 倍。依据文化和旅游部公布的数据，2019 年、2020 年、2021 年、2022 年、2023 年、2024 年全国人均文化和旅游事业费依次为 76.07 元、77.08 元、80.20 元、85.20 元、90.83 元、86.40 元。财政对文化事业的投入相对于教育、卫生等社会事业偏低，2023 年人均政府教育支出为2926元，2021年人均政府卫生支出为1713元。人均文化和旅游事业费应保持较快增长，适当缩小与其他社会事业投入水平的差距。国际比较看，2024年我国文化和旅游事业费占财政总支出比重为0.43%，而法国早在1995～1999年文化预算经费占总预算比例就达到了0.95%～0.97%，由此可以看出我国政府提高对文化事业投入的必要性较大。考虑基数因素和基本公共服务“尽力而为、量力而行”的原则，我们认为保持近年增长态势较为合理，根据2019～2024年增长情况，假设每年增加2元左右，将2030年目标值设定为100元，将2035年目标值设定为110元。

（六）每万人口拥有公共文化设施建筑面积（平方米）

公共文化设施包括公共图书馆和群众文化设施。依据文化和旅游部公布的数据，2019年、2020年、2021年、2022年、2023年、2024年全国每万人口拥有公共文化设施建筑面积依次为444.1平方米、457.8平方米、487.6平方米、523.9平方米、559.8平方米、561.0平方米。尽管难以进行同一指标的国际比较，但有学者对不同国家代表性城市各类文化设施数量（2015年数据）进行了比较，显示上海每十万人图书馆数量约为纽约的40%、东京的25%，每十万人美术馆和博物馆数量不到东京的40%。这表明，我国在推进文化现代化过程中，仍有必要增加公共文化服务的硬件设施规模，提高每万人口拥有公共文化设施建筑面积指标。我们根据2019～2024年指标增长情况，假设公共文化设施建筑面积每年增加336.33万平方米，同时考虑到未来人口总量将持续减少，根据人口预测结果，将2030年目标值设定为712平方米，比2024年增长约27%，将2035年目标值设定为847平方米，比2030年增长约19%。

（七）人均接受文化馆（站）服务次数（次）

依据文化和旅游部公布的数据，2019年、2020年、2021年、2022年、2023年、2024年人均接受文化馆（站）服务次数依次为0.56次、0.40次、0.59次、0.68次、1.30次、1.56次。受疫情暴发影响，2020年人均接受文化馆（站）服务次数明显减少；受疫情转段影响，2023年人均接受文化馆（站）服务次数几乎增加了1倍。人均接受文化馆（站）服务次数指标受硬件设施改善和服务效率提升两方面因素的影响。从未来趋势看，随着硬件设施的不断改善和服务效率的持续提升，人均接受文化馆（站）服务次数有望继续增加，运用短期目标用简单外推、长期目标以发展阶段类比等方法，预计 2030 年、2035 年有望分别达到 2.77 次、3.77 次。结合一般规律，综合考虑我国普及公共文化服务的需要，建议将 2030 年目标值设定为 2.8 次，比 2024 年增长约 79%，将 2035 年目标值设定为 3.8 次，比 2030 年增长约 36%。

（八）每万人口文物机构藏品数（件/套）

依据文化和旅游部公布的数据，2019 年、2020 年、2021 年、2022 年、2023 年、2024 年每万人口文物机构藏品数依次为 363.82 件/套、360.39 件/套、395.05 件/套、398.82 件/套、355.91 件/套、360.92 件/套。受疫情影响文物普查、文物数字化登记与统计口径优化等因素影响，2019～2023 年文物机构藏品数量波动较大，2023～2024 年文物机构藏品数量正常增加。我国拥有悠久的历史，中华文明具有突出的连续性，中华文明探源既有必要也有空间，加之数字化管理成熟和 2030 年前后全国可移动文物普查收官，未来一段时期文物机构藏品数量应能保持 2023～2024 年的增长速度。根据 2023～2024 年增长情况，假设每年增加 65 万件/套左右，同时考虑到未来人口总量将持续减少，根据人口预测结果，将 2030 年目标值设定为 393 件/套，将 2035 年目标值设定为 424 件/套。

（九）文化及相关产业增加值占国内生产总值比重（%）

依据国家统计局公布的数据，2019 年、2020 年、2021 年、2022 年、2023 年文化及相关产业增加值占国内生产总值比重依次为 4.50%、4.43%、4.56%、4.46%、4.59%。这一指标属于结构性指标，反映的是文化及相关产业与其他产业的结构关系，这类指标并不是越高越好。从我国文化产业发展现状和推进文化现代化的要求看，文化及相关产业增加值占国内生产总值比重仍有上升的必要和空间，比较理想的状态是成为国民经济的支柱性产业之一。根据近年文化及相关产业增加值占比增长情况，参考国民经济支柱性产业占比 5% 左右的一般标准，将 2030 年目标值设定为 4.8%，将 2035 年目标值设定为5.0%。

（十）居民人均文化娱乐支出占居民人均消费支出比重（%）

依据《中国文化及相关产业统计年鉴（2024）》，2019年、2020年、2021年、2022年、2023年居民人均文化娱乐支出占消费支出比重分别为3.94%、2.68%、2.68%、2.41%、3.07%。我国居民消费还处在从生存型向发展型、享受型升级过程中，文化消费占比相对于发达国家明显偏低。如法国进入21世纪后文化娱乐消费占比基本上升到了10%以上。考虑到疫情后我国居民文化娱乐消费复苏势头较好，有望按照平均每年0.13个百分点的增量，恢复到疫情前的2019年水平，预计2030年、2035年有望分别达到3.98%、4.62%。适当对标发达国家水平，将2030年目标值设定为5.4%，将2035年目标值设定为6.4%。

（十一）文化产品和服务出口占出口总额比重（%）

依据《中国统计年鉴》数据，2020年、2021年、2022年、2023年文化产品和服务出口占出口总额比重依次是3.4%、3.8%、4.1%、3.9%。展望未来，运用短期目标用简单外推、长期目标以发展阶段类比等方法，预计2030年、2035年我国文化产品和服务出口占出口总额比重有望分别达到5.0%、5.7%的水平。结合一般规律，综合考虑我国文化建设需要，建议将2030年目标值设定为5.0%，将2035年目标值设定为5.7%。

（十二）我国国际旅游入境人数占世界比重（%）

依据世界银行WDI数据库，我国国际旅游入境人数占世界比重从1995年的4.29%逐步上升至2005年的峰值8.01%后，逐步下降至2014年的6.39%，此后逐步回升至2019年的6.76%（见图6－1）。考虑到近年来我国免签国家范围扩大及过境免签政策优化，估计2024年我国国际旅游入境人数占世界比重为6.89%。国际上，2005～2019年，法国国际旅游入境人数占世界比重从12.38%波动下降至9.07%，美国国际旅游入境人数占世界比重从4.76%升至2006年的峰值10.88%，之后波动下降至6.89%。展望未来，我国国际旅游入境人数占世界比重有望持续增长，运用短期目标用简单外推、长期目标以发展阶段类比等方法，预计2030年、2035年我国国际旅游入境人数占世界比重可能分别提高至7.04%、7.17%。结合一般规律，综合考虑中国式现代化对我国国际旅游入境人数占世界比重同我国国内生产总值世界第二的经济地位相称的要求，建议将2030年目标值设定为9.0%，将2035年目标值设定为10.0%（见表6-1）。

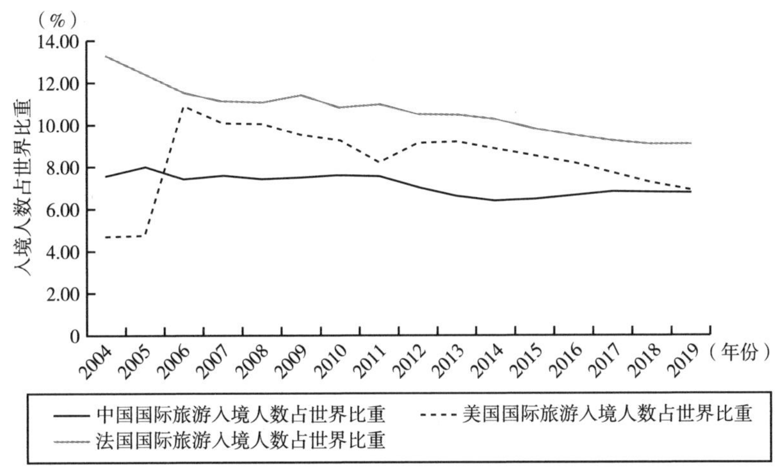

图6-1 中美法国际旅游入境人数占世界比重（2004~2019年）

资料来源：世界银行WDI数据库。

表6-1 中国式文化现代化指标的目标值

序号	维度	指标	2020年	2024年	2030年	2035年
1	思想理论	新时代文明实践中心覆盖率（%）	—	>99	100	100
2		全国爱国主义教育基地接待观众数（人次）	—	—	—	—
3	文明素质	公民具备科学素质比例（%）	10.56	15.37	>20	>25
4		成年国民综合阅读率（%）	81.3	82.1	84.0	85.0
5		志愿服务时间（万小时）	5741.1	9100 **	16500	24200
6	文化事业	人均文化和旅游事业费（元）	77.1	86.4	100	110
7		每万人口拥有公共文化设施建筑面积（平方米）	457.8	561.0	712	847
8		人均接受文化馆（站）服务次数（次）	0.40	1.56	2.8	3.8
9		每万人口文物机构藏品数（件/套）	360.4	360.9	393	424

续表

序号	维度	指标	2020 年	2024 年	2030 年	2035 年
10	文化产业	文化及相关产业增加值占国内生产总值比重（%）	4.43	(4.59)	4.8	5.0
11		居民人均文化娱乐支出占居民人均消费支出比重（%）	2.68	(3.07)	4.0	4.6
12	对外影响力	文化产品和服务出口占出口总额比重（%）	3.4	(3.9)	5.0	5.7
13		我国国际旅游入境人数占世界比重（%）	6.76*	6.89**	9.0	10.0

注：括号内数据为 2023 年数据。标 * 号数据为 2019 年数据，标 ** 号的 2024 年数据为作者估算数据。

资料来源：根据中国公民科学素质抽样调查结果（第 11 次和第 14 次）、全国国民阅读调查结果（第 18 次和第 22 次）、中经数据（CEIdata）、《中华人民共和国文化和旅游部文化和旅游发展统计公报》（2019～2024 年）、《中国文化文物和旅游统计年鉴》、国家统计局有关全国文化及相关产业增加值占 GDP 比重的报道（2018～2023 年）、《中国统计年鉴》（2021～2024 年）有关数据整理。

四、对策建议

聚焦新时代新的文化使命，即在新的历史起点上继续推动文化繁荣、建设文化强国、建设中华民族现代文明，建议在宣传思想理论、提高文明素质、发展文化事业、繁荣文化产业、提升文化吸引力等方面全面推进的基础上，侧重补短板、强弱项，促进公共文化服务供给与多样化需求相匹配，激发文化产业发展潜力和活力，提高文化展示和旅游服务水平以增强国际吸引力，推动文化现代化对实现中国式现代化形成有力的支撑。

（一）促进公共文化供给多样化

将公共文化服务从“被动供给”转向“主动参与”，使公共文化场馆成为群众日常文化生活的重要场景。一是坚持需求导向，细分不同群体的需求，打造特色品牌活动。针对青少年群体开展研学、绘本阅读、非遗体验等活动，针对老年人及特殊群体开设声乐等公益培训课程。结合本地文化资源，设计“秦观故里话七夕”艺术节等品牌项目，增强公共文化场馆对群众的吸引力。二是拓展设施空间，延伸服务时间。借鉴广东省建成覆盖省、市、县、村四级的 1054 个方志馆（站）的经验，探索将方志馆（站）等纳入公共文化场馆，形成多样化、多层次的公共文化设施网络。通过新增城市书房、24 小时自助图书馆等新型空间，扩大公共文化场馆覆盖密度。针对上班族与夜读人群，通过提供夜间延时服务、取消周一固定闭馆日、延长节假日开放时间等方式，推行延时错时开放。

（二）激发文化产业发展活力

紧扣文化内核，打造潮流 IP，提高产品的文化附加值。实施文化遗产“双创”（创造性转化、创新性发展）工程，推动物质文化遗产与非物质文化遗产的活化利用，鼓励诗词、书画、工美、音乐、舞蹈、动漫等跨界融合，打造精品力作，将我国丰富的文化资源转化为文化资本。有针对性地解决文化产业面临的融资、知识产权保护等难题，鼓励银行等金融机构开发适应文化企业需求的金融产品，支持专业化的投资基金发展；加强新兴文化领域相关立法，加大知识产权保护和执法力度，提高侵权成本，遏制侵权行为。提高文化产业与其他产业的关联度，坚持以文塑旅、以旅彰文，推动文化和旅游在更广范围、更深层次、更高水平上融合发展，促进文化产业与制造、数字等产业融合发展，通过融合进一步激发文化产业的发展潜力和活力。

（三）提高文化旅游国际吸引力

实施“美丽中国”旅游全球推广计划，建设一批国际旅游枢纽城市和重点旅游城市，培育一批入境旅游品牌和国际旅游精品产品。创新国际文化旅游产品和线路，打造西安汉唐文化旅游目的地、成都蜀汉文化旅游目的地和杭州南宋文化旅游目的地。加强汉长安城、隋唐洛阳城、安阳殷墟等遗产保护和旅游开发，提高三星堆、良渚古城、曲阜鲁国故城、二里头等的国际知名度和吸引力。加强与“一带一路”共建国家的文化交流合作，深化国际旅游交流。继续扩大免签国家范围、优化过境免签政策，以山河壮丽的风景、底蕴深厚的文化、物美价廉的产品、细致周到的服务吸引境外游客，带动吃住行游购娱全方位发展。

（执笔：孔伟艳、王元、侯燕磊）

主要参考文献

1. 曲青山：《深刻理解中国式现代化五个方面的中国特色》，《求是》2023 年第 16 期。

2. 房广顺、祁玉伟：《中国文化现代化的丰富内涵和鲜明特征》，《长白学刊》2023 年第 1 期。

3. 贾淑品：《全球化背景下中国式文化现代化的挑战与破围》，《理论学刊》2022 年第 6 期。

4. 中国社会科学院习近平新时代中国特色社会主义思想研究中心：《推动“两个文明”协调发展》，《人民日报》2021 年 4 月 16 日。

5. 刘彬：《第十七次全国国民阅读调查报告显示：有声阅读成为国民阅读新增长点》，《光明日报》2020 年 4 月 21 日。

6. 吴海文：《志愿服务的社会价值》，《光明日报》2012 年 12 月 15 日。

第七章　社会现代化指标体系研究

内容提要：社会现代化必须充分体现我国人口规模巨大特征和人口发展新形势，充分体现协调、共享发展理念和推动全体人民共同富裕的特征。社会现代化应包括人口高质量发展、人民高品质生活、社会和谐稳定三大维度内涵，人口高质量发展是载体和支撑，人民高品质生活是集中表现和目的，社会和谐稳定是前提和保障。据此筛选确定了反映社会现代化的27项指标。基于指标演进规律、国内外相关实践，预测相关指标走势，确定到2030年、2035年的目标。建议调整优化部分指标口径，完善统计支撑，加大补短板力度，努力实现社会现代化预期目标。

一、社会现代化的内涵

从现有研究看，广义的社会现代化实质指的就是现代化的全部，是在经济发展、技术进步等驱动下，整个社会发生深刻变迁的过程。与此不同，本书所指社会现代化是中国式现代化的一部分，是“五位一体”总体布局中的社会现代化，在中国特色社会主义框架下具有特定要求和丰富内涵。

（一）中国式现代化对社会现代化的要求

党的二十大报告中明确指出，中国式现代化是人口规模巨大的现代化，是全体人民共同富裕的现代化，是物质文明和精神文明相协调的现代化，是人与自然和谐共生的现代化，是走和平发展道路的现代化，中国式现代化的本质要求是：坚持中国共产党领导，坚持中国特色社会主义，实现高质量发展，发展全过程人民民主，丰富人民精神世界，实现全体人民共同富裕，促进人与自然和谐共生，推动构建人类命运共同体，创造人类文明新形态。这些特征和本质要求在社会现代化方面的体现就是，要坚持以人民为中心，把实现人民对美好生活的向往作为出发点和落脚点，推动发展成果由人民共享，实现全体人民共同富裕。

一是社会现代化必须充分体现我国人口规模巨大特征和人口发展新形势。我国 14 亿多人口整体迈进现代化社会，规模超过现有发达国家人口的总和，艰巨性和复杂性前所未有，发展途径和推进方式也必然具有自己的特点。同时，当前我国人口发展呈现少子化、老龄化、区域人口增减分化的新趋势新特征，对经济社会发展带来新的深刻影响。在此背景下，推动中国式现代化，必须始终从国情出发想问题、作决策、办事情，既不好高骛远，也不因循守旧，保持历史耐心，坚持稳中求进、循序渐进、持续推进。具体到社会现代化，必须充分考虑人口规模因素对发展和保障民生的影响，既不吊高胃口，也不畏难不前，尽力而为、量力而行；也要适应人口新形势变化，紧紧围绕人口高质量发展做文章。

二是社会现代化必须充分体现协调、共享发展理念和推动全体人民共同富裕的特征。新发展理念是一个系统的理论体系，回答了关于发展的目的、动力、方式、路径等一系列理论和实践问题，阐明了关于发展的政治立场、价值导向、发展模式、发展道路等重大政治问题，这是关系我国发展全局的一场深刻变革。其中，协调发展注重的是解决发展不平衡问题，共享发展注重的是解决社会公平正义问题。同时，中国式现代化是全体人民共同富裕的现代化，要践行协调和共享发展理念，在现代化进程中推动实现全体人民共同富裕。社会现代化事关民生大事，推动实现社会现代化，必须以全体人民共同富裕为出发点和落脚点，将新发展理念完整、准确、全面贯彻到本领域各项工作中，坚持把实现人民对美好生活的向往作为现代化建设的出发点和落脚点，推动发展更加平衡、协调，自觉主动缩小地区差距、城乡差距和收入差距，使发展成果更多更公平惠及全体人民，着力维护和促进社会公平正义，着力促进全体人民共同富裕，坚决防止两极分化。

(二) 社会现代化的内涵

社会现代化要紧紧围绕“人”这个核心变量展开，要让人人过上现代化美好生活，实现人民幸福安康。基于党的二十大报告相关论述和部署，按照社会现代化要体现协调、共享发展理念和促进全体人民共同富裕特征的要求，社会现代化主要应包括人口高质量发展、人民高品质生活、社会和谐稳定三大维度内涵。**人口高质量发展是载体和支撑**，推动社会现代化首先就要认识、适应、引领我国人口发展新常态，以系统观念统筹谋划人口问题，以改革创新推动人口高质量发展，有效支撑中国式现代化。**人民高品质生活是集中表现和目的**，使全体人民享受更高品质的生活是社会主义现代化的根本要求，也是推动社会现代化最直接的目的，推动社会现代化就是要不断挖掘释放生产力，提升物质文明，丰富精神生活，满足人民对高品质生活的向往和需求。**社会和谐稳定是前提和保障**，国泰民安是人民最基本、最普遍的愿望，社会现代化不是建立在空中楼阁之上，需要有和谐稳定的社会环境为前提和保障，没有安全稳定的社会环境，就没有人民幸福、国家强盛。具体来看：

一是人口高质量发展。基于人口规模巨大特征和当前人口发展新形势，中央财经委员会提出人口高质量发展的新方向，要求着力提高人口整体素质，努力保持适度生育水平和人口规模，加快塑造素质优良、总量充裕、结构优化、分布合理的现代化人力资源。这就要求，对标人口高质量发展的目标，着眼人口全生命周期的发展需要，瞄准当前我国在**生育、养育、教育、就业、医疗、养老、住房、扶弱**等方面的痛点难点问题，通过健全相关设施和制度体系，显著减轻家庭生育、养育、教育负担，实现更高水平的“幼有所育、学有所教、劳有所得、病有所医、老有所养、住有所居、弱有所扶”。

二是人民高品质生活。从人民对美好生活的向往看，主要包括**物质富足、精神富有和闲暇充裕**三方面内涵。其中，物质富足是前提和基础，要普遍达到较高的收入水平和消费水准，在住有所居基础上实现更好的居住条件和质量。精神富有是在物质基础上的升级，人民群众能够享受丰富多彩的文化娱乐活动，精神享受从可选项变为必选项，从奢侈品转向大众品。闲暇充裕则是享受高品质生活的保障，马克思和恩格斯多次指出，闲暇是人的全面发展所需要的自由时间，并预言未来的理想社会是闲暇时间十分充沛的时代。①闲暇时间不断增多，是社会进步、社会现代化的重要标志。

三是社会和谐稳定。其主要包括**分配合理、治理有效、安全有序**三方面内涵。分配合理是社会和谐稳定的社会结构基础，要维护社会公平正义，确保社会中的资源和机会公平分配，不断扩大中等收入群体比重，增加低收入群体收入，合理调节高收入，取缔非法收入，逐步形成中间大、两头小的橄榄型分配结构。治理有效是社会和谐稳定的制度基础，要推动共建共治共享的社会治理制度进一步完善，形成多元共治、和谐善治、文明法治的现代社会治理格局，有效预防和化解各类社会矛盾和纠纷。安全有序是保障和谐稳定的底线要求，事关每个社会成员切身利益，是人民群众安全感的晴雨表，对保障人民安居乐业、社会和谐有序、国家长治久安具有十分重大的意义。要通过多维度构建社会治安防控体系，全力把守护群众安全的防护网织得更密、更完善，有效维护社会治安、交通安全、生活安全和生产安全。

二、社会现代化的评价指标体系

基于上述内涵，我们从人口高质量发展、人民高品质生活、社会和谐稳定三大维度筛选设计社会现代化的评价指标体系。在指标选择和设计中，以评价结果状态为主，辅之以部分过程性指标，主要为引导相关工作；以现有统计体系能够支撑的指标，辅之以新设计指标或调整口径后的指标，以更好反映面向现代化的新形势新特征。

（一）人口高质量发展

基于前述内涵，从**生育—养育—教育—就业—医疗—养老—住房—扶弱**的人口全生命周期筛选设计评价指标。

在生育方面，围绕保持适度生育水平和人口规模，可选择通常使用的“总和生育率”指标来衡量生育水平，以人口世代更替水平 2.1 为最佳状态。

---

① 中共中央马克思恩格斯列宁斯大林著作编译局：《马克思恩格斯文集》，人民出版社 2009 年版。

在养育方面，普惠托育服务状况通常使用“每千人口拥有3岁以下婴幼儿托位数”来衡量。当前我国人口和生育形势都已发生显著变化，继续使用该指标可能会掩盖了人口年龄结构的深刻变化，容易引起工作方向上的偏差。对此，可将“每千人口拥有3岁以下婴幼儿托位数”调整为“3岁以下婴幼儿人均托位数”，使得分母紧随人口出生情况变化而变化，能够反映出人口结构深刻变化，既能够更好衡量育幼方面状况，也有利于更精准适应未来托位需求变化，进而有效引导相关工作。

在教育方面，教育强国建设是人口高质量发展的战略工程，从与“十四五”规划衔接角度看，适宜选取结果性指标“劳动年龄人口平均受教育年限”“高等教育毛入学率”。前者代表劳动年龄人口总体受教育情况，后者代表接受更高层次教育状况。不过，“劳动年龄人口平均受教育年限”指标的目前口径，主要衡量的是接受正规学历教育的年数，并未充分反映当前及今后一个时期各类教育方式崛起的新情况。为此，建议调整该指标口径，将线上学习培训、非学历教育培训的时长纳入劳动年龄平均受教育年限中。

在就业方面，中央要求要加强人力资源开发利用，稳定劳动参与率，提高人力资源利用效率。为此，可选择“劳动参与率”反映就业稳定状况，选择“每万劳动力中研发人员数量”“高技能人才占技能劳动者比重”反映就业结构和就业质量。

在医疗方面，可从投入和产出两个维度设计指标，在医疗硬件和床位等逐步提升的基础上，医疗人才成为短板，可选择“每千人口拥有执业（助理）医师数”，有效引导投入资源培养和吸引医疗人才；产出端选择国际通行的“人口平均预期寿命”指标。

在养老方面，国家要求推进基本养老服务体系建设，以更好应对人口老龄化，可选择《“十四五”公共服务专项规划》中的“养老机构护理型床位占比”反映养老设施状况。同时，目前养老保障水平总体仍低，按照中央精神，要逐步缩小城乡居民和职工养老保险筹资和待遇差距，应强化城乡基本养老保险工作力度，“尽力而为、量力而行”地逐步提升保障水平，可选择“养老金替代率”指标来衡量城乡居民基本养老保险保障水平。

在住房方面，基于“住有所居”目标和为人口发展提供支撑的角度考虑，应重点从住房保障角度来衡量，基于数据可得性，选择“住房保障支出占公共财政支出比重”指标。

在扶弱方面，针对社会弱势群体应采取兜底性举措，这是促进人口高质量发展的重要一环。可选择“最低生活保障标准”指标，应使其与社会平均工资水平的增长情况相匹配。

（二）人民高品质生活

基于前述内涵，分别从**物质富足、精神富有、闲暇充裕**三方面筛选指标。

在物质富足方面，收入水平是反映物质状况最直接的、最综合、最普遍适用的指标，选取“居民收入在国民收入初次分配中的比重”“居民人均可支配收入”指标予以衡量。同时，住房条件是存量财富状况的直接表现，常用的指标有“人均住房建筑面积”“住房成套率”等，但“人均住房建筑面积”指标未能反映城乡地区差距，无法保持指标方向的一致性；“住房成套率”指标目前已近95%，未来增长空间有限。为此，可采用OECD国家普遍使用的“人均住房间数”指标，来更好反映“住有宜居”。

在精神富有方面，精神生活在居民消费结构上的突出表现就是，消费结构逐渐由吃、穿等生存型消费向以教育、文化、娱乐等发展型、享受型消费过渡，为此从居民消费结构角度，选取“教育文化娱乐支出占消费支出比重”来反映精神生活丰富状态。

在闲暇充裕方面，相关研究在界定闲暇时间的口径上有所差异，也较难精准衡量。但在指标上较为直接明确，可选用“工作时间/闲暇时间”指标予以衡量。

（三）社会和谐稳定

基于前述内涵，从**分配合理、治理有效、安全有序**三个方面筛选设计评价指标。

在分配合理方面，我国城乡二元结构仍是影响分配格局的最大因素，选择“城乡居民人均可支配收入比”予以衡量。中央强调扩大中等收入群体，设定“中等收入群体比重”从结构维度反映分配格局，以更大力度引导推动提低、扩中等相关工作。需要注意的是，“中等收入群体比重”存在口径争议，综合分析认为，可采取基于各地居民收入中位数的相对区间（可使用75% ~ 125%这一常用区间）作为各自的衡量标准，由各地规模加总为全国规模。

在治理有效方面，从人民群众身边着眼，聚焦主要问题，评价重点放在基层治理上，并从投入和产出两个角度筛选指标，以更好引导工作。在投入端，使用“每百万城镇常住人口拥有城乡社区工作者队伍人数”“每百户居民拥有社区综合服务设施面积”两个指标，从人和物两方面来评价基层治理投入资源情况。在产出端，按照党的二十大报告有关“及时把矛盾纠纷化解在基层、化解在萌芽状态”的要求，选择“矛盾纠纷基层一线化解率”指标进行评价。

在安全有序方面，按照主要领域的常用评价指标做法，使用“每十万人刑事犯罪人数”衡量社会治安状况，使用“每万人交通事故死亡人数”衡量交通安全状况，使用“每百万人火灾事故死亡人数”衡量生活安全状况，使用“亿元GDP安全生产事故死亡人数”衡量生产安全状况。

综上所述，社会现代化评价指标体系见表7－1。

表7－1　　社会现代化评价指标体系

序号	维度	一级指标	二级指标
1	人口高质量发展	生育	总和生育率（%）
2		养育	3岁以下婴幼儿人均托位数（个）
3		教育	劳动年龄人口平均受教育年限（年）
4			高等教育毛入学率（%）
5		就业	劳动参与率（%）
6			每万劳动力中研发人员数量（人）
7			高技能人才占技能劳动者比重（%）
8		医疗	每千人口拥有执业（助理）医师数（人）
9			人口平均预期寿命（年）
10		养老	养老机构护理型床位占比（%）
11			养老金替代率（%）
12		住房	住房保障支出占公共财政支出比重（%）
13		扶弱	最低生活保障标准（元）

续表

序号	维度	一级指标	二级指标
14	人民高品质生活	物质富足	居民收入在国民收入初次分配中的比重（%）
15			居民人均可支配收入（元）
16			人均住房间数（间）
17		精神富有	教育文化娱乐支出占消费支出比重（%）
18		闲暇充裕	工作时间/闲暇时间
19	社会和谐稳定	分配合理	城乡居民人均可支配收入比
20			中等收入群体比重（%）
21		治理有效	每百万城镇常住人口拥有城乡社区工作者队伍人数（人）
22			每百户居民拥有社区综合服务设施面积（平方米）
23			矛盾纠纷基层一线化解率（%）
24		安全有序	每十万人刑事犯罪人数（人）
25			每万人交通事故死亡人数（人）
26			每百万人火灾事故死亡人数（人）
27			亿元 GDP 安全生产事故死亡人数（人）

资料来源：课题组设计。

专栏 7-1　国际上与社会建设相关的指标

人类发展指数（Human Development Index，HDI），是由联合国开发计划署（UNDP）在《1990 年人文发展报告》中提出的，用以衡量联合国各成员国经济社会发展水平的指标，并持续发布评价结果。该指数主要由预期寿命、成人识字率和人均 GDP 的对数按照一定的计算方法合成综合指标，分别反映健康长寿、知识的获取和生活水平。健康长寿用出生时预期寿命来衡量，反映健康长寿生活的能力。知识的获取用平均受教育年限（一个大于或等于 25 岁的人在学校接受教育的年数）和预期受教育年限（一个 5 岁的儿童一生将要接受教育的年数）共同衡量。生活水平用购买力平价法计算的人均国民总收入（人均 GNI）来衡量。人类发展指数在 0～1 之间，越接近 1，反映人类发展水平越高。四个分组如下：小于 0.550 为低人类发展水平；介于 0.550～0.699 之间为中等人类发展水平；介于

0.700～0.799之间为高人类发展水平；大于等于0.800为极高人类发展水平。人类发展指数动态反映了人类发展状况，揭示了一个国家的优先发展项，为世界各国尤其是发展中国家制定发展政策提供了一定依据，从而有助于挖掘一国经济发展的潜力。

世界银行致力于减少贫困和建立共享繁荣的可持续之道。在其数据指标中，专门设置了贫困、教育、社会发展等维度指标，与共享发展理念有类似之处。在贫困维度上，主要有不同标准下的贫困人口比例、人均收入、人均消费支出、最低40%人群的人均收入和人均消费支出、基尼系数、分组群体所占的收入份额。在教育维度，设置了各个阶段入学率、识字率、公共教育支出比例等指标。在社会发展维度，更加侧重儿童和女性平等情况，提出区分性别的中小学入学比例、劳动力参与率、弱势群体就业率、失业人数、出生时的预期寿命、艾滋病病毒感染率等指标，还设置了青春期生育率、国家议会中妇女席位的比例等指标。

资料来源：课题组根据公开资料整理。

三、社会现代化指标的目标值设置

综合分析我国发展阶段、国内外环境变化，将指标趋势性规律与我国现代化建设需要紧密结合，在预测、预判基础上设定到2030年和2035年各指标预期目标，为评价社会领域现代化水平和相关工作进展提供参考基准。

（一）人口高质量发展

1. 总和生育率（%）

总和生育率是国际上使用最为广泛的人口层面的生育率衡量指标。在经济发展水平相对较低的阶段，总和生育率随着经济社会发展而下降，这并不意味着总和生育率越低，现代化水平越高。如果生育率持续低下，甚至进一步下降，将导致总人口加快减少和老龄化加速，陷入低生育率陷阱。

从历史数据看，根据联合国世界人口展望（2022）① 的测算，1950～2021 年，我国总和生育率平均为 3.3，其中 1974 年之前处于 4 以上的相对较高水平。自 1982 年开始实施计划生育后，总和生育率开始较快下降，且在 1991 年以后一直低于 2，1983～2021 年平均为 1.8，1991～2021 年平均为 1.6，这表明，随经济发展水平的提升，总和生育率总体呈现下降趋势。

从国际经验看，根据联合国的定义，总和生育率 2.1 是维持代际更替、人口稳定的基本条件。国际社会通常认为警戒线为 1.5。总和生育率受经济、社会、文化等多方面因素影响，但总体上呈现出与经济发展水平倒“U”型关系，最低点往往出现在人均 GDP 在 2 万美元左右时（见图 7－1）。如法国和德国人均 GDP 为 2.3 万美元时，总和生育率分别为 1.6 和 1.3 左右，此后开始缓慢上升，而英国和美国在人均 GDP 分别为 2.7 万美元和 1.5 万美元时，总和生育率分别为 1.6 和 1.7 左右，此后均开始缓慢回升。值得注意的是，大部分发达国家在处于我国相似发展阶段时，总和生育率在 1.8 左右。参考发达国家经验，预计短期我国总和生育率将会继续下降，但长期会呈现回升趋势。

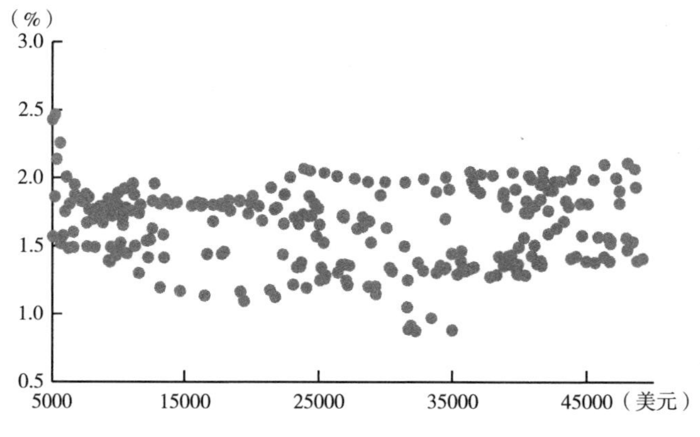

图 7－1 总和生育率和人均 GDP 的关系

资料来源：总和生育率来源于联合国，人均 GDP 数据来源于 WDI 数据库。本图数据包括美国、英国、日本、韩国、德国、法国。

展望未来，根据短期目标用简单外推、长期目标以发展阶段类比等方法，同时考虑到“三孩政策”的实施，基本公共服务的完善带来家庭生育、养育

① https：//www. un. org/zh/global－issues/population。

和教育成本的逐渐下降，生育水平仍有希望向更可持续的水平回归。预计2030年和2035年，我国总和生育率有望分别达到1.3和1.5。结合一般规律，考虑我国发展战略需要，建议将2030年和2035年我国总和生育率的目标分别设置为1.5和1.7，以更好引导相关工作。

2.3岁以下婴幼儿人均托位数（个）

“十四五”规划中，以“每千人口拥有3岁以下婴幼儿托位数”表征3岁以下婴幼儿照护服务能力。根据前述指标体系的分析，以“3岁以下婴幼儿人均托位数”予以替代。

从历史数据看，据不完全统计，1980年我国城乡婴幼儿入托率达28.2%，1995年则达到30%左右①。但是近年来，我国入托率并不高，2017～2022年3岁以下婴幼儿入托率自4.1%涨至5.5%，涨幅较小，且远不能满足三成的婴幼儿家庭入托需求。这表明婴幼儿托位数还有较大的增长空间。

从国际经验看，婴幼儿托位数与经济增长、女性劳动参与率、托位供给等息息相关（见图7-2、图7-3）。OECD数据显示，OECD国家2020年3岁以下婴幼儿入托率平均值在24%，其中有8个国家超过45%，韩国以63%的入托率占领首位，同时也是亚洲儿童入托率最高的国家。以丹麦、冰岛、挪威等为代表的国家，入托率也相对较高，这些主要由政府提供普遍的质优价廉甚至是免费的婴幼儿托育服务，实现“去家庭化”照料模式的普及化。参考发达国家经验，预计我国“3岁以下婴幼儿人均托位数”将会进一步提高。

展望未来，考虑到当前我国已经出现人口负增长，未来还有进一步加剧的趋势，女性受教育水平和劳动参与率提升以及托育服务设施不断完善，该指标增速将会不断提升。参考现阶段中等发达国家水平，到2030年和2035年，我国托育率有望达到20%和25%。当前我国托育率5.5%，3岁以下婴幼儿人均托位数为0.088个②，建议将2030年、2035年3岁以下婴幼儿人均托位数目标分

---

① 1980年卫生部颁发的《城市托儿所工作条例（试行草案）》明确指出，托儿所除了解放妇女劳动力以外，还负有教养3岁前儿童的任务。

② 根据国家卫健委公布的数据，我国有4000万左右0～3岁婴幼儿，每千人口婴幼儿托位数约为2.5个，推算出当前有婴幼儿托位数352万个，由此推算出3岁以下婴幼儿人均托位数。

别设定为0.32个和0.45个。

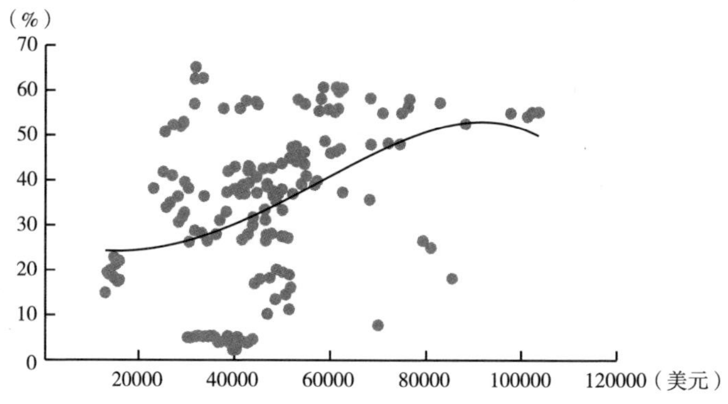

图7-2 入托率和人均GDP的关系

资料来源：入托率数据来源于OECD数据库，人均GDP数据来源于WDI数据库，本图数据包括澳大利亚、奥地利、智利、丹麦、芬兰、法国、德国、冰岛、爱尔兰、以色列、意大利、日本、韩国、新西兰、挪威、西班牙和瑞典。

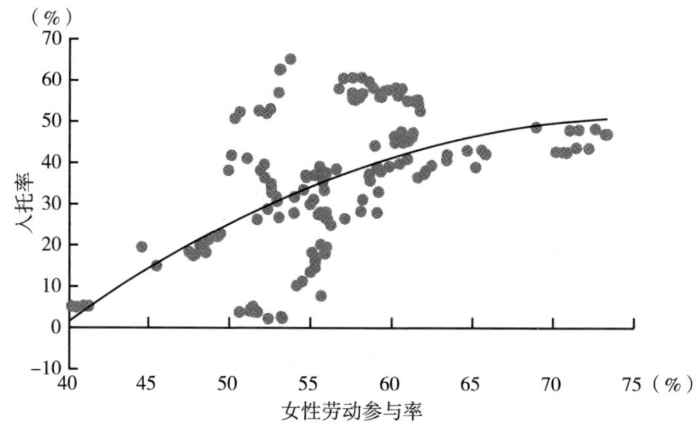

图7-3 入托率和女性劳动参与率的关系

资料来源：入托率数据来源于OECD数据库，女性劳动参与率数据来源于WDI数据库，本图数据包括澳大利亚、奥地利、智利、丹麦、芬兰、法国、德国、冰岛、爱尔兰、以色列、意大利、日本、韩国、新西兰、挪威、西班牙和瑞典。

3. 劳动年龄人口平均受教育年限（年）

劳动年龄人口平均受教育年限是指社会总人口中处于劳动年龄范围内（目前为16~59岁）的人口人均接受学历教育（包括成人学历教育，不包括各种非学历培训）年数，是反映国民素质和人力资源开发水平的综合指标。

考虑到目前尚缺乏将非学历教育培训等纳入的统计支撑，以下仍基于当前统计口径进行测度和目标设定。近年来，新增劳动力受教育水平的显著提升，使得我国劳动年龄人口平均受教育年限与一些发达国家之间的差距不断缩小，但由于劳动年龄人口存量大，整体上与发达国家仍有一定差距。

从历史数据看，参考 Barro－Lee 的数据①，1950～2015 年，我国劳动年龄人口平均受教育年限从 1.78 年提高到 8.71 年，提高了近 4 倍，其中以改革开放和大学扩招为快速增长节点，如 1980 年劳动年龄人口平均受教育年限为 5.7 年，较 1975 年提高近 1 年；2000 年达到 7.8 年，较 1990 年提高 1.4 年。进入 21 世纪以来，劳动年龄人口平均受教育年限保持更为快速的增长，2021 年达到 10.9 年。

从国际数据看，发达国家人均 GDP 达到 1.5 万美元左右时，劳动年龄人口平均受教育年限大都在 11 年以上（见图 7－4）。目前，我国劳动年龄人口平均受教育年限低于多数 OECD 国家，同时也低于韩国、新加坡等东亚和太平洋地区的不少国家。2021 年，我国劳动年龄人口平均受教育年限达到 10.9 年，相当于美国 20 世纪 60 年代的水平，略高于日本、韩国等亚洲发达经济体 20 世纪 80 年代中期的水平，但这也充分说明我国劳动年龄人口平均受教育年限还有较大提升空间，人才红利释放潜力较大。

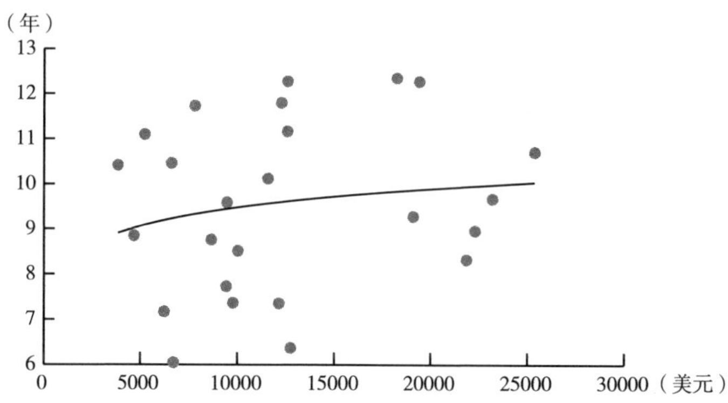

图 7－4　主要发达国家劳动年龄人口平均受教育年限与人均 GDP 的关系

资料来源：Barro－Lee 数据库、WDI 数据库。如无特殊说明，主要发达国家包括美国、英国、日本、韩国、德国、法国。下同，不再赘述。

① http：//www.barrolee.com/。

展望未来，我国将长期致力于提高人口素质、积累人力资本、提升人才质量，同时参考发达国家和我国经济发展趋势，到2030年和2035年，建议我国劳动年龄人口平均受教育年限目标分别设定为11.6年和12年。

4. 高等教育毛入学率（%）

高等教育毛入学率指高等院校在校学生数占高等教育国家规定年龄组人口总数的比例。高等教育毛入学率的提升有利于扩大我国人才培养规模和人力资源供给规模，支撑产业转型升级和高质量发展。

从历史数据看，我国高等教育毛入学率自1999年以后快速提升，由1999年的10.5%提升至2005年的21%，实现翻番，至2015年提升至40%，再次实现翻番。“十三五”时期，由2015年的40%提高至2020年的54.4%，此后仍然保持较快增长速度。近30年来，我国高等教育取得历史性成就，高等教育进入普及化阶段，为实现现代化奠定坚实基础。

从国际经验看，与发达国家相似发展阶段相比，我国高等教育毛入学率已经处于相对较高水平，发达国家在人均GDP处于1万~2万美元之间时，高等教育毛入学率普遍在50%左右（见图7-5），在人均GDP超过2万美元时，高等教育毛入学率超过50%，超过3万美元时，达到60%左右。

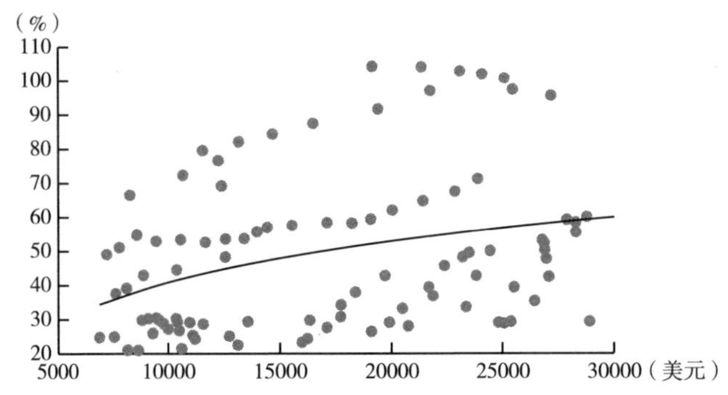

图7-5 高等教育毛入学率与人均GDP的关系

资料来源：WDI数据库。

展望未来，《中国教育现代化2035》① 已提出2035年高等教育毛入学率达到65%的目标。参考发达国家和我国经济发展趋势，未来我国将进一步改

① https://www.gov.cn/zhengce/2019-02/23/content_5367987.htm。

善办学条件，加速提高高等教育竞争力，建议 2030 年和 2035 年，我国高等教育毛入学率分别设置为 65% 和 68% 的目标。

5. 劳动参与率（%）

高质量充分就业是人口高质量发展的基础，促进高质量充分就业，需要主动适应劳动力规模和结构变化趋势，稳定劳动参与率，改善劳动力供给，提高劳动者素质，同时提高人力资源利用效率，以人力资源高质量发展推动中国式现代化建设。

从历史数据看，根据国际劳工组织数据①（占 15～64 岁人口比重），我国劳动参与率呈现不断下降趋势，从 1990 年的 84% 下降至 2021 年的 75.8%，下降了近 10 个百分点，其中 2020 年仅为 73%。从国家统计局的数据看（占 15 岁以上人口比重），也呈现出类似趋势，劳动参与率由 1980 年的 79.5% 下降到 2022 年的 66.9%，其中 2020 年仅为 64.9%。这均充分表明我国劳动参与率随经济发展水平呈现下降趋势。

从国际经验看，发达国家劳动参与率随经济发展水平逐渐提高，但增速会逐渐下降。发达国家在人均 GDP 为 1.5 万美元时，劳动参与率为 65% 左右（见图 7－6），到 2.5 万美元时，劳动参与率提升至 70% 左右，此后劳动参与率增速逐渐下降，到 3.5 万美元以后，劳动参与率会保持相对稳定状态，大致为 75% 左右。

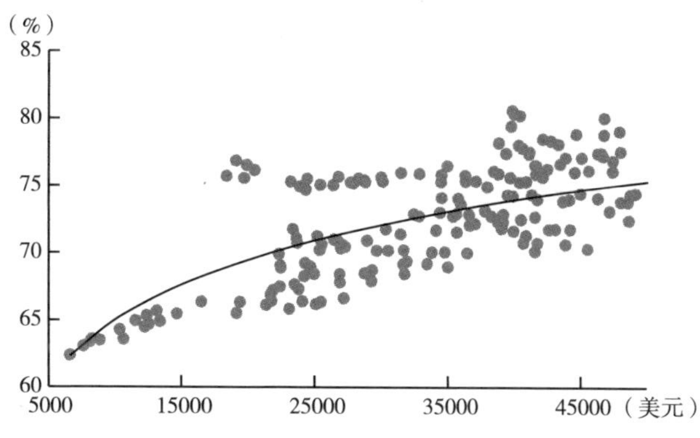

图 7－6　劳动参与率与人均 GDP 的关系

资料来源：WDI 数据库，其中劳动参与率的数据来源于国际劳工组织 15～64 岁统计口径。

① https：//www.ilo.org/global/lang－－en/index.htm。

展望未来，随着经济发展和科学技术水平提升，我国劳动参与率有进一步下降趋势，但应该会保持在相对稳定状态。从发达国家发展经验和我国经济发展实际看，我们认为，可将 2030 年和 2035 年劳动参与率目标设定为 75%左右。

6. 每万劳动力中研发人员数量（人）

创新在我国现代化建设全局中处于核心地位，人才更是建设社会主义现代化国家的基础性、战略性支撑，每万劳动力中研发人员数量是衡量一国科技创新投入水平的重要指标，也是衡量科技人才结构的重要参考依据。

从历史数据看，我国全社会研发经费从 2012 年的 1 万亿元增加到 2022 年的 3.09 万亿元，研发投入强度从 1.91% 提升到 2.55%，而研发人员总量从 2012 年的 325 万人年提高到 2022 年超过 600 万人年，多年保持世界首位。从每万劳动力研发人员数量看，2021 年，我国每万劳动力中研发人员数为 77 人，较 2012 年增加 34 人。这表明我国在科技人才培养方面取得了明显成效。

从国际经验看，发达国家也一直致力于科技创新人才培养，虽然总量上不如我国，但每万劳动力中研发人员数量要明显高于我国，如日本 1996 年每万劳动力中研发人员的数量就已经超过 90 人①（见图 7－7），此后一直保持在 100 人左右的水平，韩国自亚洲金融危机之后，在这方面的投入也相对较高，到 2020 年已经接近 160 人。参考发达国家，尤其是亚洲国家在科技人才培养方面的经验，预计未来我国每万劳动力中研发人员数量还将进一步提高。

展望未来，我国将进一步推进创新性国家建设，科技领域投入将持续增加，综合发达国家经验和我国经济发展趋势，建议到 2030 年和 2035 年，每万劳动力中研发人员数量分别设定为 100 人及 120 人左右。

---

① http：//www.imi.ruc.edu.cn/zjgzs/cqq/IMIsd5/38fbd66f828b4c5485d856e4f3689536.htm。

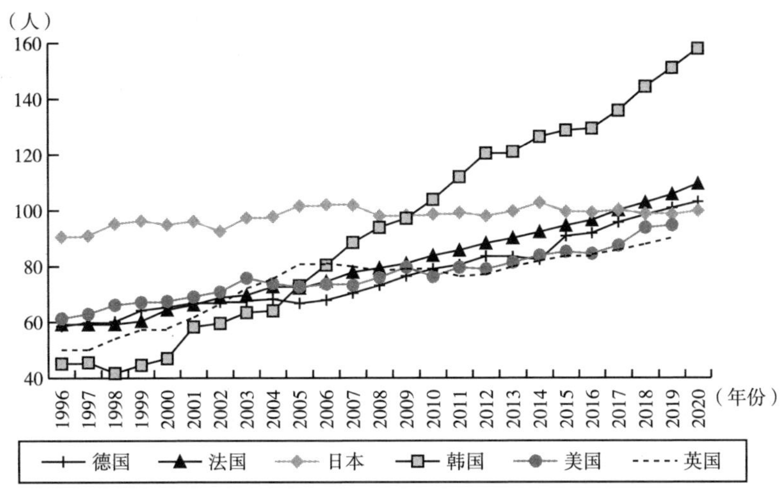

图7－7　主要发达国家每万劳动力中研发人员数量

资料来源：WDI 数据库。

7. 高技能人才占技能劳动者比重（%）

高技能人才是赢得国际竞争主动的重要战略资源，充分发挥高技能人才的优势，能够将人才红利切实转化为促进高质量发展的内生动力，筑牢实体经济根基。高技能人才占技能劳动者比重是衡量高技能人才发展情况的重要指标。

从历史数据看，2012 年至今，我国高技能人才从 3439 万人增加到超 6000 万人，年均增长 7.4 个百分点，几乎实现翻番，占技能人才比重从 2012 年的 25.6% 提高到 30%，提高了近 5 个百分点。党的十八大以来，我国越来越重视高技能人才，十八届五中全会将高技能人才与战略科学家、科技领军人才、企业家人才一起列为国家重点建设的 4 支人才队伍。未来，职业教育和企业培训双向发力，高技能人才队伍还将进一步发展壮大。

从国际经验看，发达国家通过大力培育本土人才、积极引进和留用外国人才等战略，不断壮大本国高技能人才队伍，如德国实行“双元制”职业教育，高技能人才占比达到 50%。2018 年英国技能人才签证配额从每年 1000 个增加至 2000 个，澳大利亚则实施全球人才计划，每年预留 5000 个名额用于从全球招聘专业技术人才。日本政府则制定了技能人才移民的国际相互认证制度和国际养老金相互补充制度，在日本整个产业工人队伍中，高级技工占比达到 40%。

展望未来，科技创新、数字化等快速发展，对高级技能人才的需求和培养将进一步提升。《加强新时代高技能人才队伍建设的意见》中提出，到“十四五”末，高技能人才占技能人才比例达到1/3。参考发达国家经验和我国高技能人才增长速度，建议将2030年和2035年高技能人才占技能劳动者比重目标分别设定为37%和40%左右。

8. 每千人口拥有执业（助理）医师数（人）

医疗卫生水平高低是现代化水平的重要方面，而每千人口拥有执业（助理）医师数是反映医疗卫生水平的重要指标。

从历史数据看，根据OECD数据，我国每千人口执业医师数从2000年的1.24人增加至2019年的2.24人。“十三五”时期，每千人口拥有执业（助理）医师数从2.21人增至2.90人。从我国实际情况看，每千人口拥有执业（助理）医师数与人均GDP之间呈现高度的相关性。

从国际经验看，随着人均GDP水平的提高，每千人口执业医师数①不断增加（见图7－8）。进入21世纪以来，澳大利亚、奥地利、比利时、匈牙利等每千人口执业医师数均在2.5左右及以上（见表7－2）。如奥地利在人均GDP达到3.5万美元时，每千人口执业医师数达到4.2人，如果加上助理医师数，水平则会更高。

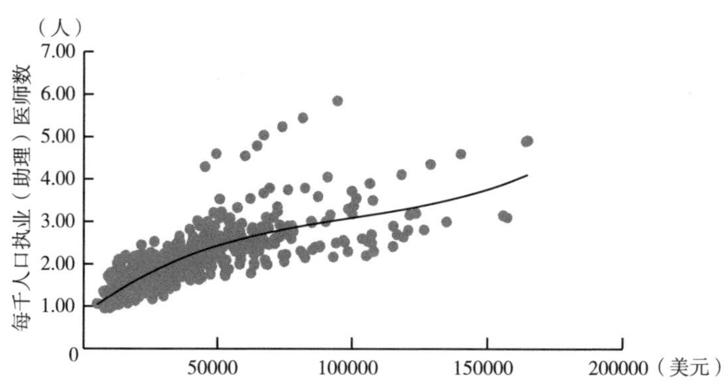

图7－8 每千人口执业（助理）医师数与人均GDP的关系

资料来源：OECD数据库。

① 发达国家普遍使用执业医师数作为医疗条件的指标之一，我国通常使用执业（助理）医师数。从我国情况看，每千人口执业医师数较每千人口执业（助理）医师数低0.7左右。

表 7-2　主要发达国家每千人口执业医师数　单位：人

年份	澳大利亚	奥地利	比利时	匈牙利	韩国	中国
2000	2.49	3.85	2.83	2.68	1.3	1.24
2001	2.56	3.96	2.85	2.89	1.39	1.26
2002	2.56	4.03	2.86	3.19	1.49	1.12
2003	2.63	4.11	2.86	3.25	1.57	1.17
2004	2.71	4.2	2.87	3.34	1.56	1.2
2005	2.78	4.32	2.87	2.78	1.63	1.22
2006	2.84	4.45	2.89	3.04	1.69	1.25
2007	3.01	4.54	2.91	2.8	1.73	1.27
2008	3.02	4.6	2.92	3.09	1.85	1.32
2009	3.12	4.69	2.92	3.02	1.92	1.4
2010	—	4.8	2.92	2.87	1.98	1.44
2011	3.32	4.84	2.92	2.96	2.03	1.47
2012	3.31	4.9	2.93	3.09	2.07	1.55
2013	3.37	4.99	2.96	3.21	2.16	1.64
2014	3.45	5.05	2.98	3.32	2.2	1.7
2015	3.51	5.09	3.02	3.1	2.24	1.78
2016	3.58	5.13	3.07	3.21	2.29	1.88
2017	3.68	5.18	3.08	3.32	2.35	1.99
2018	3.75	5.24	3.13	3.38	2.39	2.11
2019	3.83	5.32	3.16	3.49	2.46	2.24
2020	—	5.36	—	—	—	—

资料来源：OECD 数据库。

展望未来，“十四五”及未来一段时期，在近些年快速增长基础上，综合考虑医学高校招生规模等因素，同时参考发达国家发展情况，可将 2030 年和 2035 年目标分别设定为 3.5 人和 4.5 人左右。

9. 人口平均预期寿命（岁）

人民健康是幸福生活的基础。人口平均预期寿命，指同时出生的一批人若按照某一时期各个年龄死亡率水平度过一生平均能够存活的年数，是综合反映健康水平的基本指标。

从历史数据看，我国人口平均预期寿命从 1981 年的 67. 8 岁增加至 2022 年的 78. 2 岁，40 多年增长超过 10 岁。其中 2000 年以后增长相对更快，1981 年至 2000 年增加了 3. 6 岁，而从 2000 年至 2022 年增加了 6. 8 岁，2022 年平均预期寿命达到 78. 2 岁。从我国实践看，人口平均预期寿命增速与经济发展水平呈倒"U"型关系。在经济发展初期阶段，人口平均预期寿命随经济保持相对较快增长速度，经济发展到一定阶段，人口平均预期寿命增速则会放缓。

从国际经验看，现代化发展解放了社会生产力，使人口平均预期寿命迅速提高。第一次工业革命之前，欧洲人口平均预期寿命每百年增长 1 岁左右；而自第一次工业革命至 1977 年的百年间，欧洲人平均预期寿命增加了 30 岁左右，超过 70 岁。根据联合国人类发展指数的数据，美、德、日、英、法等 29 个发达国家平均预期寿命与人均 GDP 之间的散点图显示，随人均 GDP 水平持续提高，平均预期寿命也会持续增长（见图 7 -9）；人均 GDP 达到 3 万美元后，平均预期寿命增长速度明显放慢。从发达国家的平均水平看，1990 ~ 2017 年各国人口平均预期寿命从 74. 8 岁增长到 81 岁，27 年增加了 6. 2 岁，其中 1990 ~ 2004 年，每年增加幅度持续提高，2005 年以来，增加幅度开始逐步降低。这也表明当预期寿命达到一定水平（超过 80 岁），在没有重大生命科学技术进步情况下，将进入稳定增长阶段。

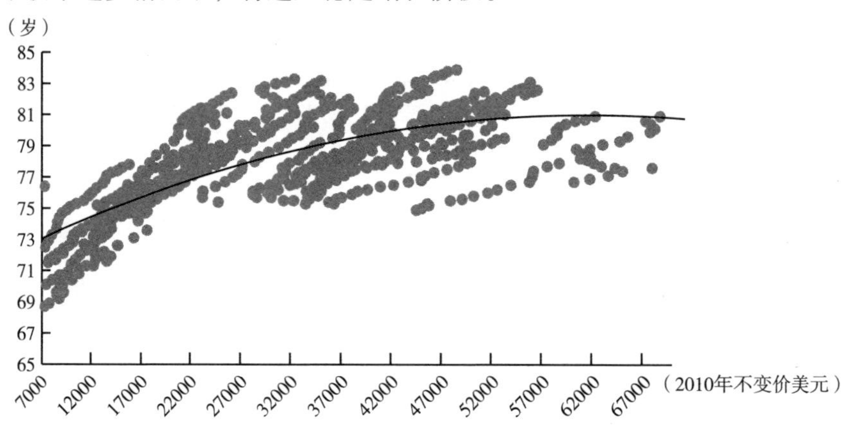

图 7 -9　主要发达国家平均预期寿命随人均 GDP 变化情况

资料来源：联合国人类发展指数数据库（HDI）和世界银行世界发展指标数据库（WDI）。

展望未来，《“十四五”国民健康规划》① 指出，展望2035年，我国将建立与基本实现社会主义现代化相适应的卫生健康体系，中国特色基本医疗卫生制度更加完善，人口平均预期寿命达到80岁以上。我国人口平均预期寿命的变化符合现代化发展一般规律，参考发达国家经验，可将2030年和2035年人口平均预期寿命目标分别设定为79岁和不低于82岁。

10. 养老机构护理型床位占比（%）

养老机构护理型床位占比是指养老机构护理型床位占总床位数的比例，是衡量养老服务水平的重要指标。

从历史数据看，我国“十三五”时期开始将“护理型床位”纳入规划主要指标，到“十三五”末期，我国各类养老机构床位数821万张，养老机构护理型床位占比不足50%，无法满足4000多万失能、半失能老人的需求，预计未来还有较大增长空间。

从国际经验看，不同国家养老模式并不相同，美国有5000万65岁以上的老人，绝大部分采取居家养老模式，且建有专门针对老年人的社区，失能、半失能老人在养老社区中有长期护理区，社区提供24小时有专业护士照料的监护服务。英国95%的养老服务在社区内，“医养结合”特征明显。虽然发达国家没有专门针对养老机构护理型床位的统计，但其通过各自的养老模式，能较好地满足不同类型老龄人口养老需求。

展望未来，我国“十四五”规划提出，到2025年，养老机构护理型床位占比提高到55%，同时《国家积极应对人口老龄化中长期规划》提出到2035年达到80%的目标。参考发达国家养老服务经验以及我国经济发展趋势，建议设定2030年和2035年养老机构护理型床位数占比分别为69%和80%。

11. 养老金替代率（%）

养老金替代率是养老金与工资的比例，是国际上通用的衡量养老金待遇水平的指标，常用于对制度待遇充足性的评估和国际比较研究。替代率是整个养老保险制度体系的关键点，替代率水平是否合理，反映的是整个制度的

① https：//www. gov. cn/zhengce/content/2022 －05/20/content_5691424. htm。

安排和政策取向。养老金替代率不仅关系到退休人员的切身利益，而且关系到整个基本养老保险制度的可持续运行。

从历史数据看，世界银行建议，要维持退休前的生活水平不下降，养老替代率需不低于70%，国际劳工组织建议养老金替代率最低标准为55%，即退休金是退休前工资的55%为最低标准。我国基本养老金替代率从2000年的70%降至2020年的41.3%①，不仅低于55%的警戒线，还远低于维持现有生活水准的70%的标准线。因此，从整体上看，我国养老体系的第一支柱财政压力大且替代率逐年下降，发展第三支柱的个人养老金是未来发展的“重中之重”。

从国际经验看，很多发达国家的养老金替代率都不是很高，如美国1975年为58%，1980年为66%；日本1975年为39%，1980年为61%；瑞士1975年为60%，1980年为55%；意大利1975年为61%，1980年为69%。从世界范围看，养老金替代率一般在60%左右，但发达国家的第三支柱合并的私人养老金替代率相对较高。

展望未来，我国基本养老金替代率增长有限，第二支柱由于目前覆盖范围相对有限，未来增长潜力也相对较小。参考发达国家经验以及我国经济发展趋势，未来随着我国不断构建多层次养老保障体系，养老金替代率的水平会得到提升，建议将2030年和2035年养老金替代率目标分别设定为48%和55%。

12. 住房保障支出占公共财政支出比重（%）

积极发展住房保障事业，对于建立房地产调控长效机制，落实“房子是用来住的、不是用来炒的”的定位，促进房地产市场平稳健康发展，推进城镇化建设，增强城市人才活力，缩小贫富差距，维护社会稳定，都具有重要意义。住房保障支出占公共财政支出比重能够在一定程度上反映住房保障事业发展水平。

从历史数据看，2009年，我国住房保障支出占公共财政支出的比重仅为2.4%，此后快速增长，到2012年时增长到3.6%，“十三五”时期平均为

① http://www.thfr.com.cn/m.php?p=97980。

3.1%。从各地方数据看，住房保障支出占公共财政支出的比重与经济发展水平呈正相关关系（见图7－10），无论是地方纵向数据还是各地方横向比较，都不难看出，经济发展水平越高，住房保障支出占公共财政支出的比重越高。

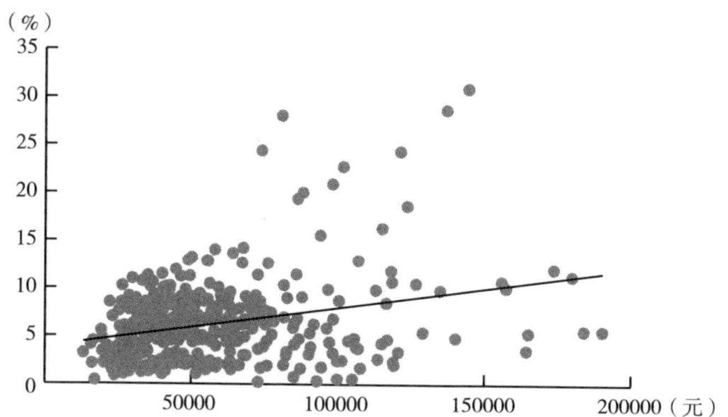

图7－10　住房保障支出占公共财政支出比重与人均GDP关系

资料来源：根据各地区各年度统计年鉴整理计算得到。

从国际经验看，发达国家保障性住房的建设以金融支持为主、财政支出为辅，如美国提供低息贷款、住房抵押贷款和贷款担保等，住房金融市场较为发达，资产证券化程度也相对较高。而德国鼓励民间资本支持保障性住房发展，同时鼓励住房储蓄，政府给予住房担保。日本则是民间融资和金融机构发展相结合，鼓励信用贷款和劳动贷款。新加坡住房保障支出占财政支出比重相对较高，1990年、1995年、1999年和2000年组屋建设相关支出在新加坡政府发展支出中的占比分别为22.7%、10.7%、20.6%和15%，虽然有所下降，但仍处于重要地位，而目前有82%的新加坡居民住在组屋中。

展望未来，随着我国保障性住房建设步伐加快，参考国际经验和我国发达地区保障性住房建设情况，建议到2030年和2035年，住房保障支出占公共财政支出比重达到5%以上和5.8%以上。

13. 最低生活保障标准（元）

最低生活保障是一项兜底线、救急难、保民生、促公平的基础性制度安排，是共同富裕扎实推动的重要保障。

从历史数据看，我国城乡最低保障标准分别由 2006 年的 169.6 元/月和 70.9 元/月提高到 2021 年的 711.4 元/月和 530.18 元/月，分别增长了 3.2 倍和 6.5 倍，年均增速分别为 20% 和 40%。从各地情况看，我国各地的低保标准由各地方根据当地实际情况制定，一般与经济发展水平呈正相关。

从国际经验看，OECD 国家大多都对无法获得足够收入的家庭提供最低收入支持，但保障标准和救助水平各国差异较大。美国保障标准相当于平均工资的 20%，日本和意大利等则相当于平均工资的 60% 左右，OECD 国家平均为 35%。

展望未来，“十四五”规划提出，要以城乡低保对象、特殊困难人员、低收入家庭为重点，健全分层分类的社会救助体系。随着经济发展水平提高，最低保障标准必将进一步提高。当前我国城市最低生活保障标准仅相当于平均工资的 10% 左右，农村最低生活保障标准则相当于平均工资的不足 7% 左右。建议进一步提高最低保障标准，按照 2030 年城市最低生活标准相当于平均工资的 15%，农村相当于 10%，到 2035 年基本实现城乡统一的最低生活保障标准。按照平均工资年均 8% 左右的增速，建议 2030 年城乡最低标准分别达到 2100 元/月和 1400 元/月，到 2035 年城乡统一的最低生活保障标准达到 4500 元/月。

（二）人民高品质生活

14. 居民收入在国民收入初次分配中的比重（%）

居民收入在国民收入中的比重就是居民部门在经济增长“做大蛋糕”中所分得的部分，体现出居民部门共享经济发展成果的水平，在根本上决定了居民生活品质高低。

从历史数据看，2008 年之前居民部门在国民收入初次分配中的比重呈现下降的趋势，2008 年为 56.99%（见图 7－11）。2009 年至今，随着国民收入分配政策的调整和加大对民生的投入，居民收入比重逐渐回升，2020 年居民收入占比提高到 62.04%，较 2008 年提高了 5 个百分点。

图 7－11　居民收入占国民收入比重

资料来源：国家统计局。

从国际经验看，我国居民部门在国民收入初次分配中的比重低于发达国家相似发展阶段，也低于现阶段的一些发展中国家。美国和日本在与我国相似发展阶段时居民部门占比均在 80% 以上，与之相比，我国低近 20 个百分点。与现阶段主要国家比较看，我国不仅低于发达国家，也低于中等收入国家。目前其他国家居民部门占国民收入的比重主要分布在 64% ～80% 之间，捷克水平相对较低，为 64. 4% ，其他国家均高于 65% ，最高的日本和美国高于 78% 。平均来看居民部门占比则低于平均水平 11 个百分点。

展望未来，要实现全体人民共同富裕的目标，在“做大蛋糕”的同时也要“分好蛋糕”，形成人人享有的合理分配格局。参考发达国家经验和我国经济发展实际，建议将 2030 年和 2035 年居民收入占国民收入初次分配的比重目标分别设定为 65% 和 68% 。

15. 居民人均可支配收入（元）

居民可支配收入是居民能够自由支配的收入，是居民可用于最终消费支出和储蓄的总和，用来衡量人民生活水平和购买力，为制定保障和改善民生的政策提供重要参考。居民人均可支配收入是居民可支配收入除以常住人口数后得到的平均数。

从历史数据看，我国居民人均可支配收入从 2013 年的 1. 83 万元提高到 2022 年的 3. 69 万元，年均增速为 8% 。其中，由于疫情影响，2020 ~2022 年居民人均可支配收入增速略有下滑，但总体仍然保持相对较高的增速（见图 7－12）。

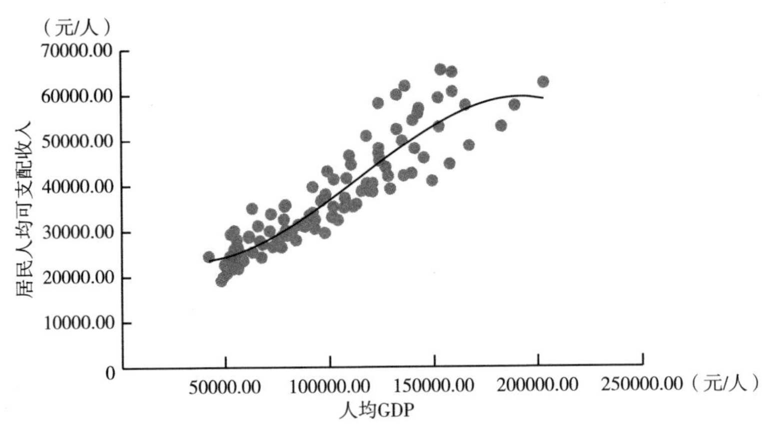

图 7－12　人均 GDP 与人均可支配收入

资料来源：国家统计局。

从国际经验看，美、日、德、韩等发达经济体的人均可支配收入与人均 GDP 走势基本一致，均处于波动上行态势。

展望未来，“十四五”规划提出，到 2035 年，我国城乡居民人均收入将再迈上新的大台阶。参考发达国家经验，同时按照全国 2035 年人均可支配收入较 2020 年翻一番的标准，可将 2030 年和 2035 年人均可支配收入目标分别设定为 6.5 万元和 8 万元。

16. 人均住房间数（间）

人均住房间数是国际上衡量居住质量的一个重要指标。它反映了居民居住在具有基本现代生活设施住房中的基本情况，在计算时剔除了厨房、卫生间、车库等。

从历史数据看，我国人口普查中有相关数据的调查，2000 年第五次全国人口普查数据显示，人均住房间数为 0.78 间；2010 年第六次全国人口普查显示，人均住房为 0.99 间；按照 2000～2010 年的增加幅度来估算，2020 年我国人均住房间数约为 1.17 间。

从国际经验看，根据 OECD 相关数据，2015 年 OECD 国家人均住房间数平均为 1.7 间，呈现出随人均 GDP 水平提高，居民人均住房间数逐步增加的趋势（见图 7－13）；并且大多数国家的人均住房间数一般在 1.2～2.5 之间，国家之间的差别比较显著，如加拿大的人均住房间数为 2.5 间，大概是墨西哥、匈牙利、波兰、斯洛伐克、土耳其等国家的 2 倍左右。

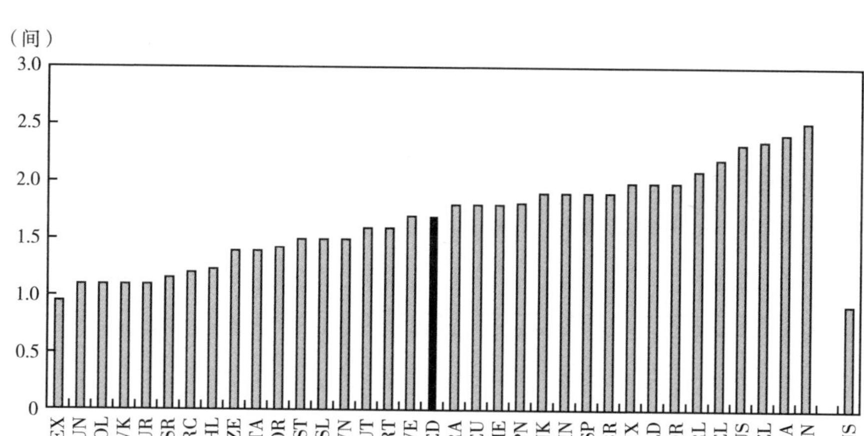

图 7－13　主要国家人均住房间数（2015 年）

资料来源：OECD。

展望未来，参考主要发达国家人均住房发展趋势，随着人均 GDP 水平提高和发展现代化程度提升，我国人均住房状况将会进一步改善。考虑我国随着城镇化推进、城市发展和房地产市场长期健康发展，按照近年来人均住房间数的增长趋势推算，可将 2030 年和 2035 年人均住房间数目标分别设定为 1.3 间和 1.45 间以上。

17. 教育文化娱乐支出占消费支出比重（%）

教育文化娱乐类消费属于发展型、享受型的较高层次消费，是消费升级的必然方向和结果，这类消费水平的提高体现了居民消费升级和精神生活状况。

从历史数据看，我国教育文化娱乐支出占消费支出比重一直呈现较为稳定的状态，2013～2019 年占比从 10.6% 提高至 11.7%，提高了 1.1 个百分点。受疫情影响，2020～2022 年该指标值有所下降，分别为 9.6%、10.8% 和 10.1%，在疫情防控平稳转段后，很快恢复至正常增长轨道。

从发达国家经验看，随着人均收入提高，教育文化娱乐类消费支出占总消费支出比重逐渐增加（见图 7－14）。在人均 GDP 为 5000 美元到 1.5 万美元之间时，教育文化娱乐类消费支出占比增长较快，均值为 9.4%。在人均 GDP 达到 4.5 万美元以上时，教育文化娱乐类消费支出占比增长相对较慢，处于相对稳定的状态。

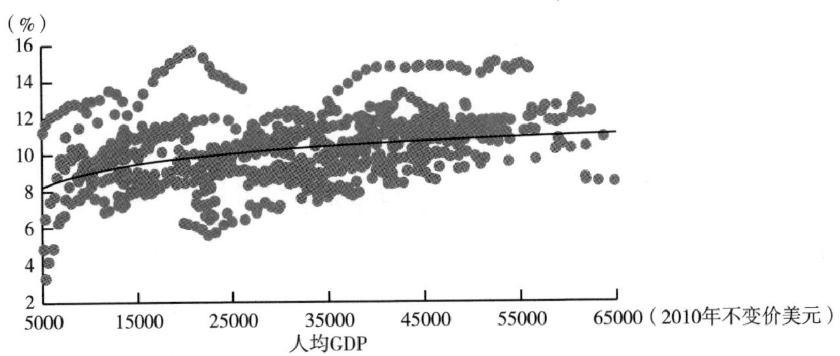

图7－14　教育文化娱乐支出占消费支出比重

资料来源：根据OECD数据库和WDI数据库整理得到，这里选取的主要国家包括：澳大利亚、奥地利、加拿大、捷克、丹麦、爱沙尼亚、芬兰、法国、德国、希腊、匈牙利、以色列、意大利、日本、韩国、拉脱维亚、荷兰、新西兰、挪威、波兰、葡萄牙、斯洛伐克、西班牙、瑞典、瑞士、英国、美国、比利时、立陶宛。

展望未来，居民教育文化娱乐消费支出占比将会进一步提升，参考发达国家经验，未来其增长速度将会有所放缓，建议将2030年教育文化娱乐类消费支出占比目标设定为13%以上，到2035年进一步提高至15%以上。

18. 工作时间/闲暇时间

闲暇时间，是除去必要劳动时间和基本生理时间之外的可供自主支配的时间。有大量证据表明，工作/生活平衡的各个方面会影响主观幸福感，工作时间/闲暇时间是衡量工作/生活平衡的主要指标之一。

从历史数据看，2018年第二次全国居民时间利用调查结果显示，我国居民有酬劳动时间占比18.3%，无酬劳动时间占比11.3%，个人自由支配时间占比16.4%，工作时间/闲暇时间为1.8∶1，而2008年这一比例为2.5∶1。这里的工作时间包括有酬劳动和无酬劳动时间，闲暇时间为个人自由支配活动的时间，包括健身锻炼、听广播或音乐、看电视等①。

从国际经验看，发达国家工作时间相对较短，闲暇时间则相对较长，以

① 国家统计局分别于2008年和2018年进行过两次全国居民时间利用情况调查，本书主要基于该数据分析近年来我国居民时间利用结构的变化。

2018 年为例，美国居民日均有酬劳动时间较我国居民低 21.9%，日均闲暇时间则显著高于我国居民，比利时、挪威、希腊、德国分别为 6.2 小时、6.1 小时、5.9 小时和 5.5 小时，明显高于我国的 3.9 小时，即使是日本和韩国等东亚国家，也分别达到 4.9 小时和 4.6 小时。

展望未来，随着经济发展水平不断提升，我国居民工作时间/闲暇时间将有可能进一步下降，居民将会有更多时间和精力用以提升个人能力等，从而带来居民获得感和幸福感的提升。综合判断，可将 2030 年和 2035 年工作时间/闲暇时间目标分别设定为 1.7∶1 和 1.65∶1。

（三）社会和谐稳定

19. 城乡居民人均可支配收入比

我国城乡二元结构特征突出，由此带来较大的城乡差距。缩小城乡收入差距、逐步消除城乡二元结构是建设现代社会的重要内容。

从历史数据看，2000 年以来，我国城乡居民人均可支配收入比变化经历了由升高到降低的过程（见图 7－15），近年来进入到下降阶段，城乡差距不断缩小。从 2010 年起，城乡居民收入比逐年缩小，年均缩小 0.07，特别是从 2017 年开始城乡差距加速减小，到 2022 年城乡居民收入比降低到 2.45，预计未来城乡居民收入差距还将进一步缩小。

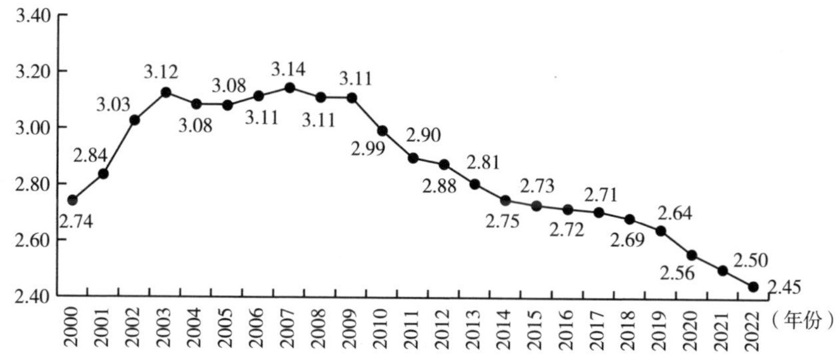

图 7－15　2000～2022 年城乡居民人均可支配收入比值变化情况

资料来源：根据国家统计局相关数据计算得到。

从国际经验看，OECD 国家的城乡收入比基本保持在 1.4 以内。美国城乡居民收入中位数之比主要经历两个阶段的变化，一是1989～1999年在1.3～1.4之间波动，城乡收入差距基本保持稳定；二是2000～2014年城乡居民收入差距逐渐缩小，城乡居民收入比由1.37下降至1.23，此后一直保持相对稳定。日本城乡收入差距则经历了“城乡基本平衡”到“城低于乡”再到“城乡基本平衡”的转变路径。1960～1975年，城乡收入差距由1.08下降至0.72，此后农村居民家庭收入一直高于城镇居民，直至2011年，日本人均GDP达到4.8万美元后，城乡居民收入比为1.14，此后保持相对稳定的状态。总体上看，发达国家的城乡收入差距相对较小，且波动并不大。

展望未来，随着我国城镇化水平进一步提升以及乡村振兴深入推进，参考发达国家发展经验，建议2030年和2035年城乡收入比分别设定为2和1.5左右。

20. 中等收入群体比重（%）

扩大中等收入群体是推动实现共同富裕的应有之义，是实现社会现代化的显著标志。扩大中等收入群体规模，关系到扩大内需、促进经济社会平稳持续发展，对构建新发展格局、推动经济社会高质量发展具有重要的战略和现实意义。从现有研究看，对中等收入群体的测度标准和方法较多，目前使用最多和最广泛的是以绝对收入标准衡量的中等收入群体。而作为权威官方口径且应用最为广泛的是国家统计局的家庭年收入10万～50万元（2018年）的标准。本书也使用此口径作为衡量中等收入群体的标准。

从我国实际情况看，2002年，党的十六大提出“以共同富裕为目标，扩大中等收入者比重，提高低收入者收入水平”，这是我国首次明确扩大中等收入群体比重的任务。根据国家统计局数据，2002年中等收入群体人数只有735.8万人，占总人口的比重不足1%。到2022年中等收入群体占总人口的比重30%左右，群体规模超过4亿人。在不到20年的时间里，中等收入群体增长了54倍多，中等收入群体占比呈现稳步上升的态势。

从国际经验看，虽然我国中等收入群体规模与欧盟所有国家中等收入群体数量的总和相当且高于美国总人口规模，但我国中等收入群体比重明显低于发达国家。英国、德国、法国、荷兰、日本和韩国中等收入群体占比均在70%以上，意大利、西班牙以及一些东欧国家，如波兰、匈牙利等，其中等收入群体占比也基本在50%以上。这充分说明我国中等收入群体比重还有较大提升空间。

展望未来，我国中等收入群体比重还处于爬坡阶段，且增速相对更快。到2035年，基本实现社会主义现代化国家，橄榄型社会基本形成，按照每年提高1个百分点的增速看，建议将2030年和2035年我国中等收入群体比重分别设定为45%和50%。

21. 每百万城镇常住人口拥有城乡社区工作者队伍人数（人）

社区是人民群众安居乐业的家园和创新社会治理的基础平台，社区服务关系民生、连着民心，不断强化社区为民、便民、安民功能，是落实以人民为中心的发展思想、践行党的群众路线、推进基层治理现代化建设的必然要求。社区工作者队伍是维系社区安全稳定的核心，是完善社区治理体系的关键。

《"十四五"城乡社区服务体系建设规划》提出，到2025年末，社区服务体系建设更加完善，社区吸纳就业能力不断增强，每百万城镇常住人口拥有社区工作者达到18人，较2020年增加3人。未来，随着我国社区人才队伍建设步伐不断加快，可将2030年和2035年每百万城镇常住人口拥有社区工作者队伍人数目标分别设定为22人和25人。

22. 每百户居民拥有社区综合服务设施面积（m^2）

社区综合服务设施是面向社区居民提供服务的综合性、多功能服务设施，是能满足社区组织办公和社区综合服务所需，并配置多功能社区居民活动的场所。社区综合服务设施一般包括：社区服务中心（站）、党群服务中心（站）、为民（农）服务中心（站）、便（利）民服务中心（站）、睦邻（邻里）中心等。每百户居民拥有社区综合服务设施面积能反映出一地社区服务能力。

《"十四五"城乡社区服务体系建设规划》提出，2020年我国每百户居民拥有社区综合服务设施面积为29.8平方米，2025年不低于30平方米，一些发达地区将2025年的目标定位不低于32平方米。我们认为，随着未来社区治理现代化水平不断提升，社区服务设施不断完善，服务效能不断提升，建议将2030年和2035年目标分别设定为不低于32平方米和35平方米。

23. 矛盾纠纷基层一线化解率（%）

基层一线化解率的提高是推进国家治理体系和治理能力现代化的重要体

现。从目前实践看，各地基层一线化解率达到 90% 左右。随着社会治理水平的提升，未来基层一线化解率还有待进一步提高。可将 2030 年和 2035 年基层一线化解率目标分别设定为 95% 以上和 99% 以上。

24. 每十万人刑事犯罪人数（人）

刑事犯罪率有效降低是社会治理体系和社会治理能力现代化的重要体现。截止到 2022 年，我国每十万人刑事犯罪为 339 人，是刑事犯罪率最低的国家之一。未来，随着我国社会治理能力进一步提升，该指标有望进一步下降，建议将 2030 年和 2035 年每十万人刑事犯罪人数目标分别设定为 335 人和 330 人。

25. 每万人交通事故死亡人数（人）

每万人交通事故死亡人数是衡量一个国家或地区道路交通安全的重要指标。**从我国实际情况看**，当前，我国每万人交通事故死亡人数为 2.2 人，略高于全球平均水平的 1.8 人。

从国际经验看，发达国家每万人交通事故死亡率在人均 GDP 为 1.5 万美元左右时在 2 左右（见图 7－16），随着经济发展水平提升，该数据会逐渐下降，到人均 GDP 达到 3 万美元以上时，该数据下降到 1.5 人左右的水平。

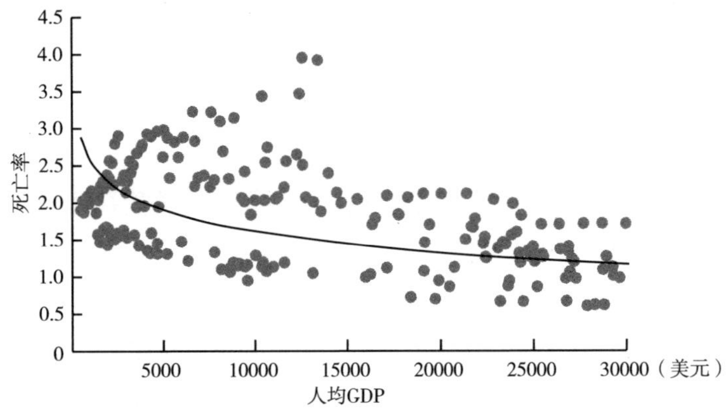

图 7－16　每万人交通事故死亡率及人均 GDP 关系

资料来源：OECD 数据库，WDI 数据库。

展望未来，随着我国交通基础设施的不断完善，未来每万人交通事故死亡率将进一步下降。到 2035 年，我国将达到中等发达国家的水平，参考国际经验，建议到 2030 年和 2035 年目标分别设定为 1.8 人和 1.5 人。

26. 每百万人火灾事故死亡人数（%）

火灾事故是最经常、最普遍的威胁社会发展和人民群众生命财产安全的主要灾害之一，也是公共安全治理领域的焦点问题。防范和化解重大消防安全风险，提升消防安全工作治理体系和治理能力的现代化水平是提高社会治理能力的重要工作内容之一。每百万人火灾事故死亡人数是衡量该水平的重要指标。

《“十四五”国家消防工作发展规划》指出，到 2025 年，消防治理体系和治理能力现代化取得重大进展，消防工作法治化、社会化水平明显提升，全社会防范火灾事故的能力显著增强，亡人火灾事故明显减少、重特大火灾事故有效遏制，应对处置各类灾害事故的能力大幅提升，每百万人火灾事故死亡人数控制在 0.29 人以内，到 2035 年建立与基本实现现代化相适应的中国特色消防治理体系。据此，将 2030 年和 2035 年目标分别设定为 0.26 人和 0.23 人以内。

27. 亿元 GDP 安全生产事故死亡人数（人）

习近平总书记指出，“安全生产事关人民福祉，事关经济社会发展大局”①。安全生产之于现代化建设具有基础性作用，关乎国家生存、人民生命安全、经济高质量发展、社会和谐稳定。亿元 GDP 安全生产事故死亡人数是衡量安全生产的重要指标，一些地区也会在其年度统计公报上公布该指标。

从历史数据看，我国亿元 GDP 安全生产事故死亡人数随经济发展水平提升而快速下降（见图 7－17）。2000 年亿元 GDP 安全生产事故死亡人数为 1.2 人，到 2003 年下降至 0.99，此后一直保持快速下降趋势，2015 年下降至 0.1 人以下，2022 年为 0.017。

展望未来，亿元 GDP 安全生产事故死亡人数与经济发展水平呈现负相关关系，经济发展水平越高，亿元 GDP 安全生产事故死亡人数越低。如 2021 年北京市该指标为 0.0117 人，云南、甘肃则为 0.057 人。参考发达地区发展情况以及未来我国经济发展趋势，建议将 2030 年和 2035 年目标设定为 0.01 人以内（见表 7－3）。

① 《习近平对全国安全生产工作作出重要指示 李克强作出批示》，新华网，2016 年 10 月 31 日。

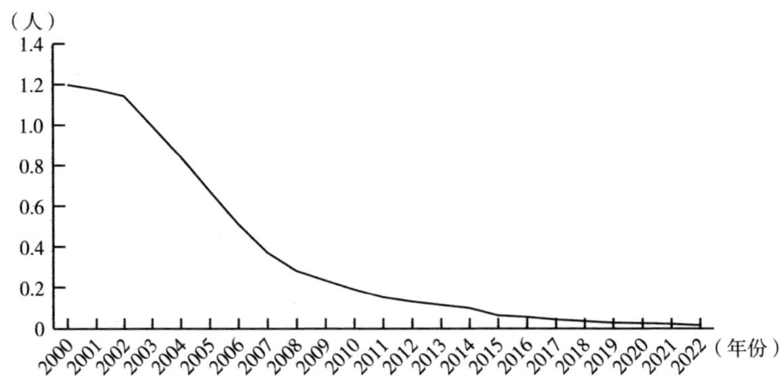

图 7－17　亿元 GDP 安全生产事故死亡人数

资料来源：根据各年度《国民经济和社会发展统计公报》计算得到。

表 7－3　社会现代化指标体系及目标值设定

序号	维度	一级指标	二级指标	2022 年	2030 年	2035 年
1	人口高质量发展	生育	总和生育率（%）	1.15	1.5	1.7
2		养育	3 岁以下婴幼儿人均托位数（个）	0.088	0.32	0.45
3		教育	劳动年龄人口平均受教育年限（年）	10.9（2021）	11.6	12
4			高等教育毛入学率（%）	51.6	65	68
5		就业	劳动参与率（%）	75.8	75	75
6			每万劳动力中研发人员数量（人）	77	100	120
7			高技能人才占技能劳动者比重（%）	30	37	40
8		医疗	每千人口拥有执业（助理）医师数（人）	2.9	4	4.5
9			人口平均预期寿命（岁）	78.2	>79	>82
10		养老	养老机构护理型床位占比（%）	50	69	80
11			养老金替代率：养老金/当年工资（%）	45	48	55
12		住房	住房保障支出占公共财政支出比重（%）	2.9	5	5.8
13		扶弱	最低生活保障标准（元/月）	城乡分别为 711.4 元和 530.18 元	城乡分别达到 2100 元和 1400 元	城乡统一达到 4500 元

续表

序号	维度	一级指标	二级指标	2022 年	2030 年	2035 年
14	人民高品质生活	物质富足	居民收入在国民收入初次分配中的比重（%）	62.04	65	68
15			居民人均可支配收入（元）	36883	65000	80000
16			人均住房间数（间）	1.17	1.3	1.45
17		精神富有	教育文化娱乐支出占消费支出比重（%）	10.1	>13	>15
18		闲暇充裕	工作时间/闲暇时间	1.8∶1	1.7∶1	1.65∶1
19	社会和谐稳定	分配合理	城乡居民人均可支配收入比	2.56	2	1.5
20			中等收入群体比重（%）	30	45	50
21		治理有效	每百万城镇常住人口拥有城乡社区工作者队伍人数（人）	15	22	25
22			每百户居民拥有社区综合服务设施面积（平方米）	29.8	32	35
23			矛盾纠纷基层一线化解率（%）	90	>95	99
24		安全有序	每十万人刑事犯罪人数（人）	339	335	330
25			每万人交通事故死亡人数（人）	2.2	1.8	1.5
26			每百万人火灾事故死亡人数（人）	0.29	0.26	0.23
27			亿元 GDP 安全生产事故死亡人数（人）	0.017	<0.01	<0.01

资料来源：课题组测算。

四、对策建议

（一）调整优化部分指标口径，完善统计支撑

根据前面所述，部分指标需要统一标准和口径，反映我国特色和新趋势特征。口径调整优化后，现有统计体系也需要作出相应调整。

一是优化“中等收入群体比重”统计。中等收入群体比重的最大问题就是衡量标准存在争议。绝对标准缺少自动调节的灵活性，更宜采用相对标准；全国统一标准掩盖了各地收入水平的巨大差异情况，更宜采用地区差异化标准。建议国家统计局尽快明确标准，可采取基于各地居民收入中位数的相对

区间作为各自的衡量标准，由各地规模加总为全国规模，并合理设定预期目标。

二是优化“劳动年龄人口平均受教育年限”统计。“劳动年龄人口平均受教育年限”指标主要衡量的是接受正规学历教育的年数。随着互联网技术快速发展和终身学习理念普及，居民受教育方式正在发生重要变化，线上学习培训和非学历教育培训日益成为越来越多人的选择。建议充分考虑当前我国居民接受教育方式的多元化趋势，将线上学习培训、非学历教育培训的时长纳入劳动年龄平均受教育年限中。

（二）加大补短板力度，努力实现预期目标

一要着力提高生育意愿。将维持适度人口规模作为重大战略目标，系统性构建生育友好的制度体系和文化环境。探索在有条件的地方发放育儿补贴金、提供购房或租房优惠政策，同时通过建立完善的托育服务体系，降低生育及养育成本。通过财税政策支持提高女性生育意愿，严格落实育儿补贴制度。对雇用育龄女性劳动者超过一定比例的企业，给予更大力度的税收优惠。对生育女性在职称评定、晋升等方面给予一定的政策倾斜。鼓励各地将辅助生殖技术纳入医保，降低生育负担和成本。

二要加快补齐养老育幼短板。高质量育幼养老和健康需求随居民收入水平提高而不断升级，应加快补齐相关领域短板，更好满足居民需求。调动各方力量和积极性，引导多元主体发展多样化的托育和养老服务，着力增加价格可承受、质量有保障、服务更可及的普惠型托育机构和养老服务供给。鼓励婴幼儿照护服务发展。将婴幼儿照护服务纳入经济社会发展规划，强化政策引导，通过完善土地、住房、财政、金融、人才等支持政策，引导社会力量积极参与。针对婴幼儿照护和养老领域的突出矛盾，深化托育和养老机构领域改革，切实解决“用地难、用工难、融资难、盈利难”等问题。大力发展多种形式的婴幼儿照护和养老机构，支持有条件的用人单位提供托育服务，加强社区托育服务设施建设，鼓励和支持有条件的幼儿园招收 2 ~ 3 岁幼儿。健全完善相关政策法规，推进婴幼儿照护和养老服务专业化、规范化发展。要加大专业人才培养力度，依法逐步实行从业人员职业资格准入制度。

三要加快培养创新型、高技能型人才。创新人才培养模式，构建协同育人平台。支持和引导高校依托自身学科资源优势、人才资源优势、科技资源优势，发挥科研院所的科研资源优势和企业的实践资源优势，打造开放共享、融合创新的育人体系。在全社会营造包容失败、鼓励创新的文化氛围，激发各类人才的创新热情。优化制度供给，加速科技成果转化，立足国家战略需求完善相关制度，构建完整的创新链条，充分发挥政策导向功能，以重大科研项目为载体，整合高校、工程中心、产业化基地、企业等多个主体的优质资源，打通基础前沿最新成果向创新链下游渗透的创新通道，以完整的创新链条拓宽创新领域。

四要着力优化收入分配格局，稳步扩大中等收入群体比重。进一步拓宽就业渠道，推动就业结构调整与产业结构调整的有机结合，创造更多就业机会。坚持居民收入与经济增长同步，劳动报酬与劳动生产率同步提高，要保障劳动、资本、技术、管理等要素按贡献参与分配，充分完善市场评价要素贡献机制。持续深化税收制度改革，着力健全直接税体系，提升直接税比重，围绕个人所得税、房地产税等重点税种，较大幅度调整完善税制。完善公平可持续的社会保障体系，实现应保尽保、全民覆盖，在逐步提高全民基本保障标准的同时，注重更大力度提升中低收入群体的保障水平。不断完善法律法规和配套政策，大力发展慈善公益事业，充分挖掘其改善收入和财富分配格局的功能作用。

五要着力维护社会安全。坚持总体国家安全观，在维护社会安全过程中更加注重协同高效，以系统思维加强风险综合研判和统筹应对。从最坏处打算，做最充分准备，把握安全风险演化的“底层逻辑”，牢牢掌握工作主动权。提高公共安全治理水平，推进安全生产风险专项整治，持续降低安全风险隐患，守牢安全生产底线，还要提高防灾减灾救灾和重大突发公共事件处置保障能力，加强国家区域应急力量建设。健全完善社会治理体系，加快培养社会工作专业人才，不断提升人民群众安全感、满意度，夯实以新安全格局保障新发展格局的社会基础，确保国家安全和社会稳定。

（执笔：李清彬、姜雪）

主要参考文献

1. 杨修娜、别雍·古斯塔夫森、史泰丽：《发达国家标准下我国中等收入群体规模及成长路径》，《经济理论与经济管理》2023 年第 7 期。

2. 李金昌、任志远、陈宜治：《扩大中等收入群体的内在逻辑与路径选择——基于国际经验与中国实践的定量分析》，《统计研究》2023 年第 7 期。

3. 李龙、贾墨晗、金光照：《中国和印度经济增长的人口条件比较——基于"人口规模巨大的现代化"视角的分析》，《人口研究》2023 年第 3 期。

4. 翟振武、金光照：《中国人口负增长：特征、挑战与应对》，《人口研究》2023 年第 3 期。

5. 乔晓春：《三十年来关于生育水平的争论和对总和生育率的重新估计》，《人口与社会》2023 年第 1 期。

6. 许朝惠、温铠嫣、解春红：《女性生育意愿的影响因素及生育率提升策略研究》，"劳动保障研究"2023 研讨会论文集。

7. 余家林、杨梦俊、付明卫：《中国劳动参与率为何下降？——基于财富效应的视角》，《财经研究》2022 年第 6 期。

8. 郭燕、李家家、杜志雄：《城乡居民收入差距的演变趋势：国际经验及其对中国的启示》，《世界农业》2022 年第 6 期。

9. 李春玲：《迈向共同富裕阶段：我国中等收入群体成长和政策设计》，《北京工业大学学报（社会科学版）》2022 年第 3 期。

10. 吴要武、陈梦玫：《中国劳动参与率变化：继续下降还是已经反弹》，《劳动经济研究》2021 年第 4 期。

11. 马茹、张静、王宏伟：《科技人才促进中国经济高质量发展了吗？——基于科技人才对全要素生产率增长效应的实证检验》，《经济与管理研究》2019 年第 5 期。

12. 杨菊华：《理论基础、现实依据与改革思路：中国 3 岁以下婴幼儿托育服务发展研究》，《社会科学》2018 年第 9 期。

13. 王德文：《制定社会救助标准的国际经验与政策启示》，《中国民政》2015 年第 7 期。

14. 蔡昉：《人口转变、人口红利与刘易斯转折点》，《经济研究》2010

年第 4 期。

15. 穆光宗：《我国机构养老发展的困境与对策》，《华中师范大学学报（人文社会科学版）》2012 年第 2 期。

16. 纪宏、陈云：《我国中等收入者比重及其变动的测度研究》，《经济学动态》2009 年第 6 期。

17. 马晓河：《对低收入者和高收入者之间的收入不平等程度分析》，《管理世界》2003 年第 9 期。

第八章　生态现代化指标体系研究

内容提要：生态现代化是在“人与自然和谐共生”的生态价值观指导下推进生态文明建设的动态过程，体现了经济生态化和生态经济化的新发展观，为克服全球性生态危机，共建美丽世界，贡献了中国智慧和可持续发展道路选择。坚持问题导向和目标导向，借鉴国内外部分国家、组织、机构、学界等设置的反映生态环境方面的逻辑架构和具体指标选择，聚焦生产生活方式绿色转型、环境治理改善、生态系统保护和“双碳”目标落实四个维度，选取12个具体指标，构建生态现代化评价指标体系。对各指标设置了2035年目标值，预测了2035年预期完成值，测算各指标2024年相对2035年完成度、2035年目标预期完成度，识别出生态现代化存在的短板或需要给予持续关注的集装箱铁水联运量占比、单位地区生产总值建设用地使用面积、城市蓝绿空间占比、单位GDP二氧化碳排放量、非化石能源占一次能源消费总量比重等五个指标。未来，需要完善反映生态文明建设的统计指标核算、着力推动铁水联运、加快提高建设用地利用效率、合理规划建设蓝绿空间、全面提高能源资源利用效率、优先加快发展可再生能源等，加快补齐生态文明建设短板，推进生态文明建设现代化进程。

一、生态现代化的内涵

西方的生态现代化是由德国生态现代化理论的先驱马丁·耶内克和约瑟夫·胡伯在20世纪80年代较早提出并明确使用这一概念，主要目的之一是赋予现代化进程以强烈的生态转型和环境变革。现代化反映着人类劳动生产力的发展水平，生态化则反映着自然力的发展趋势，生态现代化意味着对自然力和社会力的和谐化追求，追求现代化和生态化的双重目标。与现代化一样，人类实现生态现代化的路径和道路也是不一样的，中国式现代化进程中的生态现代化是习近平生态文明思想指导下，中国式现代化的有机组成部分，既具有西方生态现代化的共性特征，也具有中国独有的鲜明特色。中国式现代化进程中的生态现代化具有以下几个特征。

（一）生态与经济、政治、文化、社会等同步实现现代化

社会是一个复杂的有机整体，“现在的社会不是坚实的结晶体，而是一个能够变化并且经常处于变化过程中的有机体”①。这样一种有机体，其中包含有诸多既对立又统一的基本要素，这些要素的矛盾运动构成了一个有机整体，也就是马克思所讲的社会有机体，不仅包含了经济结构、政治结构、文化结构和社会结构，还包含生态结构。在人类社会的复合系统中，任何一种结构都是整个社会系统的基本因子，缺一不可，任何一个文明结构及其相互作用对于社会有机体的正常运行来说都是缺一不可的。生态结构作为社会有机体的基本结构，在社会结构的构成中属于一个独立的层次，不仅是整个社会有机体的基础结构和基本保障，也是为人类生产和发展提供物质给养的动力和来源。

现代化是社会发展的必经阶段，是一个综合的概念、动态的过程、多元化的模式。尽管现代化最初是由西方国家工业革命所引起的发展潮流，但随着现代化的全球化进程不断深入，已经超出“西方化”“工业化”的单一范畴，包括经济现代化、政治现代化、社会现代化、文化现代化和生态现代化等多重发展意蕴，对应的文明成果分别是物质文明、政治文明、精神文明、社会文明和生态文明等。生态现代化是现代化的必要组成部分，对应的文明成果是生态文明。生态文明绝不是依赖于其他几种文明形式的附属品，而是与物质文明、政治文明、精神文明以及社会文明相对应的文明类型，具有独立的地位和价值，是同等地位，并非主导地位。

---

① 《马克思恩格斯选集》（第 2 卷），人民出版社 1995 年版，第 102 页。

习近平生态文明思想坚持以人民为中心，牢固树立和践行绿水青山就是金山银山的理念，把生态文明建设作为关系中华民族永续发展的根本大计，把建设美丽中国摆在强国建设、民族复兴的突出位置，与经济、政治、文化、社会一样，已经形成了完整的发展体系，即生态经济体系、生态文明制度体系、生态文化体系、生态目标责任体系和生态安全体系。党的十八大以来，在习近平生态文明思想指引下，我国生态环境保护发生历史性、转折性、全局性变化，实现了发展与保护共赢、人与自然和谐共生，交出了一份令人民满意、世界瞩目的“绿色答卷”，成为全球生态文明建设的重要参与者、贡献者、引领者，为人类实现生态与经济、政治、文化、社会等同步现代化提供了新选择。

（二）体现了经济生态化和生态经济化的新发展观

西方工业社会发展至后工业阶段时，面对破坏了的生态环境，开始重新思考经济发展与环境保护的关系，逐渐开始了生态现代化进程。对于广大发展中国家来说，由于刚开始或已经开始了现代化，为了避免西方工业社会先前所面临的环境困境，同样也必须考虑实现经济现代化和生态现代化的关系。

实现经济增长与加强环境保护在原则上是能够相互协调的，是能够实现经济生态化和生态经济化。一方面，生态环境日益成为生产发展的重要源泉和保障，在追求经济发展的过程中，使得经济行为主体较少被经济理性所控制，更多地运用生态理性来思考，缩减单纯追求经济效益的思维模式，通过技术创新使得经济增长较少地以牺牲环境为代价，避免西方式的“先污染后治理”老路，走一条有效减少消耗、降低污染、治理环境、节约发展成本的可持续发展之路。另一方面，生态环境也强调自我利益，这种利益以技术创新进而提高环境生产力的方式实现。通过技术环境创新，自然界中的水、空气、土壤等资源可以做生产力使用，可以成为未来发展的一种资源。在实现清洁技术发展及环境管理创新等内容的基础上，促进资源利用效率提高，进而更新环境承载力，提高环境生产力。

中国作为后发式现代化国家，生态现代化建设优势是可以学习和借鉴先进国家的成功经验，避免西方资本主义工业国家“先污染后治理”的后尘，同时采取优化的赶超战略，较快地实现自身发展，兼顾经济利益与环境利益，谋求两者的协调发展，实现经济生态化与生态经济化。习近平生态文明思想强调把握好高质量发展和高水平保护的辩证统一关系，高水平保护是高质量发展的重要支撑，生态优先、绿色低碳的高质量发展只有依靠高水平保护才能实现。站在人与自然和谐共生的高度谋划发展，把资源环境承载力作为前提和基础，自觉把经济活动、人的行为限制在自然资源和生态环境能够承受的限度内，在绿色转型中推动发展实现质的有效提升和量的合理增长。环境就是民生，青山就是美丽，蓝图也是幸福，绿水青山就是金山银山，保护环境就是保护生产力，改善环境就是发展生产力，基于绿水青山的生态财富产生的生态产品、生态旅游、生态康养就是生态财富的增值，蕴含着无穷的经济价值，能够源源不断创造综合效益。

（三）避免了工业化必然带来生态危机的前车之鉴

现代工业文明本质上是一种经济文明，现代化的核心和基础是工业化，工业化的一个重要经济特征是国民经济长期保持持续增长。工业文明自身并不具有威胁性，因为“大工业把巨大的自然力和自然科学并入生产过程，必然大大提高劳动生产率，这一点是一目了然的”①。工业化使人类社会物质财富有了极大的增长，人类生活质量有了显著提升，但与此同时，也产生了日益明显的对自然界破坏性的负效应，引起全球性生态危机。

发生在西方国家的20世纪30年代至60年代“世界八大公害事件”对生态环境和公众生活造成巨大影响②。其中，洛杉矶光化学烟雾事件，先后导致近千人死亡、75%以上市民患上红眼病。伦敦烟雾事件，1952年12月首次爆发的短短几天内，致死人数高达4000人，随后2个月内又有近8000人死于呼吸系统疾病，此后1956年、1957年、1962年又连续发生多达12次严重的烟雾事件。日本“水俣病”事件，因工厂把含有甲基汞的废水直接排放

---

① 《马克思恩格斯全集》（第44卷），人民出版社2001年版，第444页。

② 世界八大公害事件包括比利时马斯河谷烟雾事件、美国多诺拉镇烟雾事件、英国伦敦烟雾事件、美国洛杉矶光化学烟雾事件、日本水俣病事件、日本富山骨痛病事件、日本四日市哮喘病事件、日本米糠油事件。

到水俣湾中，人食用受污染的鱼和贝类后患上极为痛苦的汞中毒病，病患近千人，受威胁者多达 2 万人。

工业化不必然带来生态危机，但以“人类中心主义”价值观指导的工业化必然带来生态危机，人类征服自然的业绩正在反过来变成自然对人类的惩罚，不仅严重阻碍了经济社会发展，还对人类生存和发展造成威胁。人类已经开始反思和批判自己的行为，寻求现代化的生态转型。由于现代生态失衡是跨国界、跨民族和跨文化的全球性的生态危机，从而现代生态发展的全球相互依存性正日益增长，这就需要国际社会积极探讨接受自我控制的相互约束的发展新机制，共同探索可持续的现代化发展道路。习近平生态文明思想强调生态环境治理是一项系统工程，要统筹处理好高质量发展和高水平保护、重点攻坚和协同治理、自然恢复和人工修复、外部约束和内生动力、“双碳”承诺和自主行动等五大关系，为生态环境保护和治理提供了新的路径。倡导全球合作，积极参与应对气候变化全球治理，促进全球生态化与现代化协调发展，推动建设一个清洁美丽的世界，为全球探索可持续发展道路提供了新的价值取向和发展路径，成为全球环境治理的引领者。在习近平生态文明思想指引下，新时代生态文明建设的成就举世瞩目，成为新时代党和国家事业取得历史性成就、发生历史性变革的显著标志。

（四）树立了人与自然和谐共生的新生态观价值取向

现代化是一种动态过程，本身没有阶级性，它代表着人类历史上一种新的超越农业生产力的更高生产力发展水平，制度基础不同，价值取向不同，生产方式不同，实现现代化的道路不同、模式不同。西方资本主义制度下和中国社会主义制度下生态现代化的区别主要是对待人与自然的关系问题，即价值取向问题。

资本主义制度下生态现代化是以人与自然对立为根本特征的，价值取向是人类中心主义，机械地对待自然的发展观，不是心怀敬畏自然，而是征服自然，把自然理解为人类社会发展的附属物，用技术手段改造利用自然，蕴藏着巨大的毁灭自然冲动。“当生产资料私人所有制与资源的市场配置相结合时，则不可避免地导致不平等、政治与经济权力集中、失业、不良发展或不适当发展。更进一步，将在这个体制中必然会形成的优胜劣汰动力会导致对征服自然的系统性努力，其结果必然是生态破坏。"① 资本主义收益内在化与成本外在化的矛盾造成了本身的生态危机。同时随着资本逻辑的扩张，发达国家将环境上有害的产业与工业活动转移至新兴工业化国家或不发达国家，使不发达国家的环境一步步地变坏，污染转移在 20 世纪七八十年代即已出现，又带来了全球生态危机的普遍化。"发达国家每年都在向第三世界运送数百万吨的废料……没有比这更'值得炫耀'的实例来说明帝国主义一直在如何左右第三世界的事务了。"② 尽管近年来一些西方发达国家看似已经通过技术创新和政策转型，对于经济发展与环境保护的矛盾逐渐有所解决，原来的石油、煤炭等污染问题有所解决，但新的环境问题又出现了，这种环境危机转变为现在的液化石油气、核能等污染和公害问题，对于全球环境来说，污染并没有真正消除。

习近平生态文明思想价值取向是人与自然和谐共生的生态观，是马克思主义基本原理同中国生态文明建设实践相结合、同中华优秀传统生态文化相结合的创新成果。马克思、恩格斯发现了在世界演化过程中，人与自然之间形成的不可分割的辩证统一关系。"我们统治自然界，绝不是像征服者统治异族人那样，绝不是像站在自然界之外的人似的，——相反地，我们连同我们的肉、血和头脑都是属于自然界和存在于自然之中的；我们对自然界的全部统治力量，就在于我们比其他一切生物强，能够认知和正确运用自然规律。"③ "我们在最先进的工业国家中已经降服了自然力，迫使它为人们服务；这样我们就无限地增加了生产，现在一个小孩所生产的东西，比以前的一百个成年人所生产的还要多。而结果又怎样呢?"④ "我们不要过分陶醉于我们人类对自然界的胜利。对于每一次这样的胜利，自然界都对我们进行报

① ［希］福托鲍洛斯：《当代多重危机与包容性民主》，李宏译，山东大学出版社 2008 年版，第 174 页。

② ［美］约翰·贝拉米·福斯特：《生态危机与资本主义》，耿建新、宋兴无译，上海译文出版社 2006 年版，第 56 ~ 57 页。

③ 《马克思恩格斯选集》（第 4 卷），人民出版社 1995 年版，第 383 ~ 384 页。

④ 《马克思恩格斯选集》（第 4 卷），人民出版社 1995 年版，第 275 页。

复。"① 资本主义社会快速的城市化和工业化，"不仅造就了人与自然界的分离，而且，具有矛盾意味的是，它也造就了对自然保护的更大和更为普遍的关注，也就是说，对自然界的浪漫主义和伤感式的关注恰恰是以自然界本身现实发生的客观异化过程为前提条件的"②。这些思想是我国"人与自然和谐共生"生态观的理论支撑和方法论指导。我国先人们也早就认识到了生态环境的重要性。比如，儒家提倡的"天人合一""天地与我并生，而万物与我为一""万物并育而不相害"③，道家提倡的"人法地，地法天，天法道，道法自然"④，都强调了人与自然的统一性，人与自然是相融合的。再比如，《论语》中说："子钓而不纲，弋不射宿。"《荀子・王制》中说："草木荣华滋硕之时则斧斤不入山林，不夭其生，不绝其长也；鼋鼍、鱼鳖、鳅鳣孕别之时，罔罟、毒药不入泽，不夭其生，不绝其长也。"《吕氏春秋》中说："涸泽而渔，岂不获得？而明年无鱼；焚薮而田，岂不获得？而明年无兽。"这些体现了关于对自然要取之以时、取之有度的思想，有十分重要的现实意义。中华文明孕育的丰富的生态文化和思想，为当今世界从根本上破解生态危机、走出发展困境提供了思路和方向。

通过阐释中国生态现代化的特征，辨析了中国式现代化进程中的生态现代化与西方生态现代化的共性和个性特征，可以对中国式现代化进程中的生态现代化的内涵作出界定。中国式现代化进程中的生态现代化是在"人与自然和谐共生"的生态价值观指导下，尊重自然、顺应自然、保护自然，坚持绿色低碳发展，推进经济生态化和生态经济化，以高品质生态环境支撑高质量发展，实现生态与经济、政治、文化、社会同步现代化，建设美丽中国的历史动态过程，为克服全球性生态危机，共建美丽世界贡献中国智慧和可持续发展道路选择。

二、生态现代化的评价指标体系

党的十八大以来，我国坚持绿水青山就是金山银山的理念，坚持山水林

① 《马克思恩格斯选集》（第 4 卷），人民出版社 1995 年版，第 383 页。

② 《马克思恩格斯选集》（第 4 卷），人民出版社 1995 年版，第 384 页。

③ 《庄子・齐物论》。

④ 《道德经》。

田湖草沙一体化保护和系统治理，全方位、全地域、全过程加强生态环境保护，生态文明制度体系更加健全，污染防治攻坚向纵深推进，绿色、循环、低碳发展迈出坚实步伐，生态环境保护发生历史性、转折性、全局性变化，天更蓝、山更绿、水更清。但是我国生态环境保护任务依然艰巨，面临诸多矛盾和挑战，生态环境保护结构性、根源性、趋势性压力尚未根本缓解，资源环境对经济发展的约束日益趋紧，我国经济社会发展已进入加快绿色化、低碳化的高质量发展阶段，生态文明建设仍处于压力叠加、负重前行的关键期，这是我们设置指标体系要解决的重大问题。党的二十大报告提出了2035年我国绿色发展的总目标是广泛形成绿色生产生活方式，碳排放达峰后稳中有降，生态环境根本好转，美丽中国目标基本实现，这是我们设置指标体系要锚定的总目标。党的二十大报告还提出通过加快发展方式绿色转型，深入推进环境污染防治，提升生态系统多样性、稳定性、持续性，积极稳妥推进碳达峰碳中和等举措推动绿色发展，促进人与自然和谐共生，这是我们设置指标体系的具体抓手。为此，我们坚持问题导向和目标导向，借鉴国内外部分国家、组织、机构、学界等设置的反映生态环境方面的逻辑架构和具体指标选择，聚焦生产生活方式绿色转型、环境治理改善、生态系统保护和“双碳”目标落实四个维度，选取具体指标，发挥好指标体系的导向作用，推进我国生态文明建设现代化进程。

（一）生产生活方式绿色转型维度

由于我国仍然是发展中国家，工业化、城镇化尚未完成，生产模式和消费模式仍未根本转变，以绿色化、低碳化为特征的节约资源和保护环境的产业结构、生产方式、生活方式、空间格局尚未形成。针对上述问题，需要通过加快推动产业结构、能源结构、交通运输结构等调整优化，推进各类资源节约集约利用，发展绿色低碳产业，推广节能减排技术，倡导绿色消费等措施，加快发展方式绿色化低碳化转型。为此，我们结合已有的统计基础，借鉴国内外指标设置经验，选取集装箱铁水联运量占比、每立方米水资源产生的GDP、单位地区生产总值建设用地使用面积和城镇新建建筑中绿色建筑面积占比指标。集装箱铁水联运是多式联运的主要工程，可以提升综合运输效率，降低社会物流成本，促进节能减排降碳，既是落实国家“双碳”目标、制造强国战略所需，也是行业发展、企业布局所需，集装箱铁水联运量占比指标反映铁路水路在综合运输中的承运比重，反映交通运输结构优化降低运输能耗和二氧化碳排放强度，属于正向指标；水资源、土地资源是经济社会发展的基础性、先导性、控制性要素，水、土地的承载空间决定了经济社会发展空间，每立方米水资源产生的 GDP、单位地区生产总值建设用地使用面积反映产业结构优化调整导致的主要资源节约集约利用情况，分别属于正向和反向指标；建筑是全社会节能的重要领域，在供热制冷等环节存在巨大的节能潜力，绿色建筑为人们提供健康、适用、高效的使用空间，最大限度地实现人与自然和谐共生，城镇新建建筑中绿色建筑面积占比指标反映了绿色建筑面积占比提高带来的单位建筑面积碳排放强度降低，属于正向指标。

（二）环境治理改善维度

我国环境质量稳中向好的基础还不稳固，重污染天气、河流水体、土壤污染等损害群众健康的突出环境污染问题仍然存在，环境质量从量变到质变的拐点还没有到来。针对这上述问题，需要坚持精准治污、科学治污、依法治污，保持力度、延伸深度、拓宽广度，持续深入打好蓝天、碧水、净土攻坚战。为此，我们结合已有的统计基础，借鉴国内外指标设置经验，从空气、水、土壤三个方面选取指标。选取地级及以上城市细颗粒物（PM2.5）平均浓度、地表水达到或好于Ⅲ类水体比例和污染地块安全利用率指标。虽然 PM2.5 只是地球大气成分中含量很少的组成成分，但与较粗的大气颗粒物相比，PM2.5 粒径小，富含大量的有毒、有害物质且在大气中停留时间长、输送距离远，因而对人体健康和大气环境质量的影响更大，国际上也是采用 PM2.5 平均浓度指标反映空气质量改善程度，属于反向指标；表征水环境质量的指标主要有地表水达到或好于Ⅲ类水体比例、地表水中劣Ⅴ类水体比例等，由于我国 2022 年地表水中劣Ⅴ类水体比例已降至 0.7%，所以应进一步提高标准，选取地表水达到或好于Ⅲ类水体比例反映水资源、水环境、水生态治理情况，属于正向指标；我国土地环境状况总体不容乐观，土地污染呈现新老污染物并存、无机有机复合污染的局面，工矿业废弃地土壤环境问题突出，污染地块安全利用率指标反映土壤污染治理情况，属于正向指标。

（三）生态系统保护维度

我国生态系统多样性、稳定性和持续性仍然不够，国家重大生态安全屏障仍比较脆弱，生物栖息地破碎化、外来物种入侵、高强度开发对生态系统的结构和功能带来不同程度损害。针对上述问题，需要通过加快实施重大生态系统保护和修复重大工程、生物多样性保护重大工程、国土绿化工程等工程，建立生态产品价值实现机制、完善生态保护补偿机制，提升生态系统多样性、稳定性和持续性。为此，我们结合已有的统计基础，借鉴国内外指标设置经验，选取森林覆盖率、陆地海洋保护区面积占比和城市蓝绿空间占比指标。森林是地球之肺，在净化空气、水土保持、调节气候、提高生物多样性稳定性持续性、应对气候变化等方面，发挥着不可替代的重要作用，可以起到减少温室气体的净效应，森林覆盖率指标反映森林资源保护情况，属于正向指标；在陆地海洋保护区内，生物可获得保护措施以实现长期的自然保育，应对保护区生物多样性面临的多重威胁，陆地海洋保护区面积占比指标反映了生物安全、海洋保护等生态系统保护情况，属于正向指标；城市化带来了城市生态平衡失调、热岛效应、城市污染等突出的环境问题和挑战，是实现人与自然和谐共生现代化的难点，需要采用关键指标评价和改善城市环境，实现城市可持续发展，城市蓝绿空间占比指标是一个综合性指标，包括了城市中的河流、湖泊、池塘、人工湖泊等水体（蓝色）和公园、森林、花园、草坪等绿地（绿色），这个指标在城市规划和可持续发展中具有至关重要的作用，属于正向指标。

（四）“双碳”目标落实维度

随着我国工业化城镇化进一步推进，能源资源需求还将刚性增长，能源资源利用效率与国际先进水平相比还存在差距，生产生活方式绿色低碳转型存在多重困难挑战，“双碳”目标实现压力巨大。针对上述问题，需要通过重点控制化石能源消费、推进化石能源清洁低碳高效利用、推进工业、建筑、交通等领域清洁低碳转型、实施能源革命等措施，有计划分步骤实施碳达峰行动。为此，结合已有统计基础，借鉴国内外指标设置经验，选取单位 GDP 二氧化碳排放量和非化石能源占一次能源消费总量比重两个指标。二氧化碳是温室气体的主要成分，每年排放的二氧化碳高达 540 亿吨，导致全球以前所未有的速度变暖，化石能源是二氧化碳排放的主要来源。中国是世界上最大的能源消费国之一，在其经济实力不断壮大的情况下，能源需求和产生的二氧化碳排放量也随之增长，世界主要经济体化石能源二氧化碳排放量目前中国排名第一，要自主完成“双碳”目标承诺，需要加大能源革命力度。单位 GDP 二氧化碳排放量反映 GDP 的绿色、清洁进展程度，是国际公认具有可比性的应对气候变化的典型指标，属于反向指标；非化石能源占一次能源消费总量比重重点反映了作为碳排放主要来源的能源消费端的绿色化进展，属于正向指标。

综上所述，中国式生态现代化评价指标体系见表 8－1。

表 8－1　　中国式生态现代化评价指标体系

序号	一级指标	二级指标
1	生产生活方式绿色转型	集装箱铁水联运量占比（%）
2		每立方米水资源产生的 GDP（美元/立方米）
3		单位地区生产总值建设用地使用面积（平方千米/亿元）
4		城镇新建建筑中绿色建筑面积占比（%）
5	环境治理改善	地级及以上城市细颗粒物（PM2.5）平均浓度（微克/立方米）
6		地表水达到或好于Ⅲ类水体比例（%）
7		污染地块安全利用率（%）
8	生态系统保护	森林覆盖率（%）
9		陆地海洋保护区面积占比（%）
10		城市蓝绿空间占比（%）
11	“双碳”目标落实	单位 GDP 二氧化碳排放量（吨/万元）
12		非化石能源占一次能源消费总量比重（%）

资料来源：课题组设计。

三、生态现代化指标的目标值设置

（一）集装箱铁水联运量占比（%）

集装箱铁水联运是指将铁路货场功能前移至港口，设立“无轨铁路港场”以实现运输资源共享，并通过水运班轮和铁路班列的有效衔接来完成货物运输的多式联运新模式。集装箱铁水联运量占比是集装箱运输中铁路和水运有效衔接联运占集装箱运输总量的比重，反映了交通运输结构优化调整和绿色化程度。

从历史数据看，2024 年全国港口集装箱铁水联运量达到 1335 万 TEU，同比增长 15.4%。铁水联运量占比持续提升，2024 年我国铁水联运量占比达到 4.0%，较 2023 年增长 0.2 个百分点。近 10 年来全国主要港口集装箱铁水联运量年均增速保持在 10% 以上，铁水联运量呈现上升态势，为现阶段我国发挥大国经济优势，促进国内国际双循环提供了必要的基础保障。

从国际规律看，我国与发达国家相比，港口集装箱铁水联运发展水平仍较低，主体不强、效能不高、共享不足等问题较为普遍。在港口的海铁联运量占比方面，发达国家通常在 20% ~40% 左右，我国 2024 年仅为 4%，即使海铁联运量占比最高的营口港也只有 18% 左右，国内港口的集装箱海铁联运发展潜力较大。

展望未来，根据《绿色交通“十四五”发展规划》《国家综合立体交通网规划纲要》等规划，未来集装箱铁水联运量年均增长 15%，因此可以推算 2030 年、2035 年我国集装箱铁水联运量比例将达到 9%、18%。由于中等发达国家这一比例为 20% 以上，我国 2035 年要基本实现现代化，达到中等发达国家水平，因此 2035 年集装箱铁水联运量占比目标值可以设定为 20%。

（二）每立方米水资源产生的 GDP（美元/立方米）

单位立方米产生的 GDP 是总 GDP 除以总用水量。此指标反映了国家推行“节水优先”方针，实施国家节水行动，强化水资源刚性约束，推动用水方式由粗放低效向集约节约转变的进展情况，反映了水资源的产出效率。

从历史数据看，2012 年每立方米水资源产生的 GDP 是 14.9 美元/立方米，2024 年是 28.67 美元/立方米，2024 年相比 2012 年提高了 92.4%，我国以占全球 6% 的淡水资源养育了世界近 20% 的人口，创造了世界 18% 以上的经济总量，水资源利用方式实现深层次变革。

从国际规律看，发达国家每立方米水资源产生的 GDP 总体呈现上升态势

（见图8-1），中等发达国家平均水平在40~50美元/立方米。我国目前每立方米水资源产生的GDP处在中等发达国家20世纪90年代水平，与中等发达国家呈现收敛趋势。

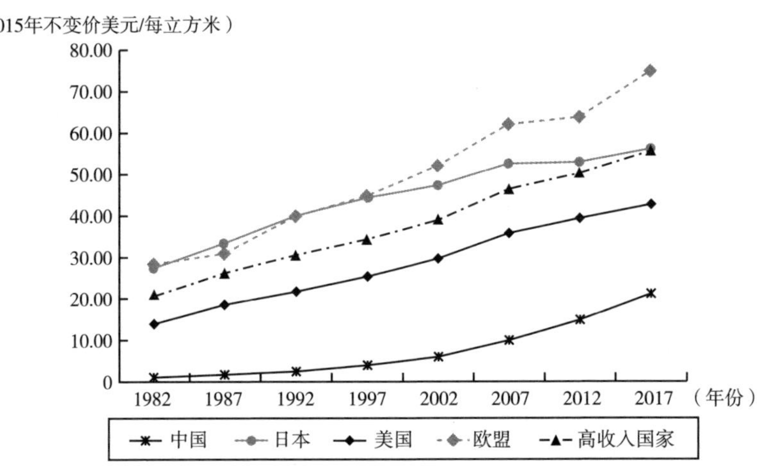

图8-1　我国水的生产率与高收入国家比较

资料来源：世界银行、国家统计局。

展望未来，结合近年来国外水生产率演变趋势、我国水生产率提高趋势和改善速度以及节水措施加强、技术进步等，并考虑到为实现现代化奠定坚实基础，综合预测，2030年、2035年每立方米水资源产生的GDP达到30美元/立方米、38美元/立方米左右。我国2035年达到中等发达国家水平，每立方米水资源产生的GDP至少达到40美元/立方米，因此2035年目标值可设定为40美元/立方米。

（三）单位地区生产总值建设用地使用面积（平方千米/亿元）

单位地区生产总值建设用地使用面积是指建设用地总面积除以GDP总量，衡量的是提高1单位的GDP，需要消耗的边际建设用地面积有多少，反映了土地资源节约集约利用程度。

从历史数据看，根据2016年全国土地变更调查结果，截至2016年底，全国建设用地面积5.86亿亩，单位地区生产总值建设用地使用面积为0.52平方千米/亿元。2024年全国国土变更调查初步结果显示，全国建设用地面积达到6.13亿亩，单位地区生产总值建设用地使用面积为0.3平方千米/亿元。2012～2024年，全国单位GDP建设用地使用面积下降44.23%，国土经济密度明显提高，建设用地总量持续高位净增长的态势有所减缓。

从国际规律看，在工业化后期到信息化时期的转变过程中，土地利用效率的进一步提升，主要表现为工业用地单位用地绩效提高。如伦敦2005年工商业用地面积仅为75.3平方千米，但单位面积产出达到38.6亿美元/平方千米，东京则更是高达128.07亿美元/平方千米。我国地均GDP远低于发达国家，其中既有粗放式利用的原因，也与我国经济结构有关。工商业用地比农业用地产出的经济价值高，但是我国农业用地占比高于发达国家，因此地均GDP也就低得多。我国地均GDP仅相当于欧美等发达国的1/5～1/4，欧美等发达国家地均GDP为8亿～10亿元/平方千米，即单位地区生产总值用地面积为0.125～0.1平方千米/亿元。

展望未来，我国建设用地需求应该更多地在存量调整和产业升级中得到满足，而不是一味寻求扩张新增用地。按照过去10年的发展趋势，预测2030年单位地区生产总值建设用地使用面积为0.24平方千米/亿元，2035年为0.19平方千米/亿元。按照我国将于2035年达到中等发达国家水平，基本实现现代化，2035年目标可设定为0.16平方千米/亿元。

（四）城镇新建建筑中绿色建筑面积占比（%）

绿色建筑是指在建筑的全生命周期内，最大限度地节约资源，包括节能、节地、节水、节材等，保护环境，减少污染，为人们提供健康、舒适和高效的使用空间，与自然和谐共生的建筑物。绿色建筑占当年城镇新建建筑面积比例是用绿色建筑的面积除以当年城镇新建建筑面积，反映了建筑的绿色化、低碳化程度。

从历史数据看，与发达国家相比，虽然我国绿色建筑发展起步晚了15年，但是发展很快。2012年城镇新建建筑中绿色建筑面积占比仅为2%，到2019年提高到65%，2024年提升至94%，绿色建筑更加受到重视。

从国际规律看，绿色建筑是未来建筑的主导趋势，世界各国普遍重视绿色建筑，许多国家和组织都在绿色建筑方面制定了相关政策和评价体系，发达国家城镇新建建筑中绿色建筑面积占比已经到了100%。

展望未来，我国绿色建筑发展非常快，预计2030年绿色建筑占当年城镇新建建筑面积比例将达到95%，2035年达到100%。按照我国将于2035年达到中等发达国家水平，可将2035年城镇新建建筑中绿色建筑面积占比目标设定为100%。

（五）地级及以上城市细颗粒物（PM2.5）平均浓度（微克/立方米）

PM2.5是指大气中直径小于或等于2.5微米的颗粒物，也称为可入肺颗粒物。它能较长时间悬浮于空气中，其在空气中含量浓度越高，就代表空气污染越严重。

从历史数据看，2013～2024年，我国在GDP翻了一番的情况下，PM2.5平均浓度下降了57%，重污染天数减少了93%，成为全球空气质量改善速度最快的国家。2021年全国地级及以上城市细颗粒物（PM2.5）平均浓度为30微克/立方米，2024年进一步降低到29.3微克/立方米，降低到30微克/立方米以内，空气质量改善取得了历史性成就。

从国际规律看，世界卫生组织确定的清洁空气污染物颗粒标准为空气PM2.5的年平均值为10微克/立方米，发展中国家的过渡标准为35微克/立方米。欧盟正在执行的PM2.5的标准是欧盟委员会2008年4月通过的《环境空气质量指令》，该指令要求各成员国到2015年将城市地区的可吸入颗粒物含量控制在年平均浓度20微克/立方米以下，到2020年削减目标值达到18微克/立方米。

展望未来，随着我国深入推进蓝天保卫战，空气质量将进一步改善，预计2030年地级及以上城市细颗粒物（PM2.5）平均浓度控制在25微克/立方米以下，2035年控制在20微克/立方米以下。可以参考欧盟标准，将2035年地级及以上城市细颗粒物（PM2.5）平均浓度控制目标设定为18微克/立方米。

（六）地表水达到或好于Ⅲ类水体比例（%）

依据地表水水域环境功能和保护目标，地表水按功能高低分为五类，类别越高，水质越差，因此选用地表水达到或好于Ⅲ类水体比例指标。地表水达到或好于Ⅲ类水体比例是水质达到或优于Ⅲ类的国控地表水环境质量监测断面数除以断面总数。

从历史数据看，在 3641 个国家地表水考核断面中，2015 年，地表水达到或好于Ⅲ类水体比例为 66%，2021 年为 84.9%，2024 年为 90.4%，呈现上升态势，地表水水质不断改善。

从国际规律看，水环境质量受地区性因素影响较大，不同国家在不同时期的水质划分标准不断变化，且不同国家之间的水质标准划分也差别较大，主要国家地区多是针对特定水体污染开展治理，中等发达国家水平地表水达到或好于Ⅲ类水体比例在 85% 左右。

展望未来，根据“水十条”确定的目标和近年来水质改善总体进度，以及建设美丽中国进程，考虑到未来进一步降低劣 V 类水质比例的边际难度加大，同时也考虑到污水治理技术进步等因素，地表水达到或好于Ⅲ类水体比例 2030 年预计 90% 以上，2035 年保持在 90% 以上。由于我国地表水达到或好于Ⅲ类水体比例在 2022 年已经达到中等发达国家水平，因此 2035 年目标值可设定为 90%。

（七）污染地块安全利用率（%）

污染地块安全利用率是指符合规划用地土壤环境质量要求的再开发利用污染地块面积，占行政区域内全部再开发利用污染地块面积的比例，该指标反映了污染地块治理情况。

从历史数据看，2012 年污染地块安全利用率为 85%，2024 年提高到 92%，我国土壤污染加重趋势得到初步遏制，“净土保卫战”取得积极成效。随着净土保卫战持续深入推进，土壤污染加重的趋势将会得到根本扭转。

从国际规律看，治理土壤污染的难度比治理水污染和大气污染的难度更大，治理污染土壤以提升安全利用率都经历了漫长的过程。美国、欧洲、亚洲等经济体都持续建立健全相关法律，不断完善土壤污染防治技术体系，经过多年的持续努力后逐渐有了比较明显成效。

展望未来，按照目前的治理力度和措施，我国 2030 年污染地块安全利用率预计将达到95%，2035年达到98%。考虑到社会主义现代化建设进程，结合中等发达国家阶段对应发展水平及我国未来30年发展趋势，同时考虑到相关工作的推进进度和难度可能加大，以及生态环境部和自然资源部已有相关规划部署，2035年污染地块安全利用率目标可设定为98%。

（八）森林覆盖率（%）

森林覆盖率是以行政区域为单位的林地面积和国家特别规定灌木林面积占区域土地总面积的百分比，是反映一个国家（或地区）森林资源和林地占有的实际水平的重要指标。

从历史数据看，1990年以来，森林覆盖率一直处于增长态势。据美国航天局卫星数据表明，2000～2017年全球新增的绿化面积中，约1/4来自中国，贡献比例居全球首位。2012年森林覆盖率为21.7%，2024年为24.02%，2024年相比2012年增加了2.32个百分点，我国统筹推进山水林田湖草沙系统治理，科学开展大规模国土绿化行动，取得明显成效。

从国际规律看，由于地理区位、资源禀赋不同，不同国家的森林覆盖率差距较大，但大部分国家在从不发达迈向发达阶段中，森林覆盖率持续增加，并且在成为发达国家后趋于稳定，高收入国家森林覆盖率稳定在30%左右（见图8－2）。

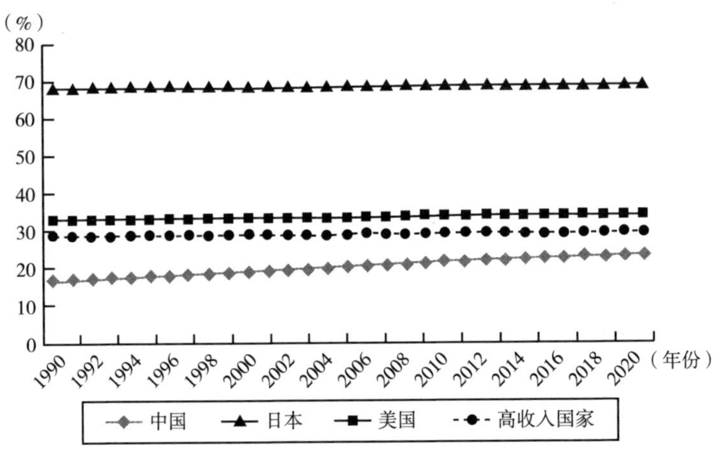

图8－2　我国与部分高收入国家森林覆盖率比较

资料来源：世界银行、国家统计局。

展望未来，由于我国正处在中等收入向高收入迈进阶段，森林覆盖率在实现现代化之前仍将继续增加，按照目前趋势，2030 年森林覆盖率预计达到 26.3%，2035 年达到 27.6%。着眼于基本实现现代化，2035 年森林覆盖率目标可设定为 30% 左右。

（九）陆地海洋保护区面积占比（%）

陆地海洋保护区面积占比是指陆地和海洋建立的保护区的面积占陆地和管辖的海洋总面积的比例，反映了对陆地和海洋生物多样性的保护程度。

从历史数据看，根据世界银行的统计，2016 年我国陆地海洋保护区面积占比 15.94%，而到了 2024 年陆地海洋保护区面积占比下降到了 14.75%，陆地海洋生态保护任务艰巨。尤其是海洋保护区面积仅占管辖海域面积的 4.1%，距离《生物多样性公约》“保护全球 10% 的海岸与海洋面积”目标仍存在一定差距。同时，海洋保护区的划分大多依靠实践性经验，缺乏充实的科学调查数据作为参考依据。

从国际规律看，OECD 国家 2016 年陆地海洋保护区面积占比 17.96%，2020 年为 20.3%，高收入国家 2016 年陆地海洋保护区面积占比 18.22%，2020 年为 19.79%。

展望未来，我国已经从政策、法律、制度和规划等多方面，将生物多样性保护纳入经济社会发展全过程，生物多样性保护已经上升为国家战略，成为全社会共识和行动。因此预计 2030 年陆地海洋保护区面积占比达到 16%，2035 年达到 18%。着眼于基本实现现代化，对标发达国家水平，2035 年陆地海洋保护区面积占比目标可设定为 18% 以上。

（十）城市蓝绿空间占比（%）

城市蓝绿空间占比是将区域内的绿地和水体面积累加起来再除以总面积，其中，绿地包括森林、公园、草坪、绿化带等人工和天然的绿化景观，水体则包括河流、湖泊、水塘等天然水域和人工水体。该指标是可持续城市规划的核心要素，通过评估城市绿化率和水资源利用情况，合理规划蓝绿空间，促进城市实现发展和自然资源保护平衡，确保城市可持续性发展，提高城市宜居性。

国外对于蓝绿空间的关注主要侧重蓝绿空间对人体健康、社会经济、环境正义等方面的影响，蓝绿空间占比没有给出具体的数值。我国提出蓝绿空间占比这个指标是在国务院对《雄安新区总体规划纲要（2018～2035年）》批复中，特别提出要将雄安新区的蓝绿空间占比稳定在70%，并明确要将新区建设成为“蓝绿交织、清新明亮、水城交融”的生态城市，这是一个新指标，对于未来城市建设指明了方向和目标。随后，很多城市或城市群规划采用了这一指标，例如《长三角生态绿色一体化发展示范区国土空间总体规划》提出对于示范区先行启动区，严格遵循蓝绿空间占比不低于75%的原则，《济南新旧动能转换起步区发展规划》未来的起步区蓝绿空间占比不少于70%等。

蓝绿空间占比指标没有历史数据和国际数据可以参考，但是未来将会成为反映城市生态平衡，促进生物多样性的保护，实现城市可持续发展的关键工具。

（十一）单位GDP二氧化碳排放量（吨/万元）

碳排放强度是指单位GDP的增长所产生的二氧化碳排放量。该指标主要用来衡量一国经济同碳排放量之间的关系，如果一国在经济增长的同时，每单位国民生产总值所带来的二氧化碳排放量在下降，那么说明该国正在向低碳发展模式转变。

从历史数据看，2005年以来，我国碳排放强度一直处在不断走低的趋势，根据生态环境部国家温室气体清单数据，2005年我国与能源相关的碳排放总量为54.07亿吨，单位GDP二氧化碳排放量为2.85吨/万元，2024年下降到1.48吨/万元，2024年相比2005年下降了48.1%，扭转了二氧化碳排放快速增长的态势，可再生能源开发利用规模、新能源汽车产销量都稳居世界第一，上线了全球最大的碳排放权交易市场，应对气候变化取得积极成效。

从国际规律看，根据世界银行的数据，1990年以来，OECD国家的碳排放强度一直呈现下降趋势（见图8－3），1990年为0.41千克/2010年美元GDP，2020年为0.21千克/2010年美元GDP，30年下降了48.78%，这种趋势还将继续下去。我国 1990 年碳排放强度为 2.12 千克/2010 年美元 GDP，2020 年为 0.75 千克/2010 年美元 GDP，下降了 64.62%。虽然碳排放强度仍然很高，但与 OECD 国家的比例由 5.17 倍下降为 3.57 倍，作为发展中国家，应对气候变化的力度相比国际社会更大。

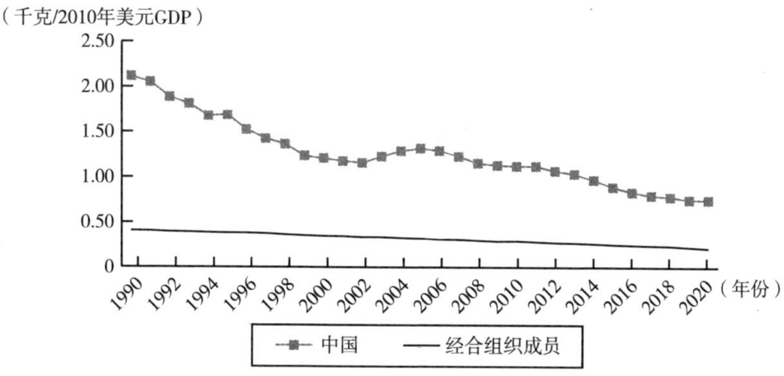

图 8-3　1990 年以来我国与 OECD 国家碳排放强度对比

资料来源：世界银行、国家统计局。

展望未来，碳达峰碳中和行动计划推进落实，高效率绿色生产要素投入、绿色产业和产业绿色化水平提高、高质量生态环保产品和服务供给提升，我国单位 GDP 二氧化碳排放将进一步下降。根据国务院《2030 年前碳达峰行动方案》目标，到 2030 年，单位 GDP 二氧化碳排放比 2005 年下降 65% 以上，顺利实现 2030 年前碳达峰目标，2005 年我国单位 GDP 二氧化碳排放为 2.85 吨/万元，预计 2030 年下降为 1 吨/万元，2035 年下降为 0.9 吨/万元。我国是发展中国家，要处理好“双碳”承诺和自主行动的关系，因此，2035 年单位 GDP 二氧化碳排放目标值可设定为 0.9 吨/万元。

（十二）非化石能源占一次能源消费总量比重（%）

非化石能源消费占一次能源消费比重是指水电、风电、太阳能、生物质能等非化石能源占一次能源消费总量的比重，反映了能源消费绿色化、清洁化程度。

从历史数据看，2012 年，我国非化石能源占一次能源消费总量比重为 12%，2024 年达到 19.7%，水电、风能、太阳能、生物质发电装机都位居世界第一。我国能源结构调整加快，煤炭消费减少，清洁能源比重大幅增加。

从国际规律看，非化石能源占一次能源消费总量比重均趋于上升。2015年欧盟、丹麦、瑞典、芬兰和挪威的可再生能源占比分别为16.7%、30.8%、53.9%、39.3%和69.4%，均已超过各国2020年的可再生能源利用目标。法国的非化石能源占一次能源消费总量比重从1980年16.1%上升到2015年53.5%；同期德国非化石能源消费比重由5.9%提高到21.5%，美国则由8.6%增长到17.0%，不同国家非化石能源占一次能源消费总量比重不一样，但总体是提高趋势。

展望未来，根据国务院《2030年前碳达峰行动方案》，到2025年，非化石能源消费比重达到20%左右，到2030年，非化石能源消费比重达到25%左右，按照这个进展，2035年预计为30%左右。由于中等发达国家非化石能源消费比重没有统一的规律，都是根据国情自主设定目标。因此根据"双碳"目标，2035年我国非化石能源消费比重目标值可以设定为30%（见表8-2）。

表8-2　生态现代化指标体系及目标值设定

序号	一级指标	二级指标	2024年	2030年	2035年
1	生产生活方式绿色转型	集装箱铁水联运量占比（%）	4	9	20
2		每立方米水资源产生的GDP（美元/立方米）	28.67	30	40
3		单位地区生产总值建设用地使用面积（平方千米/亿元）	0.3	0.24	0.16
4		城镇新建建筑中绿色建筑面积占比（%）	94	95	100
5	环境治理改善	地级及以上城市细颗粒物（PM2.5）平均浓度（微克/立方米）	29.3	25	18
6		地表水达到或好于Ⅲ类水体比例（%）	90.4	90	90
7		污染地块安全利用率（%）	92	95	98
8	生态系统保护	森林覆盖率（%）	24.02	26.3	30
9		陆地海洋保护区面积占比（%）	14.75	16	18
10		城市蓝绿空间占比（%）*	—	—	—
11	"双碳"目标落实	单位GDP二氧化碳排放量（吨/万元）	1.48	1	0.9
12		非化石能源占一次能源消费总量比重（%）	19.7	25	30

注：*指标是我国城市规划创新指标，目前没有全国的数据。

四、对策建议

（一）完善反映生态文明建设的统计指标核算

从国际层面、学界研究层面和地方实践层面，有一些指标可以更好地反映生态文明建设进展，但是由于缺乏统计数据基础、核算不科学或不公开统计数据，无法纳入生态现代化评价指标体系中。**一是绿色低碳产业增加值比重。**目前，国家层面没有绿色低碳产业增加值比重的统计指标和数据，但一些地方采用了绿色低碳产业增加值或规模这个指标。例如，《深圳市应对气候变化"十四五"规划》提出2025年绿色低碳产业增加值将达到2000亿元；《成都市优化产业结构促进城市绿色低碳发展行动方案》提出2025年绿色低碳优势产业规模达到3000亿元以上。绿色低碳产业增加值比重可以很好反映绿色生产方式转型进展，但由于国家层面没有统计基础，所以建议把这个指标纳入监测指标。**二是绿色低碳产品市场占有率。**该指标可以有效反映生产生活方式的绿色低碳转型进展。在国家发展改革委、工业和信息化部、商务部等部门共同发布《促进绿色消费实施方案》（简称《方案》）中提出，到2025年，绿色消费理念深入人心，绿色低碳产品市场占有率大幅提升；到2030年，绿色消费方式成为公众自觉选择，绿色低碳产品成为市场主流，但是国家层面目前没有公布绿色低碳产品市场占有率具体数值，可以作为监测指标。**三是生态系统生产总值（GEP）。**GEP是生态系统为人类福祉和经济社会可持续发展提供的最终产品与服务价值的总和，是衡量经济发展与生态环境保护关系的综合性指标，涵盖了发展方式转型、环境治理改善、生态系统多样性保护等生态文明建设的方方面面，体现了中国生态文明建设中"绿水青山就是金山银山"的核心理念和基本原则，有助于实现经济增长与生态环境协调发展、实现环境生产力的价值、为制定跨区域生态补偿标准提供重要参考依据和提高生态环境管理效能，虽然我国GEP指标核算和应用走过了10年的试点示范，具备了一定基础，但是仍存在数据获取和计算、定性指标的衡量以及评估结果的可操作性等难题。因此，可以把此指标作为监测指标。**四是直饮水比例。**直饮水是可以直接饮用的水，又称之为活化水。该指标反映了一个国家水环境优劣和现代化程度。相比于一些发达国家直饮水已经进入千家万户，甚至一些欧美国家的直饮水普及率 >80%，我国的直饮水发展算是刚刚起步。该指标缺乏国家层面的统计核算数据，建议作为监测指标。

（二）着力推动铁水联运

铁水联运可以推动交通运输绿色低碳发展，有力支撑实体经济高质量发展，深度服务于构建新发展格局，推动国家低碳战略顺利实施。加强港口与铁路规划和建设衔接、港口集疏运铁路设施建设、港口后方铁路通道与内陆场站能力建设等，加快补齐设施短板，强化一体衔接，提升设施联通水平。通过政策引领和市场运作并重，优化联运组织方式、拓展联运辐射范围、充分挖掘联运通道运输潜力、推进“散改集”运输，强化组织协同，提升联运畅通水平。加强运输组织创新，培育铁水联运龙头企业、提升口岸通关便利化水平、推动铁水联运“一单制”，强化创新发展，提高联运服务效能。完善铁水联运标准规则，健全市场价格体系，强化科技创新驱动，强化统筹协调，营造良好发展环境。

（三）加快提高建设用地利用效率

进一步提高土地节约集约利用水平，不断挖掘土地后备资源，优化土地利用结构。充分发挥好规划的引领作用，科学配置用地空间。进一步加强建设用地计划指标管理，提高土地供应率和节约集约利用水平。清理“批而未供”土地，推进低效用地再开发，提高存量建设用地利用效率。依据产业生命周期和项目生产周期，弹性确定工业用地出让年限，实行灵活供应土地。全面建立健全建设用地供应考核评价制度，提高土地利用管理水平。

（四）合理规划建设蓝绿空间

城市规划中明确蓝绿空间的需求，明确蓝绿空间占比目标，确保规划实施。保护和恢复城市中的生态系统，包括湿地、森林和水体，维护城市生态平衡、生物多样性和水资源。建设多功能蓝绿空间，推广城市农业，提高蓝绿空间的效益。改善蓝绿空间质量，加强蓝绿空间管理，包括水体的净化、绿地的维护和景观设计，提高蓝绿空间的吸引力和可用性。引导城市居民积极参与蓝绿空间的保护和管理，提高居民对蓝绿空间的认识，激发居民的环保意识。利用现代技术，如地理信息系统（GIS）和遥感技术，监测和管理蓝绿空间，更好地了解蓝绿空间的状态，并制定更有效的管理策略。

（五）全面提高能源资源利用效率

加快推动产业结构、能源结构、交通运输结构等调整优化，大力发展绿色低碳产业，推动煤炭等化石能源清洁高效利用，加快大宗货物和中长途货物运输“公转铁”“公转水”。坚持节能优先方针，加快节能降碳先进技术研发和推广应用，深化工业、建筑、交通等领域机构节能，推动5G、大数据中心等新兴领域能效提升。通过引导改造升级、加强技术攻关、促进集聚发展、加快淘汰落后等举措，加快钢铁、石化、建材等重点领域节能降碳改造升级。强化重点用能单位节能管理，实施能量系统优化、节能技术改造等重点工程，加快能耗限额、产品能效强制国家标准制修订。壮大节能环保、清洁生产、清洁能源、绿色服务等产业，推广合同能源管理等服务模式。

（六）优先加快发展可再生能源

加快构建新型电力系统，促进可再生能源大规模、高比例、市场化、高质量发展，有效支撑清洁低碳、安全高效的能源体系建设。坚持生态优先、因地制宜、多元融合发展，在“三北”地区、西南地区、中东南部地区、东部沿海地区大规模开发适合地情的可再生能源。加快建设可再生能源存储调节设施，强化多元化智能化电网基础设施支撑，促进存储消纳，提升新型电力系统对高比例可再生能源的适应能力。加强可再生能源发电终端直接利用、规模化制氢利用、乡村可再生能源综合利用等，多措并举提升可再生能源利用水平。加大可再生能源技术创新攻关力度，培育可再生能源发展新模式新业态，提升可再生能源产业链供应链现代化水平。深化可再生能源行业“放管服”改革，健全可再生能源电力消纳保障机制，完善可再生能源市场化发展机制，建立健全绿色能源消费机制，为可再生能源发展营造良好环境。加强应对气候变化国际合作，积极参与全球能源转型变革，深层次推进可再生能源产业国际合作。

（执笔：安淑新）

主要参考文献

1. 蒋永穆、李想、唐永：《中国式现代化评价指标体系的构建》，《改革》2022 年 12 月。

2. 崔岚、李莹莹、赵德友：《中国基本实现社会主义现代化的测度模型及实证分析》，《统计理论与实践》2022 年第 10 期。

3. 贾晓芬、张宏莉：《科学构建中国式现代化的评价指标体系》，《国家治理》2022 年 10 月下。

4. 李军鹏：《社会主义现代化强国评价指标体系初探》，《国家治理》2022 年 6 月。

5. 任保平、张倩：《构建科学合理的中国式现代化的评价指标体系》，《学术界》2022 年第 6 期。

6. 洪银兴：《论中国式现代化的经济学维度》，《管理世界》2022 年第 4 期。

7. 张云飞、李娜：《建设人与自然和谐共生的现代化》，中国人民大学出版社 2022 年版。

8. 张胜旺：《现代文明发展生态转向研究——基于马克思主义生态经济思想的分析》，中国社会科学出版社 2022 年版。

9. 邱海建、郁婷婷：《构建现代化进程统计监测评价指标体系研究》，《统计科学与实践》2021 年第 9 期。

10. 刘朝阳、李永娣、崔岚、曹雷、张小科：《基本实现社会主义现代化指标体系构建及评价研究》，《统计理论与实践》2021 年第 6 期。

11. 徐银良、王慧艳：《基于“五大发展理念”的区域高质量发展指标体系构建与实证》，《统计与决策》2020 年第 14 期。

12. 汪青松、陈莉：《社会主义现代化强国内涵、特征与评价指标体系》，

《毛泽东邓小平理论研究》2020 年第 3 期。

13. 王杰、王美福：《以人为核心的现代指标体系构建与实证》，《统计科学与实践》2020 年第 1 期。

14. 郭迎锋、张永军：《我国 2035 年基本实现社会主义现代化指标体系构建及评估》，《全球化》2019 年第 10 期。

15. 张燕生、梁婧姝：《现代化经济体系的指标体系研究》，《宏观经济管理》2019 年第 4 期。

16. 李旭辉、朱启贵、夏万军等：《基于五大发展理念的经济社会发展评价体系研究——基于二次加权因子分析法》，《数理统计与管理》2019 年第 3 期。

17. 付成双：《美国现代化中的环境问题研究》，高等教育出版社 2018 年版。

18. 钱乘旦：《世界现代化历程》，江苏人民出版社 2015 年版。

19. 杜明娥、杨英姿：《生态文明与生态现代化建设模式研究》，人民出版社 2013 年版。

20. 阿瑟·莫尔：《世界范围的生态现代化——观点和关键争论》，商务印书馆 2011 年版。

21. 张明：《现代化与人和自然的矛盾》，知识产权出版社 2009 年版。

22. ［希］福托鲍洛斯：《当代多重危机与包容性民主》，山东大学出版社 2008 年版。

23. 约翰·贝拉米·福斯特：《生态危机与资本主义》，上海译文出版社 2006 年版。

24. 隋秀英：《世界现代化进程的特点及其启示》，《理论与现代化》2005 年第 3 期。

25. 罗荣渠：《现代化新论——世界与中国的现代化进程》，商务印书馆 2004 年版。

26. 《马克思恩格斯全集》（第 44 卷），人民出版社 2001 年版。

第九章　中国式现代化五大特色评价指标体系研究

内容提要：党的二十大报告明确概括了中国式现代化五个方面的中国特色，为构建指标体系提供了基本遵循，其与五大建设的框架相互融合、相互支撑。在人口规模巨大方面，围绕人口高质量发展设置8项指标；在全体人民共同富裕方面，围绕“三大差距”选取3项指标予以衡量；在物质文明和精神文明相协调方面，从思想理论、文明素质、文化事业、文化产业和对外影响力五个维度设置了7项指标；在人与自然和谐共生方面，聚焦生产生活方式绿色转型、环境治理改善、生态系统保护和“双碳”目标落实四个维度选取10个指标；在走和平发展道路方面，从维护世界和平和分享经济红利的四个维度设置2项指标。按照五大特色的逻辑框架，构建了共包含30项指标的指标体系，并基于预测估算设定了2030年和2035年的预期目标值。据此，研究提出针对性建议，着力补短板强弱项，努力按时实现预期目标。

中国式现代化既有各国现代化的共同特征，更有基于自己国情的鲜明特色。党的二十大报告明确概括了中国式现代化五个方面的特色，深刻揭示了中国式现代化的科学内涵。这既是理论概括，也是实践要求，为全面建成社会主义现代化强国、实现中华民族伟大复兴指明了一条康庄大道。本书认为，**五大特色既包括我国现代化建设独有的方面，也包括其他国家也有但我国在推进现代化过程中更加重视或者与其他国家不同的方面。从五大特色出发构建指标体系，与五大建设的框架是相互融通的，相关指标着眼角度不同、功**

能定位不同。按照中国式现代化五大特色的逻辑框架，选取相应指标予以评价，基于预测估算并设定主要年份的目标值，以更好引导相关工作。

一、中国式现代化五大特色的内涵与要求

中国式现代化的五大特色具有丰富而深刻的内涵，是我国现代化有别于西方现代化的集中体现。构建中国式现代化评价指标体系，需要正确认识和把握五大特色的内涵与要求。

（一）人口规模巨大是中国式现代化的显著特征

人口规模巨大是我国基本国情，也是中国式现代化的显著特征，构成推进中国式现代化的背景性因素。人口规模不同，现代化的任务就不同，其艰巨性、复杂性就不同，发展途径和推进方式也必然具有自己的特点。现在，全球进入现代化的国家也就 20 多个，总人口 10 亿左右。中国 14 亿多人口整体迈入现代化，规模超过现有发达国家人口的总和，将极大地改变现代化的世界版图。可以说，我国推进的现代化是人类历史上规模最大的现代化，也是难度最大的现代化。

超大规模人口的基本国情特征给我国现代化带来正反两方面影响。一是能提供充足的人力资源和超大规模市场，在劳动要素供给和市场需求上都具有巨大潜力。二是给经济社会发展带来一系列难题和挑战。正如习近平总书记所说，在这样的人口基数下，吃饭问题以及就业、分配、教育、医疗、住房、养老、托幼等问题，都成了看似简单但哪一项解决起来都不容易的大问题，都面临诸多挑战。[①] 这些问题与社会建设紧密相关，要求我们在推进社会领域发展时尽力而为、量力而行，保持历史耐心，设定合理目标分阶段循序推进。同时，必须注意到，人口规模巨大的特征也开始呈现新的趋势性特征，人口总量开始下滑，少子化、老龄化、区域人口增减分化等特征明显，这些新变化将对经济社会发展带来新的深刻影响。

---

① 2023 年 2 月 7 日，习近平总书记在新中央委员会的委员、候补委员和省部级主要领导干部学习贯彻习近平新时代中国特色社会主义思想和党的二十大精神研讨班上的讲话。

（二）实现全体人民共同富裕是中国式现代化的本质特征

西方现代化的最大弊端，就是以资本为中心而不是以人民为中心，追求资本利益最大化而不是服务绝大多数人的利益，导致贫富差距大、两极分化严重。一些发展中国家在现代化过程中曾接近发达国家的门槛，却掉进了“中等收入陷阱”，长期陷于停滞状态，甚至严重倒退，一个重要原因就是没有解决好两极分化、阶层固化等问题。实现全体人民共同富裕是中国式现代化的本质特征，也是区别于西方现代化的显著标志。

中国式现代化必须以全体人民共同富裕为出发点和落脚点，坚持发展为了人民、发展依靠人民、发展成果由人民共享。这就要求在推动高质量发展、做好做大“蛋糕”的同时，进一步分好“蛋糕”，逐步扩大中等收入群体、缩小差距，让现代化建设成果更多更公平惠及全体人民，坚决防止两极分化。

（三）物质文明和精神文明相协调是中国式现代化的崇高追求

物质文明和精神文明相协调，是中国式现代化的崇高追求和题中应有之义，其基本含义是既要物质富足、也要精神富有。在各国现代化的过程中，随着生产力的发展和生产关系的变革，文化都得到一定的繁荣和发展。现代化的人类文化，是一种以科学精神、人权思想、法律制度、公民意识、权利义务等理性要素为基础的文化生态。而资本主义的文化发展，更多是一种生产力发展下的被动反应，催生了资本主义文化。而中国式现代化要求的物质文明和精神文明相协调，具有鲜明的中国特质，具体表现为以下四个方面。**第一**，物质文明和精神文明相协调是社会主义的基本要求。马克思主义认为，物质文明和精神文明紧密联系、互相影响、互为条件、辩证统一。社会主义是共产主义的初级阶段，社会主义社会应当具有物质文明和精神文明协调发展、全面发展的特征，才能为向共产主义社会过渡创造充分的条件。**第二**，物质文明和精神文明相协调是贯彻以人民为中心的发展思想的必然要求。习近平总书记指出，“人民对美好生活的向往，就是我们的奋斗目标”①。人

① 2014 年 2 月 7 日，习近平总书记在俄罗斯索契接受俄罗斯电视台专访时的答问。

民群众对美好生活的需要是全方位、多层次的，不仅对物质生活提出了更高要求，而且对民主、法治、公平、正义、安全、环境等方面的要求日益增长，只有物质文明与精神文明协调发展，才能满足人民对美好生活的向往。**第三，**物质文明和精神文明相协调是传承弘扬中华优秀传统文化的重要体现。几千年来不断发展的中华文化和民族精神薪火相传、生生不息，是中华民族立于世界民族之林的支撑力量。在中国式现代化建设进程中，也需要中国特色社会主义文化建设的有力支撑。**第四，**物质文明和精神文明相协调是中国式现代化不同于西方现代化的重要区别。西方国家在推进现代化进程中，由于意识形态和社会制度的原因，见物不见人，重物质而轻精神，伴随而来的结果是精神贫乏、信仰缺失、私欲膨胀、道德沦丧，导致社会上充斥着吸毒贩毒、卖淫嫖娼、枪支暴力、种族歧视、偷盗抢劫等犯罪行为。注重精神文明建设能使中国式现代化免于遭受这样的恶果。

从我国实际看，党在领导人民推进社会主义现代化建设的进程中，创造了经济快速发展奇迹和社会长期稳定奇迹，也实现了社会主义文化的不断发展。但要看到，我国的文化软实力与我国文化资源大国和文明古国的地位还不相匹配，与我国的综合国力还不相适应，在精神文明建设、文化发展方面还有一些短板要补上。立足实际、面向未来，推进精神文明建设、促进文化发展对形成物质文明和精神文明相互协调、相互促进的局面至关重要，因此，应将精神文明和文化建设作为推进中国式现代化、全面建成社会主义现代化强国的重要任务，并通过设定指标、目标引导精神文明和文化建设，满足中国式现代化的总体要求。

（四）人与自然和谐共生是中国式现代化的鲜明特点

人与自然和谐现代化是中国式现代化的有机组成部分，既具有西方生态现代化的共性特征，也具有中国独有的鲜明特色。人与自然和谐共生的现代化是在“人与自然和谐共生”的生态价值观指导下，尊重自然、顺应自然、保护自然，坚持绿色低碳发展，推进经济的生态化和生态的经济化，实现生态与经济、政治、文化、社会等同步现代化，建设美丽中国的历史过程，为克服全球性生态危机，共建美丽世界贡献中国智慧和可持续发展道路选择。

具有以下几个特征。

一是生态与经济、政治、文化、社会等同步实现现代化。生态文明不是依赖于其他几种文明形式的附属品，而是与物质文明、精神文明、政治文明以及社会文明具有同等地位的文明类型。人与自然和谐共生的现代化为人类实现生态与经济、政治、文化、社会等同步现代化提供了新的选择。

二是体现了经济的生态化和生态的经济化新发展观。中国提出的建立资源节约型环境友好型生产生活方式和社会以及绿水青山就是金山银山的生态财富观，体现了经济的生态化和生态的经济化的新发展观，为实现经济增长与加强环境保护相互协调发展提供了样板。

三是避免了工业化必然带来生态危机的前车之鉴。中国倡导全球合作，积极参与应对气候变化全球治理，促进全球生态化与现代化协调发展，避免走西方资本主义工业国家“先污染后治理”的后尘，推动建设一个清洁美丽的世界，为全球探索可持续发展道路提供了新的价值取向和发展路径。

四是树立了人与自然和谐共生的新生态观价值取向。人与自然和谐共生的现代化是中国特色社会主义制度下中国生态文明建设的价值取向，是马克思主义基本原理同中国生态文明建设实践相结合、同中华传统生态文化相结合的创新成果，中华文明孕育的丰富的生态文化和思想，为当今世界从根本上破解生态危机、走出发展困境提供了思路和方向。

（五）走和平发展道路是中国式现代化的突出特征

在世界现代化进程中，一些资本主义国家在国内资本过剩情况下，对其他国家进行资本输出和殖民扩张，并在全球划分势力范围，形成了帝国主义等侵略战争性极强的发展方式，并由此引发了第一次和第二次世界大战。即便在第二次世界大战以后，以美国为首的西方国家仍然推行霸权主义，屡屡发动局部战争以维持其在全球范围内的霸权秩序。

中国式现代化，不走一些国家通过战争、殖民、掠夺等方式实现现代化的老路，而是高举和平、发展、合作、共赢旗帜，在坚定维护世界和平与发展中谋求自身发展，又以自身发展更好维护世界和平与发展。事实上，军事与现代化是一对辩证关系。一方面，如果没有独立自主的强大国防能力，现代化进程就会被外部势力所打断，因此世界银行的世界发展指标（WDI）就收纳了包括军费支出占 GDP 比重、武装人员占劳动年龄人口比重等指标，表明军事与发展两者存在相关性；另一方面，军事不能过度扩张，尤其是经济发展不能为无限制的军事扩张服务。历史经验表明，殖民扩张是血腥的发展模式，将造成严重人员伤亡和人道主义灾难。

二、中国式现代化五大特色的评价维度和指标

中国式现代化的五大特色内涵丰富，为构建中国式现代化指标体系提供了参考方向，其内在的评估维度和指向与五大建设的内容相互融合、相互支撑。

（一）人口规模巨大的现代化

围绕人口规模巨大这个鲜明特色开展评价，要紧紧围绕“人”这个核心变量展开，要让人人过上现代化美好生活，实现人民幸福安康。基于人口规模巨大特征和当前人口发展新形势，中央财经委员会提出人口高质量发展的新方向，要求着力提高人口整体素质，努力保持适度生育水平和人口规模，加快塑造素质优良、总量充裕、结构优化、分布合理的现代化人力资源。这就要求，按照人口高质量发展的目标要求，着眼人口全生命周期的发展需要，瞄准痛点难点问题，通过健全相关设施和制度体系，显著减轻家庭生育养育教育负担，实现更高水平的“幼有所育、学有所教、劳有所得、病有所医、老有所养、住有所居、弱有所扶”。为此，我们紧紧围绕人口高质量发展，从**生育—养育—教育—就业—医疗—养老—住房—扶弱**的人口全生命周期筛选设计人口规模评价指标。

生育维度的目标是要维持可持续人口规模，通常选择“总和生育率”衡量生育水平，动态监测育龄群体生育意愿与政策干预效果，确保人口规模长期稳定在适度区间。**养育维度**的目标是精准匹配托育服务供给，以“3 岁以下婴幼儿人均托位数”代替“每千人口拥有 3 岁以下婴幼儿托位数”，可更敏感捕捉人口年龄结构变化，避免资源错配（如老龄化加剧但婴幼儿减少地区盲目扩建托位），引导托育资源按实际需求精准投放。**教育维度**的目标是

要强化人力资本积累效能，核心指标是“劳动年轻人口平均受教育年限”，该结果性指标直接关联人力资源素质，为产业结构升级提供核心支撑，也能更好引导教育资源投资。**就业维度**的目标是要释放人口质量红利潜力，使用“每万劳动力中研发人员”和“高技能人才占技能劳动者比重”这两个结构性指标，二者共同刻画人口规模优势向质量红利转化的效率，是驱动全要素生产率提升的关键。**健康维度**的目标是要构建全生命周期保障体系，使用“人口平均预期寿命”这一指标，能够体现医疗技术、公共卫生及环境治理的整体效能，也能够深度评估人民群众的生活质量。**养老维度**的目标是要提升设施适配性与服务质量，提高老年人口生活质量，通常使用“养老机构护理型床位占比”，该指标直击老龄化社会痛点，避免“重床位数量、轻服务能力”的供给偏差。**住房维度**的目标是要强化保障性住房供给力度，基于数据可得性使用“住房保障支出占公共财政支出比重”，量化政府对“住有所居”的财政投入，引导保障房资源定向倾斜。**扶弱维度**的目标是兜底社会公平底线，这是促进人口高质量发展的重要一环，通常选择“最低生活保障标准”作为指标，以确保弱势群体能共享发展红利。

（二）全体人民共同富裕的现代化

推动全体人民共同富裕，是适应我国社会主要矛盾变化，着力解决不平衡不充分的发展问题，把满足人民对美好生活的新期待作为发展的出发点和落脚点。按照习近平总书记重要讲话精神，在实现中国式现代化进程中，要自觉主动以缩小地区差距、城乡差距、收入差距为三大主攻方向，着力提高发展的平衡性和协调性，化解发展中存在的不平衡问题，切实让发展成果更多更公平地惠及全体人民。为此，我们围绕缩小“三大差距”筛选设计评价指标。

在地区差距方面，区域不平衡是实现共同富裕必须攻克的难题，要深入实施区域协调发展战略，缩小区域发展差距。通常使用“地区间人均 GDP 变异系数”来衡量地区差距。变异系数的最大特点是计算方法简单明了，并且对发达地区和落后地区所产生的影响给予了较大权重。

在城乡差距方面，习近平总书记强调，实现高质量发展，最艰巨的任务在农村。实现共同富裕，最突出的短板也在农村。[①] 要坚持农业农村优先发展，集中力量推动乡村振兴，缩小城乡差距。我们使用“城乡居民人均可支配收入比”作为衡量城乡差距的重要指标。

在收入差距方面，党的十八大以来，我国收入分配制度不断完善，收入分配格局稳定向好，要充分激发全体人民的积极性主动性创造性，让现代化建设成果更多惠及全体人民，就要努力缩小收入差距，扩大中等收入群体比重。通常，用“中等收入群体比重”衡量居民收入差距和收入分配状况。

（三）物质文明和精神文明相协调的现代化

习近平总书记指出，“我们要建设的社会主义现代化强国，不仅要在物质上强，更要在精神上强”[②]。这就要求，既要不断厚植现代化的物质基础，不断夯实人民幸福生活的物质条件，建设一个国力强盛的富强中国，还要大力发展社会主义先进文化，加强理想信念教育，提高社会文明程度，传承中华优秀传统文化，增进思想文化上的自信自强，建设一个文化繁荣的文明中国。物质文明和精神文明相协调的现代化，既体现了世界现代化的共同特征，也体现了中国式现代化的特色。在精神文明和文化发展上，不同于其他国家的是，我们注重中国特色社会主义文化建设。

2023 年 10 月召开的全国宣传思想文化工作会议，首次提出了习近平文化思想，这一思想集中体现了党对中国特色社会主义文化建设规律的认识，对新时代文化建设具有重要指导意义。习近平总书记对宣传思想文化工作提出“七个着力”，即着力加强党对宣传思想文化工作的领导，着力建设具有强大凝聚力和引领力的社会主义意识形态，着力培育和践行社会主义核心价值观，着力提升新闻舆论传播力、引导力、影响力、公信力，着力赓续中华文脉、推动中华优秀传统文化创造性转化和创新性发展，着力推动文化事业和文化产业繁荣发展，着力加强国际传播能力建设、促进文明交流互鉴，为新时代文化建设明确了路线图和任务书。围绕物质文明和精神文明相协调，按照“七个着力”要求，我们基于中国国情，从思想理论、文明素质、文化

① 2021 年 8 月 17 日，习近平在中央财经委员会第十次会议上的讲话。
② 2019 年 4 月 30 日，习近平总书记在纪念五四运动 100 周年大会上的讲话。

事业、文化产业和对外影响力五个维度开展中国式现代化文化领域评价，并选取重点指标具体衡量实现程度。

一是思想理论。选取全国爱国主义教育基地接待观众数（人次）反映以习近平文化思想指导文化建设，弘扬以爱国主义为核心的民族精神和以改革创新为核心的时代精神，增强社会主义意识形态的凝聚力和引领力情况。**二是文明素质**。选取公民具备科学素质比例（%）和志愿服务时间（万小时）2 个指标，反映提高人民科学文化素质和社会文明程度情况。**三是文化事业**。选取人均接受文化馆（站）服务次数，反映公共文化服务普惠可及的水平。选取每万人口文物机构藏品数指标，来反映文化遗产保护利用的成效。**四是文化产业**。选取文化及相关产业①增加值占国内生产总值比重指标，反映文化产业发展对国民经济发展的支撑情况。**五是对外影响力**。选取文化产品和服务出口占出口总额比重（%）指标，反映文化对外影响力同经济现代化水平的适应程度。

（四）人与自然和谐共生的现代化

我国生态环境保护任务依然艰巨，面临诸多矛盾和挑战，生态环境保护结构性、根源性、趋势性压力尚未根本缓解，资源环境对经济发展的约束日益趋紧，我国经济社会发展已进入加快绿色化、低碳化的高质量发展阶段，生态文明建设仍处于压力叠加、负重前行的关键期，**这是设置指标体系要解决的重大问题**。党的二十大报告提出了 2035 年我国绿色发展的总目标是广泛形成绿色生产生活方式，碳排放达峰后稳中有降，生态环境根本好转，美丽中国目标基本实现，**这是设置指标体系要锚定的总目标**。党的二十大报告提出通过加快发展方式绿色转型，深入推进环境污染防治，提升生态系统多样性、稳定性、持续性，积极稳妥推进碳达峰碳中和等举措推动绿色发展，促进人与自然和谐共生，**这是设置指标体系的具体抓手**。

为此，坚持问题导向和目标导向，借鉴国内外部分国家、组织、机构、学界等设置的反映生态环境方面的逻辑架构和具体指标选择，**聚焦生产生活方式绿色转型、环境治理改善、生态系统保护和“双碳”目标落实四个维**

① 文化及相关产业是指为社会公众提供文化产品和文化相关产品的生产活动的集合。

度，选取10个具体指标，发挥好指标体系的导向作用，推进我国生态文明建设现代化进程。**生产生活方式绿色转型**维度选取的指标是每立方米水资源产生的GDP和单位地区生产总值建设用地使用面积指标。**环境治理改善**维度选取的指标是地级及以上城市细颗粒物（PM2.5）平均浓度、地表水达到或好于Ⅲ类水体比例和污染地块安全利用率指标。**生态系统保护**维度选取的指标是森林覆盖率和陆地海洋保护区面积占比指标。**"双碳"目标落实**维度选取的指标是碳排放强度、单位GDP能耗和非化石能源占一次能源消费总量比重指标。人类生活在同一个地球上，面对共同的自然界、生态系统，反映生态建设的指标具有通用性，我们选取的反映中国生态文明建设的指标与世界发达国家生态现代化的指标是一致的。但是中国式现代化避免西方先污染后治理的前车之鉴，是推进生态与经济、政治、文化、社会等同步实现现代化，是对西方以资本为中心、物质主义膨胀、先污染后治理的现代化发展道路的超越，是站在人与自然和谐共生的高度推动高质量发展，这体现了生态指标的中国特色。

（五）走和平发展道路的现代化

坚持和平发展，就是要维持国民经济发展需要的国防军工体系，而不是让战争机器绑架国民经济，同时对外输出和平力量而不是战争力量，用自身的经济发展推动世界的和平和发展。走和平发展道路的现代化，可以从维护和平、分享经济红利角度进行衡量。

在维护世界和平方面，采用"参与联合国维和行动人次"衡量对维护世界和地区和平作出的贡献。我国对外积极输出和平力量，维护世界和平，与一些国家对外输出战争和矛盾形成鲜明对比。

在分享经济红利方面，采用"对世界经济增长贡献率"衡量中国经济对世界经济的贡献。中国既要发展壮大自身的力量形成世界和平的中流砥柱，又要积极构建开放型世界经济体系，让广大发展中国家获得中国经济发展的红利。

考虑到前述章节已从各领域对主要指标进行了测算和目标值设置，本部分不再赘述，直接给出体现五大特色的指标目标值。具体见表9-1。

表 9－1　　五大特色现代化指标体系及目标值设定

维度	序号	一级指标	二级指标	2022 年	2030 年	2035 年
人口规模巨大的现代化	1	生育	总和生育率（%）	1. 15	1. 5	1. 7
	2	养育	3 岁以下婴幼儿人均托位数（个）	0. 088	0. 32	0. 45
	3	教育	劳动年龄人口平均受教育年限（年）	10. 9（2021）	11. 6	12
	4	就业	高技能人才占技能劳动者比重（%）	30	37	40
	5	医疗	人口平均预期寿命（岁）	78. 2	>79	>82
	6	养老	养老机构护理型床位占比（%）	50	69	80
	7	住房	住房保障支出占公共财政支出比重（%）	2. 9	5	5. 8
	8	扶弱	最低生活保障标准（元/月）	城乡分别为 711. 4 元和 530. 18 元	城乡分别达到 2100 元和 1400 元	城乡统一达到 4500 元
全体人民共同富裕的现代化	9	地区差距	地区间人均 GDP 变异系数	0. 43	<0. 34	<0. 3
	10	城乡差距	城乡居民人均可支配收入比	2. 56	2	1. 5
	11	收入差距	中等收入群体比重（%）	30	42	47
物质文明与精神文明相协调的现代化	12	思想理论	全国爱国主义教育基地接待观众数（人次）	—	—	—
	13	文明素质	公民具备科学素质比例（%）	—	>20	>25
	14		志愿服务时间（万小时）	6507. 4（2021）	16000	23500
	15	文化事业	人均接受文化馆（站）服务次数（次）	0. 68	1	1. 2
	16		每万人口文物机构藏品数（件/套）	398. 82	490	550
	17	文化产业	文化及相关产业增加值占国内生产总值比重（%）	4. 43（2021）	4. 8	5. 0
	18	对外影响力	文化产品和服务出口占出口总额比重（%）	3. 8（2021）	5. 2	6. 0

续表

维度	序号	一级指标	二级指标	2022 年	2030 年	2035 年
人与自然和谐共生的现代化	19	生产生活方式	每立方米水资源产生的 GDP（美元/立方米）	27.2	30	40
	20		单位地区生产总值建设用地使用面积（平方千米/亿元）	0.35	0.24	0.16
	21	绿色转型环境治理改善	地级及以上城市细颗粒物（PM2.5）平均浓度（微克/立方米）	29	25	18
	22		地表水达到或好于Ⅲ类水体比例（%）	87.90	90	90
	23		污染地块安全利用率（%）	90	95	98
	24	生态系统保护维度	森林覆盖率（%）	24.02	26.3	30
	25		陆地海洋保护区面积占比（%）	14.75	16	18
	26	“双碳”目标落实难度	碳排放强度（吨/万元）	1	0.9	0.8
	27		单位 GDP 能耗（吨标准煤/万元）	0.53	0.36	0.3
	28		非化石能源占一次能源消费总量比重（%）	17.3	25	30
走和平发展道路的现代化	29	维护世界和平	参与联合国维和行动人次（人）	2211	—	—
	30	分享经济红利	对世界经济增长贡献率（%）	24.6	>20	>20

资料来源：课题组设计。

三、对策建议

对标评价指标及目标，要加快推进人口高质量发展，全体人民共同富裕，物质文明和精神文明相协调，人与自然和谐共生，维护世界和平、推动构建人类命运共同体，全力推动中国式现代化迈上新台阶。

（一）着力推动人口高质量发展

着力提高生育意愿。将维持适度人口规模作为重大战略目标，系统性构建生育友好的制度体系和文化环境。**加快补齐养老育幼短板。**调动各方力量和积极性，引导多元主体发展多样化的托育和养老服务，着力增加价格可承受、质量有保障、服务更可及的普惠型托育机构和养老服务供给。针对婴幼儿照护和养老领域的突出矛盾，深化托育和养老机构领域“放管服”改革，切实解决“用地难、用工难、融资难、营利难”等问题。大力发展多种形式的婴幼儿照护和养老机构，支持有条件的用人单位提供托育服务。健全完善相关政策法规，推进婴幼儿照护和养老服务专业化、规范化发展。

（二）扎实推动全体人民共同富裕

优化“中等收入群体比重”统计。可采取基于各地居民收入中位数的相对区间作为各自的衡量标准，由各地规模加总为全国规模，并合理设定预期目标。**稳步扩大中等收入群体比重。**坚持居民收入与经济增长同步，劳动报酬与劳动生产率同步提高。持续深化税收制度改革，着力健全直接税体系。完善公平可持续的社会保障体系，注重更大力度提升中低收入群体的保障水平。大力发展慈善公益事业，充分挖掘其改善收入和财富分配格局的功能作用。

（三）推进物质文明与精神文明相协调

大力提高公民科学素质。加大科技场馆建设力度，丰富科技知识展现形式，提高科技场馆吸引力和利用率。进一步加大对农村居民、老年人口等科学素质薄弱群体的教育、传播和普及工作力度。**推动文化产业繁荣发展。**紧扣文化内核，打造潮流 IP，提高产品的文化附加值。推动文化和旅游在更广范围、更深层次、更高水平上融合发展，促进文化产业与制造、数字等产业融合发展，通过融合进一步激发文化产业发展潜力和活力。

（四）促进人与自然和谐共生

加快提高建设用地利用效率。进一步加强建设用地计划指标管理，清理“批而未供”土地专项行动和推进低效用地再开发，全面建立健全建设用地供应考核评价制度，提高土地利用管理水平。**全面提高能源资源利用效率。**

加快推动产业结构、能源结构、交通运输结构等调整优化，大力发展绿色低碳产业，推动煤炭等化石能源清洁高效利用，加快大宗货物和中长途货物运输“公转铁”“公转水”。**优先加快发展可再生能源。**加快构建新型电力系统，促进可再生能源大规模、高比例、市场化、高质量发展，有效支撑清洁低碳、安全高效的能源体系建设。大规模开发适合地情的可再生能源。加快建设可再生能源存储调节设施，多措并举提升可再生能源利用水平。

（五）维护世界和平、推动构建人类命运共同体

坚持走和平发展道路的中国式现代化，维持军费占GDP的比例稳定，全面提升维护国家主权安全的能力，增强维护我国海外利益的能力。要一如既往地积极参加联合国维和行动，坚定捍卫和践行多边主义，坚定维护以联合国为核心的国际体系，推动全球安全治理，为推动构建人类命运共同体作出新的更大贡献。

（执笔：李清彬、安淑新、王元、陆江源）

主要参考文献

1. 曲青山：《深刻理解中国式现代化五个方面的中国特色》，《求是》2023年第16期。

2. 刘恩东、陈子豪：《走和平发展道路的中国式现代化的重要世界意义》，《思想政治工作研究》2023年第10期。

3. 杨修娜、别雍·古斯塔夫森、史泰丽：《发达国家标准下我国中等收入群体规模及成长路径》，《经济理论与经济管理》2023年第7期。

4. 李金昌、任志远、陈宜治：《扩大中等收入群体的内在逻辑与路径选择——基于国际经验与中国实践的定量分析》，《统计研究》2023年第7期。

5. 柴琳：《走和平发展道路的中国式现代化：历史进程与世界意义》，《东北亚论坛》2023年第6期。

6. 龙转：《走和平发展道路的现代化：逻辑、内涵与进路》，《湖南行政学院学报》2023年第5期。

7. 李龙、贾墨晗、金光照：《中国和印度经济增长的人口条件比较——基于“人口规模巨大的现代化”视角的分析》，《人口研究》2023 年第 3 期。

8. 郎帅、王蒋龙舟：《走和平发展道路与构建人类命运共同体的内在联系》，《沈阳工业大学学报（社会科学版）》2023 年第 3 期。

9. 翟振武、金光照：《中国人口负增长：特征、挑战与应对》，《人口研究》2023 年第 3 期。

10. 乔晓春：《三十年来关于生育水平的争论和对总和生育率的重新估计》，《人口与社会》2023 年第 1 期。

11. 李玉举、肖新建、邓永波：《从物质文明和精神文明相协调看中国式现代化》，《红旗文稿》2023 年第 1 期。

12. 蔡劲松：《以文化自信自强谱写中国式现代化文化长卷》，《人民论坛》2022 年第 11 期。

13. 崔岚、李莹莹、赵德友：《中国基本实现社会主义现代化的测度模型及实证分析》，《统计理论与实践》2022 年第 10 期。

14. 余家林、杨梦俊、付明卫：《中国劳动参与率为何下降？——基于财富效应的视角》，《财经研究》2022 年第 6 期。

15. 李军鹏：《社会主义现代化强国评价指标体系初探》，《国家治理》2022 年 6 月。

16. 郭燕、李家家、杜志雄：《城乡居民收入差距的演变趋势：国际经验及其对中国的启示》，《世界农业》2022 年第 6 期。

17. 邹广文、孙维聪：《文化守望：马克思主义与中华优秀传统文化的结合路径》，《中国文艺评论》2022 年第 4 期。

18. 李春玲：《迈向共同富裕阶段：我国中等收入群体成长和政策设计》，《北京工业大学学报（社会科学版）》2022 年第 3 期。

19. 张胜旺：《现代文明发展生态转向研究——基于马克思主义生态经济思想的分析》，中国社会科学出版社 2022 年版。

20. 吴要武、陈梦玫：《中国劳动参与率变化：继续下降还是已经反弹》，《劳动经济研究》2021 年第 4 期。

21. 马茹、张静、王宏伟：《科技人才促进中国经济高质量发展了吗？——

基于科技人才对全要素生产率增长效应的实证检验》，《经济与管理研究》2019年第5期。

22. 杨菊华：《理论基础、现实依据与改革思路：中国3岁以下婴幼儿托育服务发展研究》，《社会科学》2018年第9期。

23. 王德文：《制定社会救助标准的国际经验与政策启示》，《中国民政》2015年第7期。

24. 钱乘旦：《世界现代化历程》，江苏人民出版社2015年版。

25. 阿瑟·莫尔：《世界范围的生态现代化——观点和关键争论》，商务印书馆2011年版。

26. 钞小静、任保平：《中国经济增长质量的时序变化与地区差异分析》，《经济研究》2011年第4期。

27. 蔡昉：《人口转变、人口红利与刘易斯转折点》，《经济研究》2010年第4期。

28. 张明：《现代化与人和自然的矛盾》，知识产权出版社2009年版。

29. 纪宏、陈云：《我国中等收入者比重及其变动的测度研究》，《经济学动态》2009年第6期。

30. 罗荣渠：《现代化新论——世界与中国的现代化进程》，商务印书馆2004年版。

31. 马晓河：《对低收入者和高收入者之间的收入不平等程度分析》，《管理世界》2003年第9期。

32. 陈依元、王益澄：《宁波文化现代化指标体系的制定及评价》，《宁波大学学报（人文科学版）》2001年12月。